管理会计

（第2版）

主 编 王振海 于 蕾

副主编 孔晓玲 韩 芳 李 莉
张 伟

参 编 彭 倩 杨晓星 范 珂
张 帆 王世伟

北京理工大学出版社
BEIJING INSTITUTE OF TECHNOLOGY PRESS

图书在版编目（CIP）数据

管理会计 / 王振海，于蕾主编. —2 版. —北京：北京理工大学出版社，2018.7（2021.12 重印）

ISBN 978-7-5682-4447-3

Ⅰ. ①管… Ⅱ. ①王… ②于… Ⅲ. ①管理会计–高等学校–教材 Ⅳ. ①F234.3

中国版本图书馆 CIP 数据核字（2017）第 181850 号

出版发行 / 北京理工大学出版社有限责任公司
社　　址 / 北京市海淀区中关村南大街 5 号
邮　　编 / 100081
电　　话 /（010）68914775（总编室）
（010）82562903（教材售后服务热线）
（010）68944723（其他图书服务热线）
网　　址 / http://www.bitpress.com.cn
经　　销 / 全国各地新华书店
印　　刷 / 北京国马印刷厂
开　　本 / 787 毫米×1092 毫米 1/16
印　　张 / 13
字　　数 / 310 千字
版　　次 / 2018 年 7 月第 2 版 2021 年 12 月第 3 次印刷
定　　价 / 35.00 元

责任编辑 / 施胜娟
文案编辑 / 施胜娟
责任校对 / 周瑞红
责任印制 / 李 洋

前　言

管理会计是为了满足企业加强经营管理和提高经济效益而产生的，是现代管理科学理论和方法应用于会计领域的结果，是向企业或管理当局提供与计划、控制、决策、考核等有关信息的会计学科。随着我国经济的深入发展和现代企业制度的不断完善，管理会计的应用越来越广泛，作用也越来越重要。编写人员通过对不同行业企业的深入调研，在总结多年来教学改革经验的基础上，与企业合作开发了本教材。

本教材以《财政部关于全面推进管理会计体系建设的指导意见》（财会〔2014〕27 号）、《管理会计应用指引》等为理论指导，基于管理会计的工作过程设置教材结构，构建了六个项目。每个项目由若干典型的工作任务构成，都是按照“任务情景—任务描述—任务实施”进行序化组织，重视对学生职业能力的培养，具有很强的实践性。

本教材具有以下特点：

1. 教材内容的选取紧紧围绕项目任务完成的需要来进行，理论简洁、透彻，注重实务操作。选取典型案例，利用 Excel 软件的强大计算功能解决复杂的管理会计计算问题，提高了数据处理的准确性和效率，体现了现代信息技术在管理会计中的应用。

2. 采用任务驱动的编排方式，实现了体例结构一定程度的创新。按照工作过程序化课程内容，每一任务都是以“任务情境”导入，通过“任务描述”使学生明确本部分内容要完成的实际工作任务，在“任务实施”中完成了理论知识的学习和实践技能的培养。设计了“想一想”“知识链接”“名人名言”等栏目，每个项目后面附有“项目训练”，便于学生巩固所学知识。注重培养学生的学习能力、实践能力、创新能力和可持续发展能力。

3. 教材吸收职业资格证书考试的内容，实现了课证深度融合。将初级会计职称考试、中级会计职称考试、注册会计师考试的内容融入了教材。

本教材由山东理工职业学院王振海、于蕾担任主编，孔晓玲、韩芳、张伟，青岛恒星科技学院李莉担任副主编，彭倩、杨晓星、范珂、张帆、王世伟担任参编。王振海负责拟定大纲，王振海、于蕾总纂定稿。具体编写分工如下：项目一由于蕾编写，项目二由孔晓玲编写，项目三由韩芳编写，项目四由于蕾、李莉编写，项目五由张伟、范珂、张帆编写，项目六由王振海、彭倩编写。杨晓星完成了典型案例的 Excel 数据处理。梁山中集东岳车辆有限公司财务总监、高级会计师王世伟参与了项目五、项目六的编写工作，并对“任务情境”“做中学”部分进行了修改。

本教材既可作为高职高专财经类和相关专业教学用书，也可作为在职会计人员培训及相关人员的自学用书。

在教材的编写过程中，我们参考了大量的著作和教材，在此向所有参考文献的作者和编者表示感谢。由于编者水平所限，书中难免有疏漏和不妥之处，恳请同行、读者不吝赐教，以使本教材日臻完善。

编　者

目　录

管理会计认知

案例导读

华新公司的会计人员林强刚接手管理会计工作，他对于管理会计岗位的知识不是太了解。以下就是他的一些个人观点：

（1）管理会计与财务会计的基本内容是一样的，都是记账、算账和报账。

（2）管理会计与财务会计是截然分开的，它们相互之间无任何关系。

（3）管理会计报告要在会计期末以报表的形式上报。

（4）管理会计与其说是会计，还不如说是企业管理的定量化方法。

（5）评价一个投资方案的优劣要用到管理会计方法。

（6）管理会计服务于企业外部，受到法规的约束。

（7）管理会计的职能主要是满足企业各项管理的需要。

（8）管理会计的信息质量特征与财务会计的信息质量特征完全不同。

（9）在提供管理会计信息时可以完全不用考虑成本效益原则。

请问：

以上观点正确与否？你所了解的管理会计是怎样的？

学习目标

● 知识目标

1. 了解管理会计的产生和发展，理解管理会计的概念、职能和内容，管理会计与财务会计的区别与联系；

2. 理解成本性态的含义，掌握成本性态分析的方法；

3. 理解变动成本法的定义及其特点，掌握贡献式利润表的编制方法；

4. 掌握本量利分析的基本原理。

● 技能目标

1. 能够进行成本性态分析；

2. 能够编制贡献式利润表；

3. 能够运用本量利分析的基本原理，进行本量利分析。

任务一　初步认识管理会计

任务情景

某集团总裁在《利用信息技术来改造传统企业，加速实现管理创新》一文中提到："原来我们比较熟悉的是财务会计，那么实际上企业内部在发生变化的时候，企业现代化用财会这个外部概念描述就没有意义。我不知道'管理会计'这个概念大家都熟不熟悉，它有两个基本的职能：一是预算规划；二是控制评价。预算规划是对未来说的，控制评价是对当前说的。而财务会计是事后会计，是到月底做出的整体结算。我们实际上是把管理会计的预算与规划的哲理运用到我们的战略中去。我们的战略恰恰是利用计算机技术，解决了高度变化的市场与我们制定的相对比较稳定的目标和企业战略之间的矛盾。

想一想：

1. 你所理解的管理会计是什么？它与财务会计有什么关系？
2. 在中国企业中，如何将管理会计与财务会计结合运用？
3. 为什么说计算机技术为管理会计的发展提供了条件与可能？

任务描述

企业会计有财务会计和管理会计两个分支。财务会计主要服务于企业外部的利益相关者，而管理会计主要为企业内部的管理者服务。托马斯·约翰逊、罗伯特·卡普兰在所著的《管理会计兴衰史——相关性的遗失》一书中写道："管理会计对企业的长期计划是非常关键的。"那么，什么是管理会计？管理会计如何为企业内部管理者服务？本任务主要讲述管理会计的内容与基本特点、管理会计的职能以及管理会计与财务会计的区别。通过学习，使我们对管理会计有一个总体的概念，为后续学习奠定基础。

任务实施

一、管理会计的概念

管理会计，顾名思义，是"管理"与"会计"的有机结合，管理会计的产生与会计的发展以及管理科学的发展密不可分。管理会计（Management Accounting）是从传统会计中分离出来的，为适应企业不断加强和完善经营管理的要求而产生的一门新兴的会计学科，是现代管理科学理论和方法应用于会计领域的结果。

美国会计学会（AAA）下属的管理会计委员会于 1958 年对管理会计做了如下定义：管理会计是指在处理企业历史和未来的经济资料时，运用适当的技巧和概念来协助经营管理人员拟订能达到合理经营目的的计划，并做出能达到上述目的的明智的决策。在这一定义中，重点突出了管理会计计划与决策的核心内容，是从微观角度来解释管理会计的。

1988 年，国际会计师联合会（IFAC）所属的财务和管理会计委员会将管理会计解释为：

在一个组织中，管理当局用于计划、评价和控制的（财务和经营）信息的确认、计量、收集、分析、编报、解释和传输的过程，以确保其资源的合理使用并履行相应的经营责任。这一定义使管理会计更能适应目前正在逐渐形成和发展的宏观管理会计和国际管理会计的需要。

我国学者结合中国的情况，对管理会计的定义也提出了许多不同观点，但较有代表性的定义是：管理会计是通过一系列专门方法，利用财务会计及其他有关资料进行整理、计算、对比和分析，使企业各级管理人员据以对日常发生的一切经济活动进行预测、规划与控制，并帮助企业领导做出各种专门决策的信息处理系统。

二、管理会计的产生与发展

管理会计萌芽于 20 世纪 20 年代，正式形成于第二次世界大战期间，20 世纪 70 年代后在世界范围内得到迅速发展。先后经历了传统管理会计和现代管理会计两个发展阶段。

（一）传统管理会计阶段

这一阶段的时间跨度为 20 世纪初至 20 世纪 50 年代，管理理论的代表人物是被西方誉为"科学管理之父"的泰罗（F.W.Taylor）。1911 年，美国人泰罗发表了著名的《科学管理原理》，开辟了企业管理的新纪元。泰罗的科学管理思想给企业管理理论和实践带来了深刻的影响和变革。会计领域内相继出现了诸如"标准成本""差异分析""预算控制"等同泰罗制的科学管理方法直接相联系的新的观念和新的技术方法，企业通过制定标准成本，进行预算控制和差异分析，改进企业管理与成本控制，使会计由单纯的记账、算账、报账，发展到事前预算、事中控制和事后分析相结合，并参与企业内部管理，为提高经济效益服务。随着各种数理统计方法与会计学科的结合，会计的管理职能不断扩大和延伸，逐步形成侧重于企业内部管理的会计方法体系。1922 年，美国会计学者奎因斯坦在其专著《管理的会计：财务管理入门》中首次提出了"管理会计"术语。1924 年，麦金西出版了专著《管理的会计》。这些专著的问世，为管理会计的形成奠定了理论基础。标准成本制度与预算控制制度在美国的推广，标志着管理会计的理论体系已初具雏形。

（二）现代管理会计阶段

这一阶段的时间跨度为 20 世纪 50 年代至今。第二次世界大战后，资本主义生产力迅速发展，企业规模不断扩大，跨国公司大量涌现，国内、国际市场竞争加剧。这种形势迫使企业家将管理的重心转向改进经营管理和对市场的开发上。企业为增强竞争力，不得不广泛推行职能管理、行为科学管理，想方设法调动员工的积极性，同时注重市场调研，加强科学的预测和决策，逐步形成了一个能与市场竞争环境相适应的预测、决策、控制、考核、评价的管理会计体系。于是，企业内部的管理科学化、现代化就发展了，现代管理科学也随之产生和发展。现代管理科学的创立及其在企业管理中的应用，不仅极大地提高了现代企业的经营管理水平，而且有力地推动了会计科学的发展。因此，在会计领域中逐渐形成了一整套相对独立的会计方法体系和理论——管理会计。1952 年国际会计师联合会上正式通过了"管理会计（Management Accounting）"这一专有名词，标志着管理会计体系正式形成。美英等发达国家陆续将管理会计学课程作为高等院校会计专业和其他财经管理专业的主干课程。20 世纪 80 年代以来，随着科学技术领域中新技术的不断涌现，经济结构、产业结构和产品结构都发生了巨大的变化，使管理理论和实践受到极大的冲击与挑战，国外学者率先提出了战略管理的理念。与战略管理相适应的战略管理会计（Strategic Management Accounting）成为各国学者研究和探索的新课题。目前西方战略管理会计主要关注以下四个领域：战略成本分析、目标成本法、产品生命周期成本法以及平衡计分卡。

【想一想】

松下幸之助是日本著名的企业家，被称为日本的“经营之神”，他曾提出“1%=100%”的著名公式。即等号左边是从企业的角度来看，说明生产1%的次品不算多；等号右边是从消费者的角度来看，表明买到任何一件次品就会感到沮丧，因为它是100%的次品。因此，松下幸之助认为，产品的任何瑕疵都不允许存在，发现瑕疵就应千方百计地加以消灭，并提出“消灭一个瑕疵就是创造一笔财富”的口号，要求做到“零瑕疵，高质量”。

想一想：你怎样运用战略管理会计的知识来评价“1%=100%”的著名公式？

三、管理会计的目标

管理会计是为了适应企业加强内部经营管理，提高竞争力的需要而产生和发展起来的，因此，管理会计的最终目标是提高企业的经济效益。为实现提高经济效益的最终目标，管理会计应实现以下两个分目标。

（一）为管理和决策提供信息

管理会计应向管理当局提供以下经选择和加工的信息。其一是与决策、计划、控制和评价企业经营活动有关的各类信息，包括历史的信息、现在的信息和未来的信息。这些信息有利于各级管理者加强对经营过程的控制，实现最佳化经营。其二是与维护企业资产安全、完整及资源有效利用有关的各类信息。其三是与股东、债权人及其他企业外部利益关系者的决策有关的信息，这些信息将有利于投资、借贷及有关法规的实施。

（二）参与企业的经营管理

在现代管理理论的指导下，管理会计正在以各种方式积极参与企业的经营管理，将会计核算推向会计管理。从实践角度看，管理会计以制定各种战略、战术及经营决策，帮助协调组织企业工作等方式参与管理，不仅有利于各项决策方案的落实，而且有利于企业在总体上兼顾长期、中期和短期利益的最佳化运行。

四、管理会计的职能

管理会计的职能是指管理会计实践本身客观存在的必然性所决定的固有的内在功能。管理会计是管理科学与会计科学相结合的产物，因此，管理会计的职能与管理职能和会计职能密切相关。管理会计的职能可概括为以下几个方面。

（一）规划职能

规划是在对企业的历史资料和企业现状进行分析以及对企业未来经济活动进行预测的基础上，对企业未来经济活动所做出的策划。规划是在预测数据和资料的基础上进行的更高层次的分析和判断，具有筹划或策划的作用。管理会计的规划功能是通过编制各种计划和预算实现的，它要求在最终决策方案的基础上，将事先确定的有关经济目标分解落实到各有关预算中去，从而合理有效地利用单位各项资源，并为控制和责任考核创造条件。本—量—利分析、经营预测、全面预算等内容，都是管理会计规划职能的体现。

（二）决策分析职能

决策分析是指管理会计根据规划的资料，制定出供企业管理当局进行决策的若干可行方案，并对这些方案的可行性、方案编制的假设条件及限制条件、方案实施的前提条件、方案实施中应注意的问题以及该方案的优点及不足之处等，进行全面的分析及说明。管理会计提供的是决策方案以及对这些方案的分析。企业管理当局根据管理会计提供的决策方案及相关的分析资料，选出最合理方案。短期经营决策分析、长期投资决策分析是管理会计决策分析职能的具体体现。

（三）控制职能

控制是判断目标是否正在完成的过程，如果不是正在完成，则应考虑如何修改目标或设法完成已定的目标。控制的目的在于使实际的经济活动严格地按照目标进行，或通过调整目标使实际的经济活动与目标相协调。控制既是管理的一个重要环节，也是会计的一个重要职能。标准成本、责任会计是管理会计控制职能的体现。

（四）考核职能

考核又称业绩考核，就是将预算或标准与实际业绩进行比较，对企业各个部门或人员的工作做出评价。考核的目的不在于奖惩，而在于激励。考核职能在管理会计职能中，是按时间序列排列的最后一个环节，鉴于此，这个职能履行的好坏，对管理会计其他职能能否正常发挥起着十分重要的作用。全面预算、标准成本、责任会计等内容都是管理会计考核职能的体现。

五、管理会计的基本内容

管理会计的基本内容是指与管理会计职能相适应的工作内容。根据前述的管理会计职能，可以把管理会计的基本内容大致归纳为两个方面，即“规划与决策会计”和“控制与业绩评价会计”。

（一）规划与决策会计

规划与决策会计是管理会计系统中为企业管理当局规划未来的生产经营活动服务的子系统，是为企业管理当局预测前景、参与决策和规划未来服务的。主要包括预测分析、决策分析和全面预算三个部分。

（二）控制与业绩评价会计

控制与业绩评价会计是管理会计系统中为企业管理当局分析、评价和控制过去、现在和未来的生产经营活动服务的子系统。主要包括成本控制和责任会计两个部分。它通过制定标准、划分责任、测量结果、考核成就等，实施决策，执行计划，全面考核工作成绩。

【注意】

管理会计上述两个方面的内容并不相互孤立，而是紧密联系的。规划与决策会计阶段所形成的全面预算和责任预算，既是最终工作成果，又是以后阶段控制经济活动的依据，同时也是对责任单位进行业绩考评的标准。责任会计是管理会计两大部分的“结合部”，将两者联系在一起：划分责任单位、编制责任预算等属于决策与规划会计的内容；而日常核算、定期业绩报告、差异分析、实施反馈控制和业绩评价等则属于控制与评价会计的内容。

六、管理会计的特点

管理会计的特点是指管理会计特有的本质属性，是管理会计区别于其他学科的主要标志。管理会计从传统的会计中分离出来以后，与财务会计并列存在，构成现代会计的两大分支，它们之间既有联系又有区别。

（一）管理会计与财务会计的联系

1. 起源相同

管理会计与财务会计都是在传统会计中孕育、发展和分离出来的，作为会计管理的重要组成部分，标志着会计学的发展和完善。

2. 目标相同

管理会计和财务会计共同服务于企业管理，其最终目的都是提高企业的经济效益，使企业价值最大化。

3. 原始资料基本同源

管理会计所使用的信息主要来源于财务会计的账务处理记录或报表资料，经过整理和加工延伸，为企业的内部管理服务。

4. 主要指标相互渗透

管理会计中确定的预算、标准等数据是财务会计日常核算的基本前提。财务会计提供的成本、利润等指标，既是管理会计进行长、短期决策分析的重要依据，又是分析、评价和业绩考核的主要资料。

（二）管理会计与财务会计的区别

1. 主要目的不同

财务会计的主要目的是对企业的经济活动进行核算，主要为企业外部各方面提供反映企业财务状况和经营成果的财务信息。管理会计的主要目的是通过收集、加工、处理有关信息，为企业内部各管理层提供所需的管理信息。

2. 遵循的公认会计原则不同

财务会计必须严格遵循“公认会计原则”，我国的企业会计准则具有统一性。管理会计则不受“公认会计原则”的约束，其处理方法根据企业管理的实际情况和需要而确定，具有较大的灵活性，当然在某些方面仍然要受其约束。例如，费用摊销方法、折旧计提方法等方面。

3. 工作对象的范围不同

财务会计工作对象的范围主要是企业整体，以整个企业为对象，提供集中、概括的财务会计信息，据以对企业的财务状况和经营成果做出综合的评价与考核。管理会计虽然也服务于整个企业的经营管理，但其重点在于企业的各个局部。例如，各车间、各部门甚至各种产品、各个职工等。

4. 工作的着眼点不同

财务会计注重反映过去已经发生的经济活动，着眼点是过去，注重进行事后记账；管理会计则在分析过去、控制现在的同时，更注重规划未来，即进行事前的预测、规划和决策分析。

【想一想】

泰迪公司针对目前的主要产品w的生产、研制及开发急需做出一份管理计划书。现在如果不考虑w产品的研究、开发及生产中发生的详细数据，仅从管理会计理论上考虑，你认为有哪些最新的管理理论可以帮助你构架该管理计划书的基本格局？应当如何正确使用财务会计和成本会计的相关数据来服务于管理会计？

任务二 变动成本法

任务情景

利润升降的迷惑

丽江公司是一家生产电子配件的企业，由于市场竞争激烈，造成库存积压严重，利润微薄。该公司经理沈耀将要在2015年3月初离任，他很想在他离任前干出一点名堂，提高利润。2015年伊始，沈经理亲自抓市场销售，跑客户、疏通各种渠道，千方百计扩大市场份额，同时加强企业产品成本的管理，将各项成本尽力控制在原有水平上。经过一个月的努力，销量提高了，库存下降了。沈经理满心欢喜，以为利润肯定得到了提高，但出人意料的是，财务科长提供的1月份的利润数字竟然低于2014年12月份，这令沈经理大惑不解。正在此时，有一位自称熟悉财务的李成顾问给沈经理出了一个主意：要想提高2月份的利润，其实是很容易的事，你不要管销售，只要把产量提上去，最好提高1倍或2倍。沈经理如法炮制。果然，2月份的产量大大提高了，虽然2月份的销量没有变化，库存也大大增加，但2月底的财务报表反映的利润却大幅度提高了。沈经理纳闷：是不是财务部门把利润算错了？李成顾问笑了笑，说出了其中的秘密。

请问：你是怎样看待这件事的？说说你的看法。

任务描述

成本性态从管理会计的角度对成本进行了新的划分，它突破了传统财务会计的成本分类，对于企业管理好变动成本，从而降低总成本提供了可能性。变动成本法以成本性态为基础计算产品成本，主要用于对成本进行规划和日常控制，是企业内部管理的一种重要方法。本任务主要讲述成本性态分析和变动成本法的特点及应用。通过学习，要求理解成本性态分析的含义、方法及应用；掌握变动成本法的特点并能够编制贡献式利润表。

任务实施

一、成本性态分析

成本性态又称成本习性，是指成本总额与业务总量（产量或销售量）之间的依存关系。成本性态分析是根据成本与业务量之间的依存关系对成本进行分类，从数量上把握成本和业务量之间的规律，是企业进行正确决策与实施有效控制的常用工具之一。成本按性态可以分为固定成本、变动成本和混合成本三类。

（一）固定成本与变动成本

1. 固定成本

（1）固定成本的概念。

固定成本是指在一定期间和一定业务量范围内，其总额不受业务量变动的影响而保持固定不变的成本。其主要特点是在一定业务量范围内成本总额保持不变，而单位成本随着业务量的增加而不断下降。例如，当以产量作为业务量时，按直线法计提的厂房和机器设备的折旧费、行政管理人员的工资、办公费、财产保险费、广告费、职工培训费、不动产税等，均属于固定成本。在管理会计中，固定成本的水平通常是以总额表现的。

【注意】

固定成本总是与一定的期间及某一特定的业务量相联系的。对不同的期间，其固定成本水平并不一定相同；对不同的业务量，也不一定属于固定成本。因此，在研究固定成本时，必须首先明确相应的时间范围和业务量的具体形式。

【做中学 1–1】 新华机械厂生产用的一台设备年最高生产能力为 25 000 件产品，按直线法计算，每年折旧费为 10 000 元。生产量与折旧费之间的关系如表 1–1 所示。

表 1–1　产量与成本资料表

年生产量/件	年总成本（折旧费）/元	单位成本/元
5 000	10 000	2
10 000	10 000	1
20 000	10 000	0.5
25 000	10 000	0.4

固定成本具有以下两个特点：

① 固定成本总额的不变性；② 单位固定成本的反比例变动性。

固定成本的成本性态模型如图 1–1、图 1–2 所示。

（2）固定成本的分类。

企业在一定时期内发生的固定成本按其支出数额大小是否受管理层短期决策的影响可进一步划分为约束性固定成本和酌量性固定成本两类。

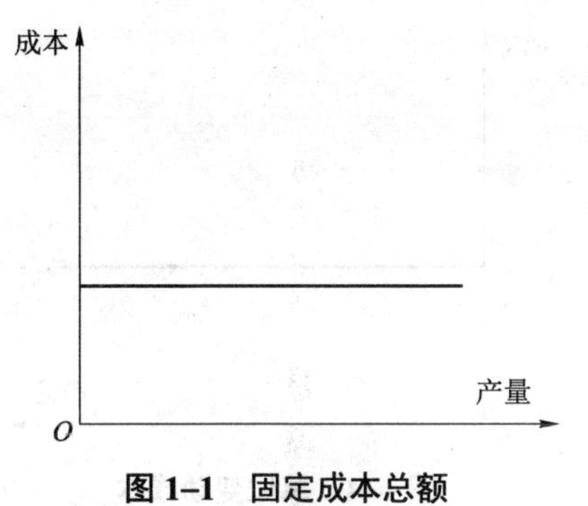

图 1–1　固定成本总额

图 1–2　单位固定成本

① 约束性固定成本，又称"经营能力成本"，指支出数额不受管理层的决策行动影响的固定成本。如固定资产折旧费、保险费、管理人员工资等。要降低约束性固定成本，应合理利用现有生产经营能力，提高生产效率。

② 酌量性固定成本，又称"选择性固定成本"，指通过管理层的决策行动能够改变其数额的固定成本。它是由企业管理部门按照经营方针的要求，通过确定未来某一会计期间的有关预算形式而形成的，如企业的开发研究费、广告费、职工培训费等。要想降低酌量性固定成本，只有厉行节约，精打细算，利用编制预算进行严格控制，防止浪费。

2. 变动成本

（1）变动成本的概念。

变动成本是指在一定期间和一定业务量范围内，其总额随着业务量的变动而成正比例变动的成本。其主要特点是总成本与业务量之间存在着一种稳定的比例关系，即其单位成本不受业务量变动的影响。如直接材料费、产品包装费、按件计酬的工人工资、销售佣金以及按业务量计算的固定资产折旧费等，均属于变动成本。

【注意】

在研究变动成本时，同样必须首先明确业务量的具体形式。因为对于某一特定业务量而言属于变动成本，而对于其他业务量来说，则不一定属于变动成本。

【做中学 1–2】新华机械加工厂生产的某种机器以钢材为原材料，钢材消耗成本是该机器的变动成本，每台机器用钢材 200 元。该厂机器的生产量与钢材消耗成本之间的关系如表 1–2 所示。

表 1–2　产量与消耗成本表

生产量/台	总成本/元	单位成本/元
2 000	400 000	200
3 000	600 000	200
5 000	1 000 000	200
6 000	1 200 000	200

变动成本具有以下两个特点：

① 变动成本总额的正比例变动性；② 单位变动成本的不变性。

变动成本的成本性态模型如图 1–3、图 1–4 所示。

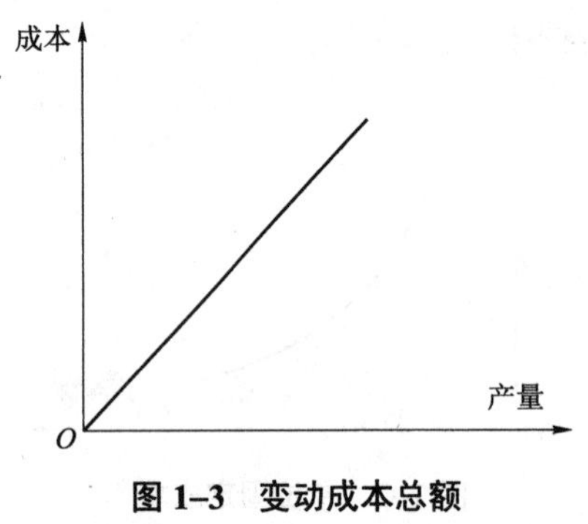

图 1–3　变动成本总额

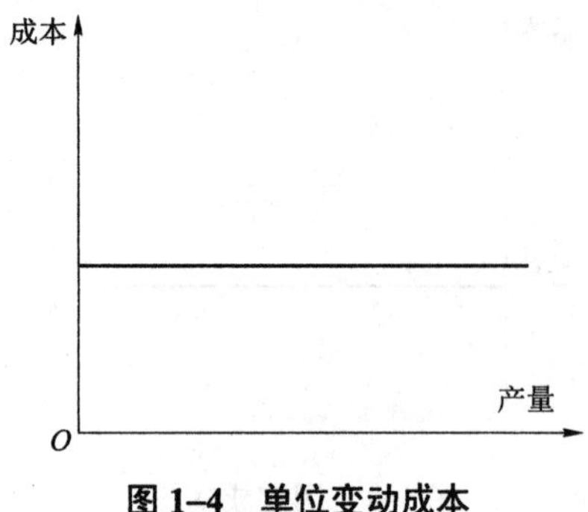

图 1–4　单位变动成本

（2）变动成本的分类。

变动成本按其发生的原因可以划分为约束性变动成本和酌量性变动成本。

① 约束性变动成本。约束性变动成本是指管理当局的决策不能改变其支出数额的变动成本。这类成本通常表现为企业所生产产品的直接物耗成本，其中，以直接材料成本最为典型。如生产一台电脑需要主板、硬盘等，这些成本与产量有着明确的技术或实物关系，具有一定程度的约束性，这些成本的改变往往意味着企业产品的改型。

② 酌量性变动成本。酌量性变动成本是指管理当局的决策可以改变其支出数额的变动成本。如按产量计酬的职工工资、按销售收入的一定比例计算的销售佣金等。这些支出的比例或标准主要取决于企业管理当局根据当时的市场情况所做出的决策。

（二）混合成本及其分解

1. 混合成本的概念及类型

混合成本是指随业务量的变动而变动，但又不成正比例变动的那部分成本。混合成本与业务量的关系按其变动形态的不同，基本上可分为四种类型。

① 半固定成本，又称阶梯式混合成本。它的特点是在一定业务量范围内发生额固定不变，当业务量增长超过该范围，其发生额突然跳跃式上升，然后在业务量增长以后的一定范围内又固定不变，直到业务量范围再被突破，发生新的跳跃式变动为止（见图 1–5）。例如设备修理费、化验员、检验人员的工资等。

② 半变动成本，又称标准式混合成本。它的总额由两部分成本组成，一部分为固定成本部分，无论是否有业务量发生，这部分成本总会发生，不受业务量变动影响；另一部分随业务量的变动而发生正比例变动，为变动成本部分（见图 1–6）。例如水电费、煤气费、电话费等公共事业费用。

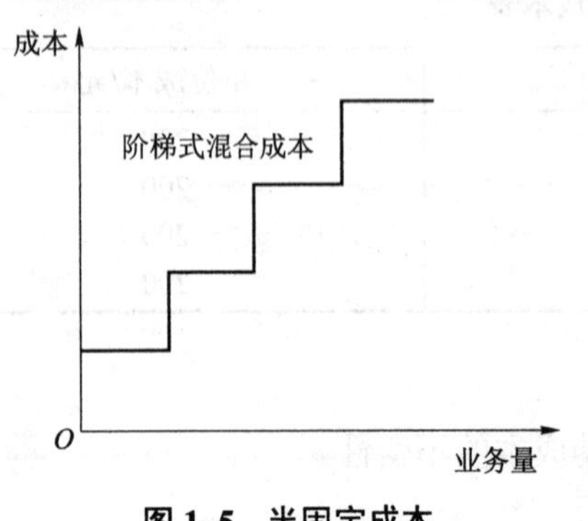

图 1–5　半固定成本

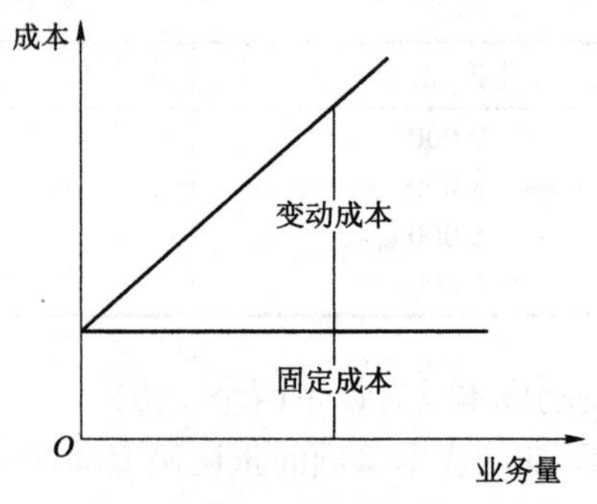

图 1–6　半变动成本

【做中学 1–3】时风运输公司租入一辆货车开展业务。合同规定，该公司支付的租金分为两部分：年基本租金为 2 万元，货车每运行 1 公里（1 公里=1 千米），再支付租金 2 元，货车年运输量与租金支出的关系如表 1–3 所示。

表 1–3　运输量与租金资料表

业务量/公里	成本总额/元
0	20 000
10 000	40 000
20 000	60 000
30 000	80 000

③ 延期变动成本，又称低坡式混合成本。其成本总额在一定的业务量范围内保持稳定，但超过一定业务量后，则随业务量呈正比例变动（见图 1–7）。例如在定额计件的工资制度下，职工完成正常工作定额只能取得基础工资；若超过定额，则除领取基础工资之外，还可取得按超产数额计算的超额计件工资。

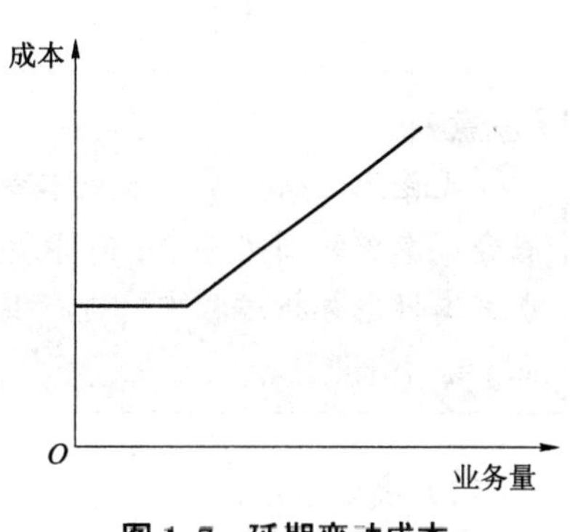

图 1–7　延期变动成本

【做中学 1–4】新华机械厂规定销售人员的每月薪金由基本薪金和奖励两部分组成。每月产品销售量不超过 200 件的，支付基本薪金 900 元；超过 200 件的，每超过 1 件奖励 2 元。假定该企业某位销售人员某月销售产品 400 件，则该销售人员的月薪金与销售关系如表 1–4 所示。

表 1–4　销售量与月薪金资料表

产品的销售量/（件・人$^{-1}$）	销售人员的月薪金/（元・人$^{-1}$）
0	900
100	900
200	900
300	1 100
400	1 300

④ 曲线式混合成本。这类成本通常有一个初始量，在一定条件下保持不变，相当于固定成本。在这个初始量的基础上，随着业务量的增加，成本总额呈非线性的曲线式增加。按照曲线斜率的不同变动趋势，这类成本可分为递增型混合成本和递减型混合成本（见图 1–8）。

2. 混合成本的分解

混合成本是一种既固定又不完全固定，既变动又不完全变动的双重性成本。它同业务量之间的依存关系不太清晰，人们无法据以对成本与业务量的依存关系做出正确的分析和判断。所以，必须采用一定的方法将混合成本中包含的固定成本因素和变动成本因素分解开来。分解混合成本最常见的基本方法有高低点法、散布图法、回归直线法和技术测定法。

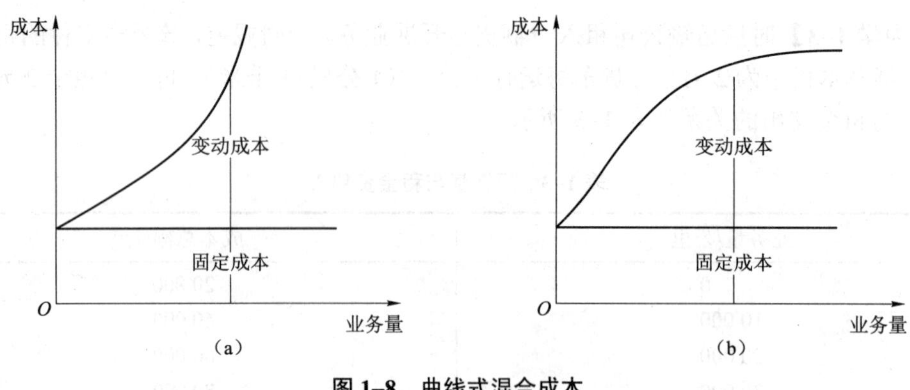

图 1–8　曲线式混合成本

（a）递增型混合成本；（b）递减型混合成本

> **【注意】**
>
> 无论上述哪一类混合成本都可直接或间接地用直线方程 $y=a+bx$ 去模拟，其中：a 表示混合成本中的固定部分；bx 表示混合成本中的变动部分；b 表示混合成本中变动的单位额。在成本性态分析过程中，进行混合成本分解，就是设法求出待定参数 a 和 b 的数值，并建立 $y=a+bx$ 模型。

（1）高低点法。

高低点法是以过去一定时期内的最高点与最低点业务量的成本之差除以最高点业务量与最低点业务量之差，计算出单位变动成本（b），然后据以计算出成本中的固定成本（a）的一种定量分析方法。高点指过去一定时期有关资料中的最高业务量及相应的成本，低点是指资料中的最低业务量及相应的成本。

高低点法的具体步骤如下：

① 确定高低点。在由各期业务量与相关成本构成的所有坐标点中，找出由最高业务量及其成本组成的高点坐标（x_2，y_2）和由最低业务量及其成本组成的低点坐标（x_1，y_1）。

> **【注意】**
>
> 高低点坐标的选择以一定时期内业务量的高低来确定，而不是按成本的高低来确定。

② 确定单位变动成本。将高点与低点的坐标值代入下式，计算单位变动成本 b。

b=（业务量最高时总成本–业务量最低时总成本）/（最高业务量–最低业务量）

$$=\frac{y_2-y_1}{x_2-x_1}$$

③ 计算固定成本总额。将高点或低点坐标值及 b 值代入下式，计算固定成本总额 a。

a=高点混合成本总额–b×高点业务量=$y_2-b\times x_2$

或　=低点混合成本总额–b×低点业务量=$y_1-b\times x_1$

④ 将 a、b 值代入 $y=a+bx$，写出一般成本性态模型。

【做中学 1–5】远方公司 2016 年 1—6 月份设备维修费的有关资料如表 1–5 所示。要求：用高低点法将该企业的设备维修费分解为固定成本、变动成本，并写出维修成本的方程。

表 1–5　远方公司 2016 年 1—6 月份的维修费

月　　份	机器工作时间/小时	维修费/元
1	8 000	1 100
2	8 400	1 130
3	10 000	1 300
4	8 200	1 110
5	7 800	1 080
6	8 200	1 120
合　　计	50 600	6 840

解：确定高低点（如表 1–6 所示）。

表 1–6　高低点相关数据

项　　目	最高点（3 月份）	最低点（5 月份）
机械工作小时（x） 维修费（y）	10 000 1 300	7 800 1 080

$$b=\frac{y_2-y_1}{x_2-x_1}=\frac{1\,300-1\,080}{10\,000-7\,800}=0.1\text{（元/小时）}$$

$$a=y_2-bx_2=1\,300-0.1\times10\,000=300\text{（元）}$$

或

$$=y_1-bx_1=1\,080-0.1\times7\,800=300\text{（元）}$$

按维修费组成的方程为：

$$y=300+0.1x$$

即混合成本中，固定成本为 300 元，其余为变动成本。

【注意】

高低点法的优点在于简便易行，易于理解。缺点是由于它只选择了该混合成本历史资料诸多数据中的最高点和最低点两组坐标来确定直线，以建立该混合成本的成本性态模型，因而所建立的数学模型很可能不具有代表性，容易导致较大的计算误差。因此，这种方法只适用于成本变动趋势比较稳定的企业。

（2）散布图法。

散布图法是将一定时期的混合成本历史数据，逐一在坐标图上标明以形成散布图，然后通过目测，在各个成本点之间做出一条反映成本变动平均趋势的直线，借以确定混合成本中变动成本和固定成本的方法。

散布图法的基本步骤如下：

① x 轴代表业务量，y 轴代表成本，建立直角坐标系，把过去一定期间已发生的混合成本数据先在坐标图上形成若干个成本点；

② 通过目测，在各成本点之间画一条能反映成本变动的平均趋势的直线，该线与 y 轴的交点即为 a 的值；

③ 将 a 值代入混合成本 $y=a+bx$ 的公式可求得 b 值。

即
$$b=\frac{y-a}{x}$$

【做中学 1–6】 远方公司 2016 年 1—9 月份的维修费用如表 1–7 所示，固定成本 1 260 元。要求：采用散布图法将该公司的设备维修费分解为固定成本、变动成本，并写出维修成本的方程。

表 1–7　远方公司 2016 年 1—9 月份的维修费用

月份	机械工作时间/小时（x）	维修费/元（y）
1	8 500	3 700
2	7 500	3 500
3	9 000	3 800
4	9 500	3 900
5	10 000	4 000
6	11 000	4 200
7	10 500	4 000
8	15 000	4 500
9	13 500	4 200

解：首先确定趋势直线与 y 轴的交点为（0，1 260），即固定成本 a=1 260 元；根据趋势直线两端点坐标（0，1 260）、（15 000，4 500），趋势直线的斜率=（4 500–1 260）/（15 000–0）=0.22，即单位变动成本 b=0.22 元/小时（见图 1–9）。

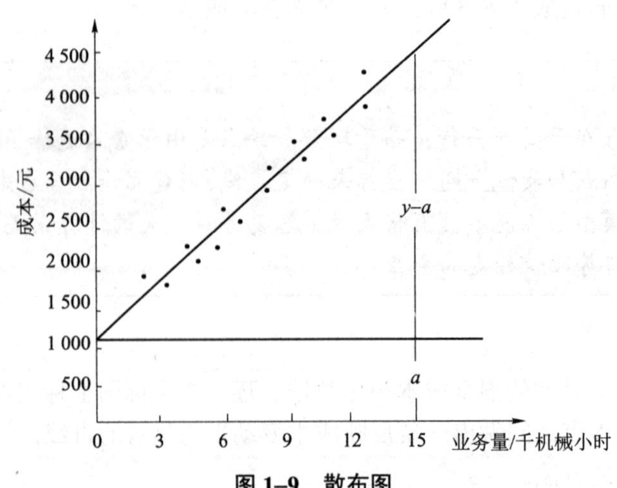

图 1–9　散布图

因此按照成本性态分析，维修成本的方程为：

$$y=1\,260+0.22x$$

【注意】

采用散布图法通过目测画成本变动的平均趋势直线，会因人而异得出不同的混合成本模型，使结果很难准确。但该方法使用方便，容易理解。

（3）回归直线法。

回归直线法是根据过去一定时期的业务量和成本资料，建立反映成本和业务量之间关系的回归直线方程，并据此确定成本中的固定成本和变动成本的一种成本性态分析方法。

设：共有若干（n）期业务量（x）和成本（y）的资料，每期资料的 x、y 之间的关系可以用直线方程 $y=a+bx$ 表示。

根据上述混合成本的基本方程式及实际所采用的一组 n 个观测值，即可建立回归直线的联立方程式：

$$\sum y = na + b\sum x \quad ①$$

以 x 乘①式中的每一项，得出：

$$\sum xy = a\sum x + b\sum x^2 \quad ②$$

将①移项化简，即得：

$$a = \frac{\sum y - b\sum x}{n} \quad ③$$

将③代入②并移项化简，即得：

$$b = \frac{n\sum xy - \sum x\sum y}{n\sum x^2 - (\sum x)^2} \quad ④$$

【做中学 1–7】 宏达公司 2016 年度的维修费如表 1–8 所示。要求：采用回归直线法将宏达公司该年度维修费分解为固定成本、变动成本，并写出维修费的方程。

表 1–8　宏达公司 2016 年度的维修费

月　份	机械工作小时数/小时（x）	维修费/元（y）
1	8 500	3 700
2	7 500	3 500
3	9 000	3 800
4	9 500	3 900
5	10 000	4 000
6	11 000	4 200
7	10 500	4 000
8	9 500	3 800
9	11 500	4 200
10	12 000	4 300
11	13 000	4 500
12	12 500	4 400

解： 为便于计算，先将资料进行计算，如表 1–9 所示。

表 1–9　计算结果

月　份	机械工作小时数/小时（x）	维修费/元（y）	xy	x^2
1	8 500	3 700	31 450 000	72 250 000
2	7 500	3 500	26 250 000	56 250 000
3	9 000	3 800	34 200 000	81 000 000
4	9 500	3 900	37 050 000	90 250 000
5	10 000	4 000	40 000 000	100 000 000
6	11 000	4 200	46 200 000	121 000 000
7	10 500	4 000	42 000 000	110 250 000
8	9 500	3 800	36 100 000	90 250 000
9	11 500	4 200	48 300 000	132 250 000
10	12 000	4 300	51 600 000	144 000 000
11	13 000	4 500	58 500 000	169 000 000
12	12 500	4 400	55 000 000	156 250 000
合　计	124 500	48 300	506 650 000	1 322 750 000

根据资料计算如下：

$$b=\frac{n\sum xy-\sum x\sum y}{n\sum x^2-(\sum x)^2}=\frac{12\times 506\,650\,000-124\,500\times 48\,300}{12\times 1\,322\,750\,000-124\,500^2}=0.178\ （元/小时）$$

$$a=\frac{\sum y-b\sum x}{n}=\frac{48\,300-0.178\times 124\,500}{12}=2\,178.25\ （元）$$

根据求得的 a、b 值，按照成本性态，维修费的方程式为：y=2 178.25+0.178x

计算表明，该项混合成本中，固定成本为 2 178.25 元，其余为变动成本。

值得注意的是，只有 x、y 呈现显著相关时，这种回归分析才有意义。

根据上述资料，用 Excel 作回归直线法模型，如下：

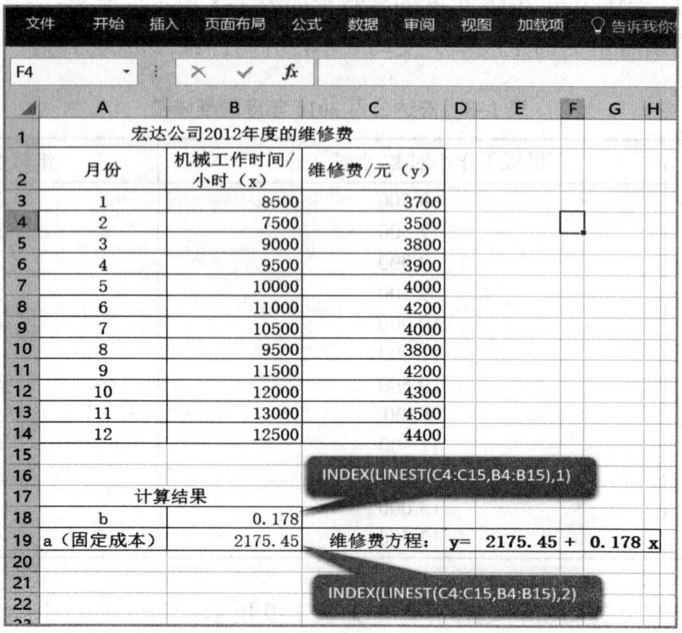

	A	B	C	D	E	F	G	H
1	宏达公司2012年度的维修费							
2	月份	机械工作时间/小时（x）	维修费/元（y）					
3	1	8500	3700					
4	2	7500	3500					
5	3	9000	3800					
6	4	9500	3900					
7	5	10000	4000					
8	6	11000	4200					
9	7	10500	4000					
10	8	9500	3800					
11	9	11500	4200					
12	10	12000	4300					
13	11	13000	4500					
14	12	12500	4400					
17	计算结果							
18	b	0.178						
19	a（固定成本）	2175.45	维修费方程：	y=	2175.45	+	0.178	x

文件 开始 插入 页面布局 公式 数据 审阅 视图 加载项 告诉我你
F4
INDEX(LINEST(C4:C15,B4:B15),1)
INDEX(LINEST(C4:C15,B4:B15),2)

【注意】

以上三种方法，高低点法最为简便，但不够准确；回归直线法最精确，但相对来说，它的工作量也最大，不太适用于手工计算；散布图法，由于是通过目测画线，所以会出现因人而异的情况，因而结果也不够准确。事实上，三种方法都带有估计的成分，因而对混合成本的分解都不可能绝对准确。所以实际工作中，在一些小型企业里，可以近似地将混合成本视为固定成本。

（4）技术测定法。

技术测定法又称工程分析法，它是由工程技术人员测定有关成本项目的支出和业务量之间的关系，在此基础上直接估算混合成本中固定成本部分和变动成本部分的一种成本分解方法。运用技术测定法分解混合成本的基本步骤如下：

① 确定需要研究的成本项目，即成本对象；

② 对导致成本发生的生产过程进行观测和分析，确定业务量；

③ 确定生产过程的最佳操作方法；

④ 根据最佳操作方法测定成本项目的构成内容，并按成本性态将其划分为固定成本和变动成本。

技术测定法根据生产过程中工程技术特点来确定消耗量与业务量之间的依存关系，使成本性态分析有比较科学的依据，是在没有历史成本数据条件下可以采用的最佳分析方法。它的局限性在于，一方面，技术测定要求一定的人力、物力的投入，信息的成本较高；另一方面，它只能用于成本发生和业务量有直接联系，并且消耗过程能单独观察的一些成本项目的分析。

知识链接

成本性态的相关范围

无论是固定成本还是变动成本，其特性都是在一定条件下才会呈现出来。管理会计将这种不会改变固定成本、变动成本性态的有关期间和业务量的特定变动范围称为相关范围（见图 1–10、图 1–11）。

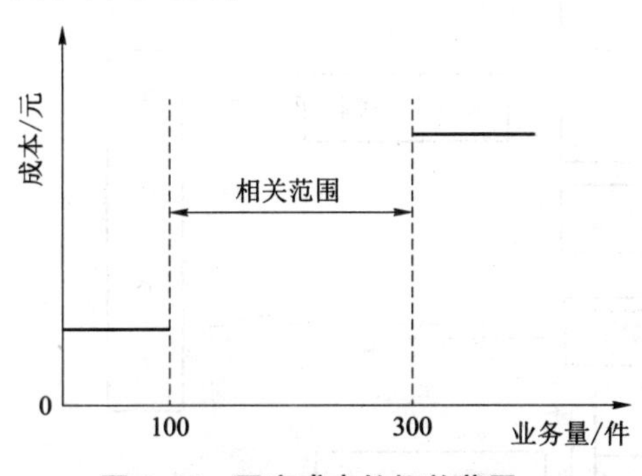

图 1–10　固定成本的相关范围

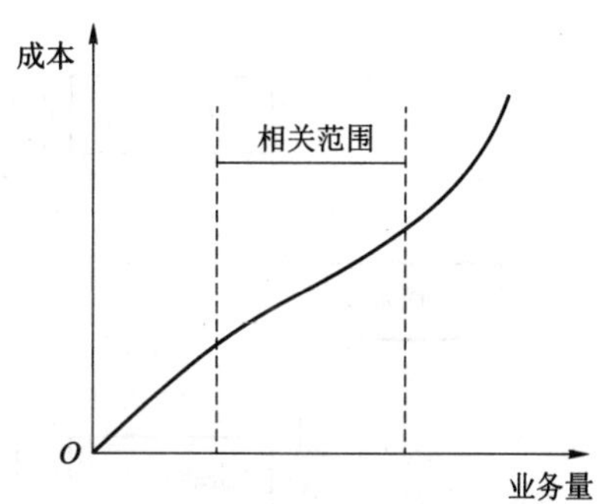

图 1–11　变动成本的相关范围

在相关范围内，不管时间多久，业务量增减变动幅度多大，固定成本总额的不变性和变动成本总额的正比例变动性都将存在。而一旦超出相关范围，所有成本都将呈现混合成本的性态。

由于相关范围的存在，各类成本的性态具有暂时性、相对性和可转换性的特点：

（1）成本性态具有暂时性，它只是在一定的时期内保持不变；

（2）成本性态具有相对性，它取决于每个企业的会计政策和会计方法；

（3）成本性态具有可转换性，当业务量标准发生变化时，固定成本和变动成本可能会相互转化。

【想一想】

5月份，森达公司生产的男款皮鞋出现了销售量的下滑。为了减少库存，少占压资金，公司经理将6月份的产量调整为5月份的一半，即200双。在5月份产量是400双时，每双鞋的成本为75元，6月份的产量为200双，每双鞋的成本为90元，成本增加了20%。经理认为这是成本管理不严造成的结果，提出对车间负责人和相关的生产人员给予处罚。但车间主任提出了一系列的成本资料，认为不是成本增加了，实际上是成本降低了，在材料消耗和人工费用等方面已经下降了10元/双，应该给予奖励才对。

你认为是应该处罚还是奖励呢？如果车间主任所说情况属实，那么单位成本下降的原因是什么？

二、变动成本法

（一）变动成本法的定义

变动成本法和完全成本法是企业成本核算所采用的两种基本方法。1936年，美国会计学者乔纳森·N·哈斯提出了变动成本计算方法，随后变动成本法在美国等西方国家得到了广泛应用，成为现代管理会计的重要内容。变动成本法是指在组织常规的产品成本计算过程中，以成本性态分析为前提，在计算产品成本时只包括产品生产过程中所消耗的直接材料、直接人工和变动性制造费用即变动生产成本，而把固定性制造费用即固定生产成本及非生产成本全部作为期间成本处理的产品成本计算方法。在变动成本法下成本构成如图1–12所示。

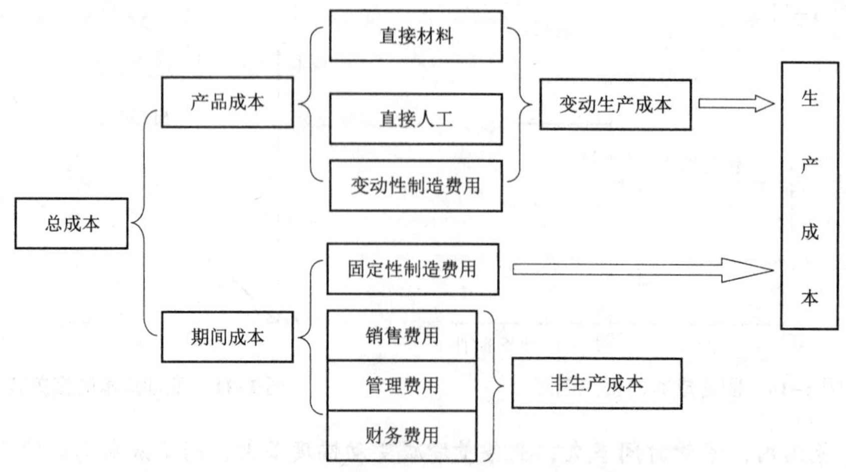

图1–12 变动成本法的成本构成

知识链接

完全成本法

财务会计计算产品成本的主要方法是完全成本计算法。完全成本计算法也称吸收成本计算法，是指在计算产品成本时，将产品的全部生产成本，即直接材料、直接人工和制造费用全部包括在内的一种成本计算方法。其成本构成如图 1–13 所示。完全成本法将非制造成本，即销售费用、管理费用和财务费用，作为期间费用处理，不计入产品成本。这样，在产成品出售前，其制造成本以存货的形式反映在资产负债表中；待产成品销售以后，再将其制造成本转入销售成本，与销售收入进行配比，确认损益并反映在利润表上。

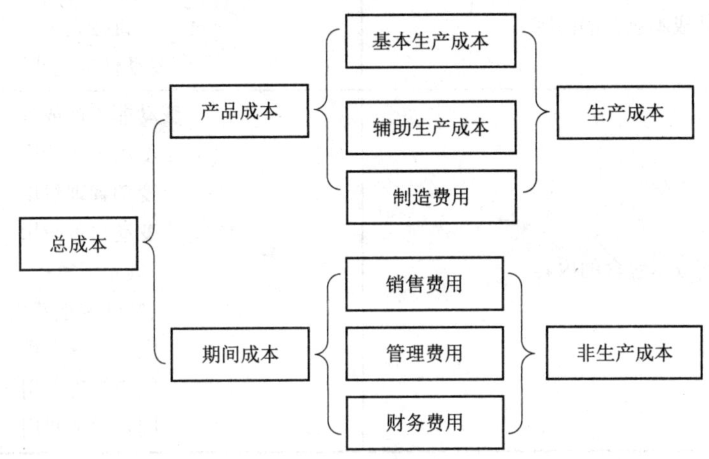

图 1–13　完全成本法的成本构成

完全成本计算法的理论依据是：凡属于因产品生产而发生的生产耗费都应归属于该产品，计入该产品生产成本。产品的生产过程不仅是直接材料、直接人工和变动性制造费用的消耗过程，同时也是一定生产经营能力的消耗过程。固定性制造费用就是为保持一定的生产经营能力而发生的，尽管其发生与产品产量没有直接的联系，不随产量的增减而增减，但如果没有其所提供的生产经营能力，就不可能有产品的生产，因而必须将固定性制造费用也归于产品的生产成本之中，作为产品成本的一个组成部分，随产品而流动。

完全成本法编制的利润表是把所有成本项目按生产、销售、管理等经济职能进行排列，主要是为了适应企业外界有经济利害关系的团体和个人的需要而编制的，故又称为“职能式利润表”。

（二）变动成本法的特点

变动成本法是与传统的成本计算法相对立的概念，当它产生之后，后者便被称为完全成本法。相比较完全成本法，变动成本法具有以下几个方面的特点。

1. 在应用的前提条件方面

变动成本法要求首先进行成本性态分析，把成本分为变动成本和固定成本两部分。其中对于生产成本要按生产量分解为变动生产成本和固定生产成本；对于销售及管理费用要按销售量分解为变动销售及管理费用和固定销售及管理费用。

2. 在产品成本和期间成本的构成内容方面

在变动成本法下，产品成本只包括变动生产成本，固定成本和非生产成本则完全作为期间成本处理。具体通过表 1–10 反映。

表 1–10 变动成本法应用的前提条件和成本构成内容

应用的前提条件	以成本性态分析为基础
成本划分的类别	变动成本 固定成本
产品成本包含的内容	直接材料 直接人工 变动性制造费用
期间成本包含的内容	变动非生产成本： 变动销售费用 变动管理费用 变动财务费用 固定成本： 固定性制造费用 固定销售费用 固定管理费用 固定财务费用

【做中学 1–8】宏远公司只产销一种产品，其 2016 年的业务量、售价与成本资料如表 1–11 所示。

要求：按变动成本法计算该公司的产品成本和期间成本。

表 1–11 宏远公司 2016 年业务量、售价与成本资料表

业务量及售价		成　本	
		直接材料/元	10 000
		直接人工/元	5 000
期初存货量/件	0	变动性制造费用/元	5 000
本年产量/件	5 000	固定性制造费用/元	10 000
本年销售量/件	4 000	变动销售费用/元	3 000
期末存货量/件	1 000	固定销售费用/元	1 000
销售单价/（元・件$^{-1}$）	10	变动管理费用/元	1 000
		固定管理费用/元	1 000
		固定财务费用/元	500

根据上述资料，按变动成本法计算的产品成本和期间成本如表 1–12 所示。

表 1–12 产品成本和期间成本计算表 单位：元

成本类型	项 目	总成本	单位成本
产品成本	直接材料 直接人工 变动性制造费用	10 000 5 000 5 000	2 1 1
	合 计	20 000	4
期间成本	固定性制造费用 销售费用 管理费用 财务费用	10 000 4 000 2 000 500	
	合 计	16 500	

3. 在销货成本和存货成本的水平方面

广义的产品有销货和存货两种实物形态。在期末存货和本期销货均不为零的条件下，本期发生的产品成本最终要表现为销货成本和存货成本。在变动成本法下，固定生产成本作为期间费用处理，直接计入当期利润表，不会转化为销货成本和存货成本。

【做中学 1–9】沿用【做中学 1–8】资料。要求：按变动成本法计算确定期末存货成本和本期销货成本。计算结果如表 1–13 所示。

表 1–13 期末存货成本和销货成本计算表 单位：元

项 目	金 额
期初存货成本	0
本期产品成本	20 000（5 000×4）
可供销售产品成本	20 000
单位产品成本	4
期末存货量	1 000
期末存货成本	4 000
本期销货成本	16 000

4. 在税前净利的计算方面

在变动成本法下，税前净利应按下列两步计算：

销售收入–变动成本=边际贡献 ①

（注：详见本量利分析部分）

边际贡献–固定成本=税前净利 ②

其中，

变动成本=变动生产成本+变动非生产成本

变动生产成本

=按变动成本法计算的本期销货成本

=期初存货成本+本期变动生产成本–期末存货成本

=期初存货量×上期单位变动生产成本+本期产量×

本期单位变动生产成本–期末存货量×本期单位变动生产成本

假定前后各期单位变动生产成本不变，则

变动生产成本=单位变动生产成本×销售量

变动非生产成本=单位变动非生产成本×销售量

固定成本=固定生产成本+固定管理费用+固定销售费用+固定财务费用

（注：假定本书对于存货的计价均采用先进先出法。）

5. 在利润表的编制方面

在变动成本法下，利润表上的成本分为变动成本和固定成本两大类，销售收入减去变动成本后的余额称为边际贡献。边际贡献再减去全部固定成本则是企业的税前净利。变动成本法编制的利润表把所有成本项目按成本性态分为变动成本和固定成本两大类，主要是为了便于取得边际贡献信息，因此又称为“贡献式利润表”。

在变动成本法下，要按照上述①②两步编制贡献式利润表。

【做中学 1–10】沿用【做中学 1–8】、【做中学 1–9】资料，要求编制贡献式利润表。

编制的贡献式利润表如表 1–14 所示。

表 1–14　贡献式利润表　　单位：元

项　　目	金　额
销售收入（10×4 000）	40 000
减：变动成本	
变动生产成本（4×4 000）	16 000
变动销售费用	3 000
变动管理费用	1 000
变动成本合计	20 000
边际贡献	20 000
减：固定成本	
固定性制造费用	10 000
固定销售费用	1 000
固定管理费用	1 000
固定财务费用	500
固定成本合计	12 500
税前净利	7 500

变动成本法实际上是针对传统的完全成本法所进行的一种改革。在将成本分解为变动成本、固定成本的前提下，通过企业的盈亏平衡分析可以找到产品销售量、产品成本、企业利润之间的内在联系，为科学地规划企业的销售策略、成本控制与企业战略管理提供基础的分析依据。同时，在变动成本法下，产量的高低与存货的增减对企业的税前净利都没有影响，

在售价、单位变动成本、销售结构不变的情况下，税前净利将随销售量同步增长，这样会使企业管理层重视产品销售，防止盲目扩大生产。但是，企业会计准则和企业会计制度仍要求按完全成本法进行存货确定和损益计算，故变动成本法目前还不能用于对外编制财务报表。变动成本法主要用于编制企业的内部管理报表，为内部管理提供有用的信息。

知识链接

作业成本法

作业成本法（Activity Based Costing）是指企业将资源费用准确分配到产品、服务等成本对象的一种成本计算方法。作业成本法以“作业消耗资源、产出消耗作业”为原则，按照资源动因将资源费用追溯或分配至各项作业，计算出作业成本，然后再根据作业动因，将作业成本追溯或分配至各成本对象，最终完成成本计算的过程。

作业成本法的应用一般包括资源识别及资源费用的确认与计量、成本对象选择、作业认定、作业中心设计、资源动因选择与计量、作业成本汇集、作业动因选择与计量、作业成本分配、作业成本信息报告等九个步骤。作业成本法把直接成本和间接成本（包括期间费用）作为产品（服务）消耗作业的成本同等地对待，拓宽了成本的计算范围，使计算出来的产品（服务）成本更准确、真实。

作业是成本计算的核心和基本对象，产品成本或服务成本是全部作业的成本总和，是实际耗用企业资源成本的终结。作业成本法在精确成本信息，改善经营过程，为资源决策、产品定价及组合决策提供完善的信息等方面，都受到了广泛的赞誉。自 20 世纪 90 年代以来，世界上许多先进的公司已经实施作业成本法以改善原有的会计系统，增强企业的竞争力。

任务三 本量利分析

任务情景

清江啤酒厂为何亏损?

A 市啤酒厂一直处于供不应求状态，上级有关部门决定从满足市场需求出发，投资兴建清江啤酒厂。于是，从国外引进了先进的生产设备，招募了素质较好的人。但投产后的前三年一直处于亏损状态。为了改变此种状态，厂领导也是想尽了一切办法，例如，增加广告费的投入，进一步提高销量；进行职工的全员培训，提高全员的质量意识；更换部分中层干部，让责任心强、管理严格的人走上管理岗位；努力降低原材料的消耗量；实行多品牌战略等。一年后，虽然销量有所上升，生产成本有所下降，管理更加严格，但仍然无法逃脱亏损的厄运。问题究竟出在哪里呢？直到有一天，该厂长参加了企业管理培训班，在培训班上，老师详细讲解了本量利分析法后才明白。在老师的帮助下，该厂厂长借助财务会计资料，对该厂进行了本量利分析，发现在现有的固定成本、变动成本以及啤酒销售价格的情况下，清江啤酒厂要想保本，年产量至少要达到 5 万吨，而由于技术原因，无法发挥先进设备批量生产的优势，年产量只有 3.5 万吨。看来亏损是必然的了。

想一想：

本量利分析法能解决什么问题呢？对管理决策又有哪些帮助呢？

任务描述

本量利分析是指成本、业务量和利润三者之间的关系分析，其主要目的是分析短期内产品销售量、销售单价、固定成本、单位变动成本以及产品结构的变化对利润的影响，为企业管理部门提供预测、决策信息。本任务主要讲述本量利分析的基本原理和方法。通过学习，要求熟练掌握本量利关系的基本公式和边际贡献等指标；重点掌握保本分析和安全边际分析。

任务实施

一、本量利分析概述

本量利分析是成本—业务量—利润分析（Cost–Volume–Profit）的简称，它是以变动成本法所揭示的成本、业务量和利润三者之间的内在联系为依据，应用一定的计算方法来确定保本业务量，进而分析相关因素变动对盈亏的影响，并以此为前提进行目标利润规划的一种管理会计分析方法。

本量利分析在管理会计中具有十分重要的地位。它除了可以用于进行单价、销售量、成本等因素变动对利润影响的分析外，还可以用于指导销售、成本和利润预测，并据以编制全面预算。因此，本量利分析属于管理会计的基础理论和基本方法。

（一）本量利分析的相关概念

1. 边际贡献

边际贡献又称贡献边际、贡献毛益、边际利润，是指产品的销售收入减去相应的变动成本后的余额。边际贡献的绝对数有两种表现形式：一种是单位概念，称为单位边际贡献（记作 cm），它是指产品的单价（记作 p）减去单位变动成本（记作 b）后的余额。用公式表示如下：

$$\text{单位边际贡献}(cm)=\text{单价}-\text{单位变动成本}=p-b$$

边际贡献的另一种表现形式是总额概念，称为边际贡献总额（记作 Tcm），用公式表示如下：

$$\begin{aligned}\text{边际贡献总额}(Tcm)&=\text{销售收入}-\text{变动成本}=(\text{单价}-\text{单位变动成本})\times\text{销量}\\&=\text{单位边际贡献}\times\text{销量}\\&=px-bx=(p-b)x=cm\cdot x\end{aligned}$$

$$\begin{aligned}\text{息税前利润}(EBIT)&=\text{边际贡献}-\text{固定成本}(a)\\&=Tcm-a\end{aligned}$$

2. 边际贡献率

边际贡献率（记作 *cmR*）是指边际贡献总额与销售收入的百分比，或单位边际贡献与单价的百分比。

边际贡献率（*cmR*）=边际贡献总额/销售收入×100%

=单位边际贡献/单价×100%

=*cm*/*p*×100%

【做中学 1–11】兴达公司生产 A 产品，售价为 30 元，单位变动成本为 12 元，固定成本总额 50 000 元，当年产销量 10 000 件。计算单位边际贡献、边际贡献总额、边际贡献率和息税前利润。

解：单位边际贡献=*p*–*b*=30–12=18（元）

边际贡献总额=*cm*·*x*=18×10 000=180 000（元）

边际贡献率=*cm*/*p*×100%=18/30×100%=60%

息税前利润=*Tcm*–*a*=180 000–50 000=130 000（元）

3. 变动成本率

变动成本率（记作 *bR*）是指产品的变动成本总额与产品的销售收入总额之间的比率，又等于单位变动成本占销售单价的百分比，它表明每增加一元销售所增加的变动成本。其计算公式为：

变动成本率（*bR*）=变动成本总额/销售收入总额×100%

=单位变动成本/销售单价×100%

=*bx*/*px*×100%=*b*/*p*×100%

【做中学 1–12】沿用【做中学 1–11】资料，计算变动成本率。

解：变动成本率=*b*/*p*×100%=12/30×100%=40%

4. 边际贡献率与变动成本率的关系

由于边际贡献率与变动成本率均表明边际贡献或变动成本占销售收入的百分比，因此将这两项指标联系起来考虑，可以得到以下关系式：

边际贡献率=单位边际贡献/销售单价

=（销售单价–单位变动成本）/销售单价

=1–变动成本率

即 *cmR*=1–*bR*

显然，边际贡献率与变动成本率具有互补关系。变动成本率低的企业，则边际贡献率高，盈利能力强；反之，变动成本率高的企业，则边际贡献率低，盈利能力弱。

【想一想】

河川公司生产电动自行车，每辆自行车耗用材料、人工、电瓶等变动成本 1 200 元，固定成本总额 5 000 000 元，共生产销售了 10 000 辆，每辆售价 2 500 元。

请计算该公司生产电动自行车的单位边际贡献、边际贡献总额、边际贡献率、变动成本率和息税前利润。

二、本量利分析的内容

（一）本量利分析的基本模型

本量利分析所考虑的相关因素主要包括固定成本、单位变动成本、销售量、单价、销售收入和营业利润等。这些因素之间的关系可以用下列基本公式来反映：

营业利润=营业收入总额–成本总额=营业收入总额–变动成本总额–固定成本总额

当企业只产销单一品种产品时，上述公式可具体表示为：

营业利润=销售量×单价–销售量×单位变动成本–固定成本

=（单价–单位变动成本）×销售量–固定成本

> 【注意】
> 管理会计中的营业利润，是指不扣除利息费用和所得税之前的利润，即息税前利润。

上述公式用字母表示如下：

$$P=px-(a+bx)=px-bx-a=(p-b)x-a$$

由于本量利分析的数学模型是在上述公式的基础上建立起来的，故又将该式称为本量利关系基本公式。

（二）保本分析

所谓保本，就是指企业在一定时期的收支相等即盈亏平衡、不盈不亏、利润为零。当企业处于这种特殊状况时，称企业达到保本状态。保本分析就是研究企业恰好处于保本状态时本量利关系的一种定量分析方法，又称盈亏临界分析。

保本分析的关键是保本点的确定。保本点（Break–Even Point，BEP），也称为盈亏临界点、盈亏平衡点，是使企业达到保本状态的业务量的总称。在该业务量水平上，有关产品的销售收入总额正好等于销售成本总额，即企业收入与变动成本之差（边际贡献总额）刚好与固定成本持平。保本点是衡量企业生产经营活动状态的一项重要指标，进行保本点分析，可以为企业管理当局提供未来期间为防止亏损发生应完成的极限业务量信息，同时也可以为审视企业未来经营的安全程度和目标利润分析创造条件。

1. 单一品种保本点的计算

单一产品的保本点有两种表现形式：一种是以实物量表示的，称为保本销售量；另一种是以货币单位表示的，称为保本销售额。它们都是标志企业达到收支平衡实现保本的销售业务量指标，统称为保本点业务量。因此，保本点的确定就是计算保本量或保本额。

（1）公式法。

从保本点的含义出发，在基本关系式中：

利润=单位售价×销售量–单位变动成本×销售量–固定成本

当利润为零时，求出的销售量即是保本销售量，即

保本销售量=固定成本/（单价–单位变动成本）=固定成本/单位边际贡献

$=a/(p-b)=a/cm$

若用销售额来表示，则保本销售额计算公式为：

保本销售额=单价×保本销售量=固定成本/边际贡献率=a/cmR

【做中学 1–13】兴达公司开发的一种新产品即将投入市场，经预测市场售价为 6 元/件，生产该产品年固定成本总额为 40 万元，单位变动成本是 4 元/件，求该产品的年保本销售量和保本销售额。

解：根据题意，得：

保本销售量=固定成本/（单价–单位变动成本）=400 000/（6–4）

=200 000（件）

保本销售额=保本销售量×单价=200 000×6=1 200 000（元）

（2）图示法。

保本点的确定，除了采用公式计算求得以外，还可以通过绘制保本图或损益平衡图来求得，称为图示法。保本图是在假设单位售价、成本不变并且企业的销售收入、总成本和业量之间为线性关系的条件下，把企业的收入、成本和业务量的关系及保本点都表示出来的坐标图。一般来说，在保本图中，横坐标代表销售量，纵坐标代表收入和成本，则销售收入线和总成本线的交叉点就是保本点，该点所对应的数量为保本销售量，所对应的金额为保本销售额。如图 1–14 所示。

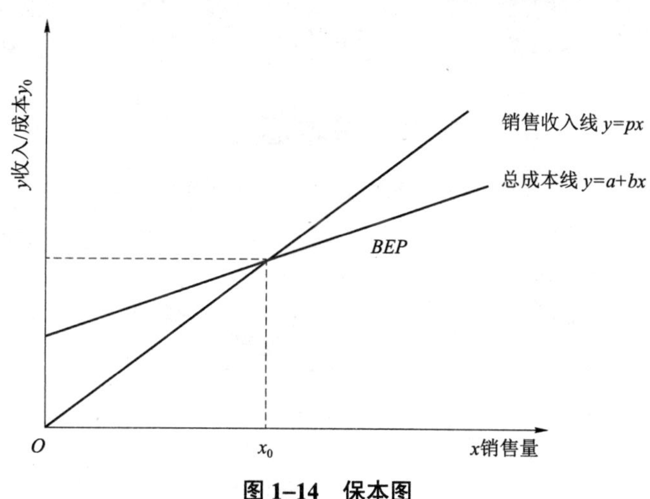

图 1–14　保本图

根据【做中学 1–13】资料，用 Excel 计算新产品的保本点销售量和销售额，如下：

文件　开始　插入　页面布局　公式　数据　审阅　视图　加载项

C5　=B8/(C4-C3)

	A	B	C	D
1	保本点计算过程			
2	项目	低点	保本点	高点
3	单位变动成本（元/件）	4	4	4
4	销售单价（元/件）	6	6	6
5	销售量（件）	0	200000	400000
6	销售额（元）	0	1200000	2400000
7	总成本	400000	1200000	2000000
8	年固定成本	400000	400000	400000

表中的公式如下：

	A	B	C	D
1	保本点计算过程			
2	**项目**	**低点**	**保本点**	**高点**
3	单位变动成本（元/件）	4	=B3	=C3
4	销售单价（元/件）	6	=B4	=C4
5	销售量（件）	0	=B8/(C4-C3)	400000
6	销售额（元）	=B5*B4	=C5*C4	=D5*D4
7	总成本	=B5*B3+B8	=C5*C3+C8	=D5*D3+D8
8	年固定成本	400000	=B8	=C8

根据表中数据，用Excel绘制保本图如下：

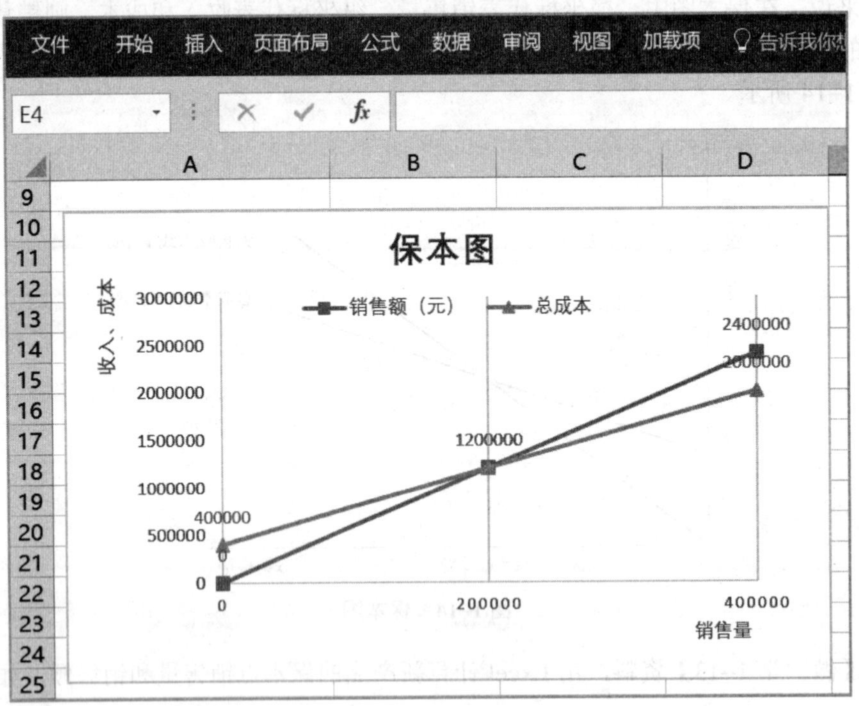

2. 多品种条件下保本点的计算

企业在生产多种产品的条件下，由于各种产品在性能上可能存在着较大差异，因而从会计的角度而言，各种产品在实物数量上的简单相加并无实际意义。因此，在计算多品种产品保本点时，不适宜采用实物量来表示，而应该选用能反映各种产品销售量的货币指标，即计算它们的保本销售额。多品种条件下保本点的计算通常有综合（加权平均）边际贡献率法、联合单位法、分别计算法和综合保本图法等。这里只介绍综合（加权平均）边际贡献率法。

综合（加权平均）边际贡献率是指以各品种产品的边际贡献率为基础，用各产品的预计销售比重（即产品销售结构）作为权数进行加权计算的、反映企业多产品综合创利能力的平均边际贡献率。该种方法不要求分配固定成本，而是将各种产品所创造的边际贡献视为补偿企业全部固定成本的利润来源。

其计算公式如下：

综合保本销售额=固定成本总额/综合边际贡献率

其中，

综合（加权平均）边际贡献率=各种产品边际贡献合计/各种产品销售收入合计

$=\sum$各种产品的边际贡献率×（各种产品的销售额/全部产品预计销售收入合计）

$=\sum$各种产品的边际贡献率×该产品的销售比重

各种产品的保本销售额=综合保本销售额×各种产品的销售比重

【做中学 1–14】兴达公司生产 A、B、C 三种产品，固定成本总额为 6 600 元，其他资料如表 1–15 所示。

表 1–15　三种产品预计销售量、单价、单位变动成本情况表

项　目	A 产品	B 产品	C 产品
产销量	900	900	600
销售单价/（元·件$^{-1}$）	20	10	5
单位变动成本/（元·件$^{-1}$）	15	6	2

要求：计算三种产品的综合保本销售额和各种产品的保本销售额。

解：（1）计算三种产品的边际贡献率。

A 产品边际贡献率=（p–b）/p=（20–15）/20=25%

B 产品边际贡献率=（p–b）/p=（10–6）/10=40%

C 产品边际贡献率=（p–b）/p=（5–2）/5=60%

（2）计算三种产品的预计销售收入总额及销售结构。

销售收入总额=900×20+900×10+600×5=30 000（元）

A 产品的销售比重=900×20/30 000=60%

B 产品的销售比重=900×10/30 000=30%

C 产品的销售比重=1–60%–30%=10%

则综合边际贡献率=$\sum$各种产品的边际贡献率×该产品的销售比重

=25%×60%+40%×30%+60%×10%=33%

（3）计算综合保本销售额。

综合保本销售额=固定成本总额/综合边际贡献率=6 600/33%=20 000（元）

根据上述资料，用 Excel 计算综合保本销售额，如下：

文件 开始 插入 页面布局 公式 数据 审阅 视图 加载项

B12 =SUMPRODUCT(B9:D9,B11:D11)

	A	B	C	D	E
1	产品基本资料				
2	项目	A产品	B产品	C产品	
3	产销量/件	900	900	600	
4	销售单价	20	10	5	
5	单位变动成本	15	6	2	
6	固定成本	6600			
7	保本销售额的计算				
8	项目	A产品	B产品	C产品	合计
9	边际贡献率	0.25	0.4	0.6	
10	销售收入	18000	9000	3000	30000
11	销售比重	0.6	0.3	0.1	1
12	综合边际贡献率	0.33			
13	综合保本销售额	20000			

文件 开始 插入 页面布局 公式 数据 审阅 视图 加载项 告诉我你想要做什么

G5

	A	B	C	D	E
1	产品基本资料				
2	项目	A产品	B产品	C产品	
3	产销量/件	900	900	600	
4	销售单价	20	10	5	
5	单位变动成本	15	6	2	
6	固定成本	6600			
7	保本销售额的计算				
8	项目	A产品	B产品	C产品	合计
9	边际贡献率	=(B4-B5)/B4	=(C4-C5)/C4	=(D4-D5)/D4	
10	销售收入	=B3*B4	=C3*C4	=D3*D4	=SUM(B10:D10)
11	销售比重	=B3*B4/$E$10	=C3*C4/$E$10	=D3*D4/$E$10	=SUM(B11:D11)
12	综合边际贡献率	=SUMPRODUCT(B9:D9,B11:D11)			
13	综合保本销售额	=B6/B12			

（4）计算各种产品的保本销售额。

A 产品保本销售额=综合保本销售额×各种产品的销售比重

=20 000×60%=12 000（元）

B 产品保本销售额=20 000×30%=6 000（元）

C 产品保本销售额=20 000−12 000−6 000=2 000（元）

用每种产品的保本销售额分别除以各该产品的单价，就可求出它们的保本销售量：

A 产品保本销售量=12 000÷20=600（件）

B 产品保本销售量=6 000÷10=600（件）

C 产品保本销售量=2 000÷5=400（件）

相关因素变动对保本点的影响

从保本点的计算公式中可以看到，产品的售价、单位变动成本、固定成本等因素的变动都会对保本点产生影响。

（一）销售价格变动的影响

产品销售价格的变动是影响保本点的一个重要因素。销售价格的变动会引起单位边际贡献和边际贡献率向同方向变动，从而会改变保本点。如果其他因素不变，提高产品销售价格，则会提高单位边际贡献和边际贡献率，在本量利图中，表现为销售收入线向上倾斜，导致保本点降低；降低产品销售价格，则会降低单位边际贡献和边际贡献率，在本量利图中，表现为销售收入线向下倾斜，导致保本点上升。

（二）单位变动成本变动的影响

单位变动成本的变动会引起单位边际贡献和边际贡献率向相反方向变动，从而改变保本点。如果其他因素不变，提高单位变动成本，则会降低单位边际贡献和边际贡献率，在本量利图中，表现为总成本线向上倾斜，导致保本点上升；降低单位变动成本，则会提高单位边际贡献和边际贡献率，在本量利图中，表现为总成本线向下倾斜，导致保本点下降。

（三）固定成本变动的影响

固定成本的大小与企业经营规模直接相关。企业的经营规模越大，固定成本就越大，保本点也就越高。如果其他因素不变，固定成本总额提高，则在本量利图中，会抬高总成本线的位置，导致保本点上升；固定成本总额下降，则在本量利图中会降低总成本线的位置，导致保本点下降。

（四）多因素同时变动的影响

上述分析都是以假定某一因素变动时其他因素不变为前提条件的，但在实际工作中，企业可能会通过采取多种措施，同时改变多个因素来调整保本点，达到增加利润的目的。

（三）保利分析

保利分析是在保本分析的基础上，研究当企业实现目标利润时本量利关系的具体状况。通过保利分析，可以首先确定为实现目标利润而应达到的目标销售量和目标销售额即保利点，从而以销定产，确定目标生产量、目标生产成本以及目标资金需要量等，为企业实施目标控制奠定基础，为企业短期经营确定方向。具体计算见项目二预测分析中的利润预测部分，此处不赘述。

（四）企业经营安全程度的评价指标

1. 安全边际与安全边际率

（1）安全边际。安全边际是指企业实际或预计的销售量（或销售额）与保本销售量（或销售额）之间的差量（或差额），又称安全边际量（或安全边际额）。

安全边际量=实际（或预计）销售量−保本销售量

安全边际额=实际（或预计）销售额−保本销售额

=安全边际量×销售单价

安全边际可以反映企业经营的安全程度。企业的销售量超过盈亏平衡点越多，安全边际就越大，说明企业发生亏损的可能性就越小，企业的经营也就越安全。反之，企业经营的安全性就越差。同时，只有安全边际内的销售量（额）才能给企业提供利润，因为全部固定成本已被保本点所弥补，所以安全边际内的销售额减去其自身的变动成本后即为企业的利润。即安全边际范围内的边际贡献就是企业的盈利额。

即：　　销售利润=安全边际量×单位边际贡献

=安全边际额×边际贡献率

因此，安全边际越大，所获利润就越高，企业经营就越安全。

（2）安全边际率。安全边际率是指安全边际量（额）与实际或预计销售量（额）的比率。安全边际率代表了企业在亏损发生之前，销售量可以下降的最大幅度。安全边际率越高，企业发生亏损的可能性就越小，企业经营的安全程度就越高。反之，企业经营的安全程度就越低。

安全边际率可按下述公式计算：

安全边际率=安全边际量/实际或预计销售量

=安全边际额/实际或预计销售额

根据安全边际与销售利润之间的关系我们又可以推导出：

销售利润率=安全边际率×边际贡献率

安全边际率与评价企业经营安全程度的一般标准如表1–16所示：

表1–16　评价企业经营安全程度的一般标准

安全边际率	10%以下	10%～20%	20%～30%	30%～40%	40%以上
安全程度	危险	警惕	比较安全	安全	很安全

【做中学1–15】兴达公司生产A产品，该产品单位售价为50元，单位变动成本为30元，固定成本总额为12 000元，预计计划期间产销A产品800件。

要求：计算该企业计划期间经营A产品的安全边际及安全边际率，并从安全边际的角度计算出该产品的销售利润及销售利润率。

解：（1）计算保本销售量（额）：

保本销售量=固定成本/（单价–单位变动成本）=12 000/（50–30）=600（件）

保本销售额=600×50=30 000（元）

（2）计算安全边际（率）：

安全边际量=800–600=200（件）

安全边际额=800×50–30 000=10 000（元）

安全边际率=200/800=25%

=10 000/（800×50）=25%

（3）计算销售利润（率）：

单位边际贡献=销售单价–单位变动成本=50–30=20（元/件）

销售利润=200×20=4 000（元）

或　销售利润=10 000×（50–30）/50=10 000×40%=4 000（元）

销售利润率=安全边际率×边际贡献率=25%×（50–30）/50=10%

2. 保本点作业率

保本点作业率又称危险率，是指保本销售量（额）占实际或预计销售量（额）的百分比。该指标是个反指标，越小说明越安全。其计算公式为：

保本点作业率=保本销售量/实际或预计销售量×100%

=保本销售额/实际或预计销售额×100%

【做中学 1–16】沿用【做中学 1–15】的资料，并假定该企业实际销售量为 2 000 件。

要求：计算保本点作业率。

解：保本点作业率=600/2 000×100%=30%

上述计算结果表明，该企业保本点作业率必须达到正常经营业务量的 30%才可保本。否则，低于这一比率，企业将会发生亏损。

【注意】

保本点作业率与安全边际率存在互补关系：

保本点作业率+安全边际率

=保本销售量（额）/实际或预计销售量（额）+安全边际量（额）/实际或预计销售量（额）

=1

3. 经营杠杆和经营杠杆系数

（1）经营杠杆的概念。

由成本习性我们知道，由于固定成本的存在，息税前利润的变动率必然大于销售量的变动率。这种利润变动率大于销售量变动率的现象，我们称之为“经营杠杆”。它能反映出企业经营的风险，并帮助管理当局进行科学的预测分析和决策分析。

（2）经营杠杆系数的计量。

经营杠杆现象通常用经营杠杆系数来表示。经营杠杆系数是指息税前利润变动率相当于销售量变动率的倍数，用 *DOL* 来表示。其基本计算公式：

经营杠杆系数（*DOL*）=息税前利润变动率/销售变动率

$=(\Delta EBIT/EBIT)/\Delta x/x$

其中：*EBIT* 为基期息税前利润，$\Delta EBIT$ 为息税前利润变动额；

x 为基期销售量（额），Δx 为销售量或销售额变动数。

若对上述基本公式进行变换，我们可以得到其简化公式：

$DOL=(p-b)\cdot x/[(p-b)\cdot x-a]$

$=Tcm/(Tcm+a)$

$=Tcm/EBIT$

=基期边际贡献/基期息税前利润

【想一想】

你能从基本公式推导出简化公式吗？

【做中学 1–17】洪都公司生产 B 产品，单位产品售价 1 500 元。上年该产品产销量为 10 000 件，预计计划年度产销量增长 20%。单位变动成本 900 元，全年固定成本总额 300 万元。

要求：计算经营杠杆系数 *DOL*。

解：该公司销售变动率=$\Delta x/x$=20%

基期息税前利润 *EBIT*=（1 500–900）×10 000–3 000 000=3 000 000（元）

预计计划年度的息税前利润=（1 500–900）×12 000–3 000 000=4 200 000（元）

息税前利润变动率=$\Delta EBIT/EBIT$=（4 200 000–3 000 000）/3 000 000=40%

DOL=（$\Delta EBIT/EBIT$）/$\Delta x/x$=40%/20%=2

运用简化公式，经营杠杆系数为：

DOL=（1 500–900）×10 000/［（1 500–900）×10 000–3 000 000］

=（1 500–900）×10 000/3 000 000

=2

企业只要存在固定成本，经营杠杆系数 *DOL* 恒大于 1，并且经营杠杆系数与固定成本总额同方向变动，固定成本越大，经营杠杆系数越大。当销售量增加时，息税前利润以经营杠杆系数为倍数的幅度增加；反之，当销售量减少时，息税前利润也以经营杠杆系数为倍数的幅度下降。由此可见，经营杠杆系数扩大了市场和生产等不确定因素对利润变动的影响，而且经营杠杆系数越大，息税前利润对销售变动也越敏感，变动也越剧烈，企业的经营风险也就越大。因此，经营杠杆系数是用于衡量企业经营风险大小的指标。

【想一想】

企业应该采取哪些措施降低经营风险呢？

项目训练

能力训练一　职业判断与选择

一、单项职业选择能力

1. 管理会计正式形成和发展于（　　）。

A. 20 世纪初　B. 50 年代　C. 70 年代　D. 80 年代

2. 将全部成本分为固定成本、变动成本和混合成本所采用的分类标志是（　　）。

A. 成本的目标　B. 成本的可辨认性

C. 成本的经济用途　D. 成本的性态

3. 若某企业在一定时期内的保本作业率为 100%，则可以断定该企业处于（　　）状态。

A. 盈利　B. 保本

C. 亏损　D. 上述选择都不对

4. 在历史资料分析法的具体应用方法中，计算结果最为精确的是（　　）。

A. 高低点法　B. 散布图法　C. 回归分析法　D. 技术测定法

5. 成本按习性进行分类，将直接材料、直接人工、变动性制造费用三项数额合计后可统称为（　　）。

A. 变动成本　　B. 变动生产成本

C. 变动销售成本　　D. 制造费用

6. 已知企业只生产一种产品，单位变动成本为 45 元/件，固定成本总额 60 000 元，产品单价为 120 元，为使安全边际率达到 60%，该企业当期应销售（　　）产品。

A. 80 000 件　　B. 1 280 件　　C. 1 333 件　　D. 2 000 件

7. 生产多品种产品企业测算综合保本销售额=固定成本总额÷（　　）。

A. 单位边际利润　　B. 边际利润率

C. 单价–单位变动成本　　D. 综合边际贡献率

8. 从保本图得知，对单一产品分析，（　　）。

A. 单位变动成本越大，总成本斜线率越大，保本点越高

B. 单位变动成本越大，总成本斜线率越小，保本点越高

C. 单位变动成本越小，总成本斜线率越小，保本点越高

D. 单位变动成本越小，总成本斜线率越大，保本点越低

9. 单价单独变动时，会使安全边际（　　）。

A. 反方向变动　　B. 同方向变动

C. 不一定变动　　D. 不变

10. 下列说法中正确的是（　　）。

A. 安全边际量与安全边际率都是正指标，其值越大，说明企业经营的安全程度越大

B. 安全边际率是保本作业率的倒数

C. 安全边际率是越小越好，保本作业率是越大越好

D. 安全边际率与保本作业率都越大越好

二、多项职业选择能力

1.（　　）属于现代管理会计的基本内容。

A. 预测决策会计　　B. 责任会计

C. 预算会计　　D. 规划控制会计

2.（　　）的出现标志着管理会计原始雏形的形成。

A. 标准成本计算制度　　B. 变动成本法

C. 预算控制　　D. 责任考评

3. 固定成本具有的特征是（　　）。

A. 固定成本总额的不变性　　B. 单位固定成本的反比例变动性

C. 固定成本总额的正比例变动性　　D. 单位固定成本的不变性

4. 变动成本具有的特征是（　　）。

A. 变动成本总额的不变性　　B. 单位变动成本的反比例变动性

C. 单位变动成本的不变性　　D. 变动成本总额的正比例变动性

5. 下列成本项目中，（　　）是酌量性固定成本。

A. 新产品开发费　　B. 职工培训费

C. 管理人员工资　　D. 广告费

6. 下列成本项目中属于固定成本的是（　　）。
A. 按平均年限法计提的折旧费　　B. 保险费
C. 广告费　　D. 生产工人工资
7. 在变动成本法下，期间成本包括（　　）。
A. 变动制造费用　　B. 固定制造费用
C. 变动销售费用　　D. 管理费用
8. 本量利分析的前提条件是（　　）。
A. 成本性态分析假设　　B. 相关范围及线性假设
C. 变动成本法假设　　D. 产销平衡和品种结构不变假设
9. 本量利分析的基本内容有（　　）。
A. 保本点分析　　B. 安全性分析
C. 保利分析　　D. 经营杠杆系数分析
10. 安全边际率=（　　）。
A. 安全边际÷实际销售量　　B. 保本销售量÷实际销售量
C. 安全边际额÷实际销售额　　D. 保本销售额÷实际销售额
11. 生产单一品种产品的企业，保本销售额=（　　）。
A. 保本销售量×单位利润
B. 固定成本总额÷边际贡献率
C. 固定成本总额÷（单价−单位变动成本）
D. 固定成本总额÷综合边际贡献率
12. 企业经营安全程度的评价指标包括（　　）。
A. 保本点　　B. 安全边际量　　C. 安全边际额　　D. 安全边际率
13. 下列两项指标之和等于1的是（　　）。
A. 边际贡献率与变动成本率　　B. 安全边际率与变动成本率
C. 安全边际率与保本点作业率　　D. 保本点作业率与边际贡献率
14. 下列各项中，属于变动成本法优点的有（　　）。
A. 所提供的资料较好地符合企业生产经营的实际情况
B. 能提供每种产品盈利能力的资料，有利于管理人员的决策分析
C. 便于分清各部门的经济责任
D. 简化了产品成本计算
15. 反映本量利关系的基本公式包括（　　）。
A. 营业利润=销售收入−总成本
B. 营业利润=销售收入−变动成本−固定成本
C. 营业利润=单价×销售量−单位变动成本×销售量−固定成本
D. 营业利润=（单价−单位变动成本）×销售量−固定成本

三、职业判断能力

1. 预测、决策是现代管理会计的主要内容。（　　）
2. 管理会计主要面向未来，因而管理会计信息的形成不以过去的资料为基础。（　　）
3. 固定资产是其总额在一定期间内不受业务量的影响而保持固定不变的成本。（　　）

4. 变动成本法计算的产品成本包括直接材料、直接人工、变动性制造费用和变动销售及管理费用，不包括固定性制造费用。（　）

5. 变动成本法下，全部制造费用均计入当期损益。（　）

6. 某产品的变动成本率为70%，安全边际率为30%，则销售利润率为21%。（　）

7. 当企业生产经营多种产品时，无法使用本量利分析法。（　）

8. 降低10%的产品销售价格与增加10%的单位变动成本对利润的影响是一致的。（　）

9. 当边际贡献总额等于固定成本时，保本点作业率为100%。（　）

10. 边际贡献率与变动成本率之间存在着密切联系，边际贡献率越大，变动成本率也就越大。（　）

能力训练二　实务操作

实训一：

试判断以下成本费用属于变动成本、固定成本还是混合成本。

（1）直接材料费；

（2）按产量计酬的职工工资；

（3）行政管理人员工资；

（4）生产设备按直线法计提的折旧费；

（5）燃料及动力费；

（6）广告费；

（7）电话费；

（8）销售人员的工资；

（9）职工培训费；

（10）水电费。

实训二：

恒星公司只生产一种产品，2016年有关生产、销售和成本资料如下：

期初存货量	0
本期产量	12 500件
本期销售量	10 000件
单价	40元
直接材料	80 000元
直接人工	30 000元
变动性制造费用	50 000元
固定性制造费用	90 000元
变动销售及管理费用	7 500元
固定销售及管理费用	40 000元

要求：

（1）按变动成本法计算单位产品成本。

（2）编制贡献式利润表。

实训三：

时达公司生产 A 产品，2016 年的生产量为 3 000 件，销售量为 2 000 件。2016 年年初无存货，存货计价采用先进先出法。该产品单位售价为 15 元，单位变动生产成本为 5 元/件，固定性制造费用为 16 000 元，单位变动销售和管理费用为 0.5 元/件，固定销售和管理费用为 2 500 元。

要求：按变动成本法计算 2016 年的营业利润。

实训四：

时风公司只产销一种产品，全年固定成本为 5 000 元，该产品的单位变动成本为 5 元，单位售价为 10 元。该产品的年销量为 3 000 件。

要求：

（1）计算该产品的保本销售量和销售收入，并画出保本图；

（2）计算该产品的安全边际和安全边际率；

（3）如果其他因素不变，该企业的固定成本降至 4 000 元，重新回答（1）和（2）；

（4）如果其他因素不变，该产品的单位变动成本降至 4 元，重新回答（1）和（2）；

（5）如果其他因素不变，该产品的售价提高至 12 元，重新回答（1）和（2）。

实训五：

王浩刚刚大学毕业，他想在校园里经营网吧，把地点选在了一所离市区比较远的新建立的大学，学生人数有 6 000 多人，学校附近没有网吧。经过与学校协商，结果如下：

（1）租用学校 105 平方米的闲置房屋，月租金 8 000 元，租期 7 年。

（2）每天上午免费提供给学校 3 个小时的机器使用时间，学生们在此上计算机课。

王浩测算了一下，去掉学校一年中要放假 3 个月，其他时间网吧均可营业，觉得此项投资能赚钱。于是对房子进行了装修布置，支付装修费 10 000 元；购置了 80 台计算机，安装上了宽带，共投入 240 000 元。聘用了两名机器维修人员，月工资共计 6 000 元。网吧 24 小时开放，每台机器每小时收费 2 元，估计每天 80 台机器的使用率为 90%，每台机器平均每天使用 16 个小时，每台机器每小时的电费为 0.4 元。按直线法计提折旧，期末无残值。

（1）王浩应从哪些要素入手分析网吧能否赚钱？

（2）如王浩估计的那样，他每月能获得多少利润？

预测分析

案例导读

大成模具厂生产一种模具，主要原料是从某钢铁厂购进的铸件。上半年共对外销售了10万套，实现利润150万元。该产品市场销售价格为180元，单位变动成本为120元。下半年由于市场竞争加剧，产品在技术上已不具有优势，于是该厂将市场售价降至170元以扩大市场份额，与此同时主要原料供货商也要求提高原料售价，使得单位变动成本从120元上升至130元。此时厂部要求挖掘成本潜力，下功夫控制制造费用的支出，要实现年初预订的200万元的目标利润。

想一想：

1. 如果销售量与上半年持平，固定成本最多可达到多大限额？
2. 如果固定成本与上半年持平，销售量最少应达到多大数额？

学习目标

● **知识目标**

1. 了解预测分析的概念；
2. 明确预测分析的程序；
3. 掌握销售预测、成本预测及利润预测的方法；
4. 掌握资金需要量预测的方法。

● **技能目标**

1. 能够进行企业的销量预测和销售额预测；
2. 能够进行企业的利润预测；
3. 能够进行企业的成本预测；
4. 能够运用销售百分比法进行资金需要量预测。

任务一　了解预测分析

任务情景

联众电器公司市场部助理李昊召集了几位有经验的市场调研员，在调查研究的基础上，对掌握的信息资料，经过加工处理，运用一定的预测方法，对全国城镇和农村两个电脑市场未来五年的发展趋势进行预测分析，并对公司未来发展提出了建议。他们运用统计分析方法，对影响电脑需求水平的相关因素，如购买力因素、购买者因素、购买动机因素和社会、环境等因素展开分析，通过对各种预测方法进行深入讨论，来预测电脑市场需求，并进行市场细分，划分城镇和农村两个市场分别进行预测。最后给出如下建议：

1. 尽管农村市场未来五年还有需求潜力，但是，根据本公司目前发展趋势，电脑厂家的总生产能力远大于需求。

2. 据调查显示，不同规格电脑的市场需求不同。台式电脑供大于求，而手提电脑供不应求。

3. 城镇和农村差别较大。城镇与其普及的最大主流产品为便携式手提电脑，且需求呈现个性化，强调新技术含量。农村预期普及的最大主流产品仍然是台式电脑，这一主流将会持续2～3年，手提电脑又将成为最大的普及规格，将持续到农村家庭基本普及完毕。

针对以上情况，建议着手进行产品结构调整，增加手提电脑生产线，同时关注市场和竞争对手的动向据以调整发展战略。

想一想：

1. 李昊在进行本案例预测分析时，应制定怎样的操作程序？

2. 在进行市场预测分析时，预测方法的选择是首要问题。李昊应采用什么方法对影响电脑需求水平的有关因素进行分析？采用什么方法对电脑百户拥有量和户数及未来总需求量进行预测？

任务描述

为了指导企业的经营决策，减少决策的盲目性，根据过去和现在的经营活动估计未来，根据已知预测未知，从而减少对未来经营活动认识的不确定性。通过预测分析，企业运用各种定性和定量的分析理论与方法，对经济活动未来发展的趋势和水平进行判断和推测。在实际的预测工作中，企业可根据实际情况选择恰当的预测方法，亦可将几种方法结合运用，以便对预测的结果相互印证。

任务实施

一、预测分析的概念和程序

预测分析是指按照一定的原则和程序，运用预测方法进行经营预测的过程。具体指企业根据掌握的历史资料、现在的信息，运用科学的专门方法，对经济活动未来可能产生的经济效益和发展趋势进行预计和测算的过程。管理会计中的预测分析主要包括销售预测、利润预测、成本预测和资金预测等内容。

预测分析的一般程序，大致可以分为七个步骤。

1. 明确预测目标

首先要确定预测什么。预测目标可以是保本点或者利润，也可以是销售量，或者是成本，还可以是资金需要量。只有确定了预测目标，才能根据预测对象和内容，确定预测的范围、时间、数量和单位。

2. 制订预测计划

根据预测目标制订预测计划，以保障预测分析的有序进行。计划的具体内容应包括：领导者和组织者的确定、预测方法的选择、预测完成的期限、预测的各项准备工作等。

3. 收集、整理信息

有计划、有组织、系统地收集原始资料和相关数据信息，进行加工、整理、归纳、甄别。信息资料是前提，真实准确是关键。要注意各项指标的计算口径、计算方法、计量单位、计价标准具有一致性和可比性。

4. 选择预测方法

根据预测目标和预测计划选择适当的预测方法是保证预测精度的关键之一。比如，在定性预测时要建立设想的逻辑思维模型，拟定调查提纲；在定量预测时要建立数学模型。

5. 实施预测分析

应用选定的预测方法和建立的模型，分别进行定性分析和定量分析，提出切实可行的预测结果。

6. 分析预测误差，修正预测结果

对上一阶段的预测结果经过一段时间的验证，做出分析评价将实际数据与预测数据对照，算误差，找原因，修正方法，完善模型。采用定性分析方法对由于数据不充分或不确定因素引起的定量预测误差进一步分析，并对定量预测的结果进行修订。也可以应用定量预测方法对定性预测结果加以验证、修改和补充。通过预测结果误差的修正，使预测结果更贴近实际。

7. 输出预测结果

根据上一阶段修正结果，把最后的预测结论和建议传输给信息使用者。以上预测分析的程序（如图 2–1 所示）要根据实际需要繁简得当；各阶段有序进行，不可或缺。在预测分析过程中要注意信息的沟通和反馈。

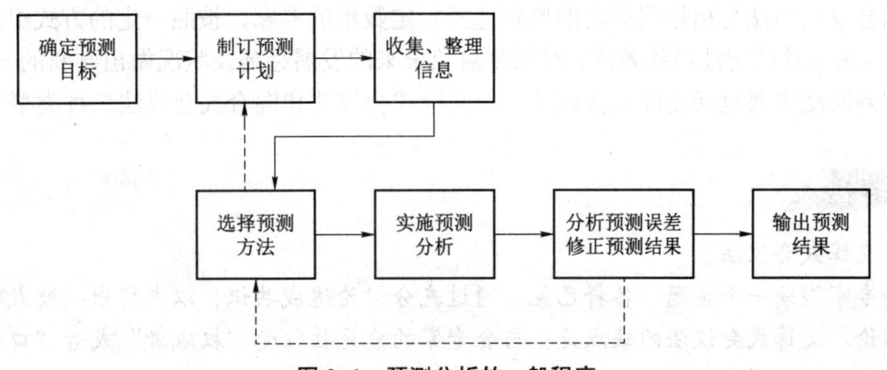

图 2–1 预测分析的一般程序

二、预测分析的方法

预测分析的方法按预测性质的不同可以划分为定量分析法和定性分析法两类。

（一）定量分析法

定量分析法又称数量分析法。企业经济管理中的定量分析法是以企业财务报表的主要数据为基础，运用现代数学方法进行加工整理，建立能够反映数据之间规律性联系的各类预测模型的方法体系。具体分为趋势预测分析法和因果预测分析法。

1. 趋势预测分析法

趋势预测分析法是将时间（月、年）作为制约预测对象变化的自变量，把未来作为历史的自然延续，企业过去和现在存在的某种发展趋势将会延续下去，而且过去和现在发展的条件同样适用于未来，属于按事物自身发展趋势进行预测的一种分析法。该法又称为“时间序列分析法”，包括平均法和时间序列回归分析法。该方法多用于销售预测和成本预测。

2. 因果预测分析法

因果预测分析法是根据变量之间的因果关系，通过对预测目标有直接或间接影响的因素的分析，找出其变化规律，据以确定预测值的一种预测方法。例如，产品的销量与产品的广告预算、售价、竞争对手的价格等影响因素有关。这里，产品的销量是因变量，其他变量是自变量。常用的方法有回归分析法和本量利分析法。

（二）定性分析法

定性分析法又称非数量分析法，主要依靠预测人员的丰富实践经验以及主观的判断和分析能力，并考虑各种因素对预测对象的影响，结合预测对象的特点进行综合分析，推断出事物的未来状况和发展趋势。常用的定性分析方法有专家会议判断法和德尔菲法。

【注意】

定性分析法主要适用于一些没有或不具备完整的历史资料和数据的事项，如销售预测，也可用于成本预测、利润预测和资金预测等方面。

1. 专家会议判断法

专家会议判断法是指根据规定的原则选择一定数量的专家，按照一定的方式组织专家会议，发挥专家集体的智能结构效应，对预测对象未来的发展趋势及状况做出判断的一种方法。专家会议判断法主要包括交锋式会议法、非交锋式会议法和混合式会议法三种类型。

知识链接

（1）交锋式会议法

与会专家围绕一个主题，各抒己见，通过充分讨论达成共识，以求得出一致或较为一致的预测结论。交锋式会议法的缺点是：与会专家的意见往往受“权威者”或者“口才”好的人，或者大多数人的意见左右。

（2）非交锋式会议法

非交锋式会议法又称头脑风暴法、智力激励法。它是由美国创造学家 A·F·奥斯本于 1939 年首次提出，并于 1953 年正式发表的一种激发思维的方法。在不带任何限制条件、没有批评或评论的情况下，参加会议的专家通过各抒己见，互相争论来预测问题，以求达到一致或比较一致的预测意见。

头脑风暴法的优点是可以排除折中方案，对所讨论的问题通过客观、连续的分析，找到一组切实可行的方案。缺点是实施的成本（时间、费用等）很高，对参与者的素质要求较高。

（3）混合式会议法

混合式会议法又称质疑式头脑风暴法，是对头脑风暴法的改进。专家会议分为两个阶段：第一阶段是非交锋式会议，产生各种思路和预测方案；第二阶段是交锋式会议，对上一阶段提出的各种设想进行质疑和讨论，也可以提出新设想，相互启发，最后取得一致的预测结论。

2. 德尔菲法

德尔菲法是由美国兰德公司在 20 世纪 40 年代首先倡导使用的。德尔菲法也称专家调查法，主要采用通信方式向资深专家们发出预测问题调查表，以搜集和征询专家们的意见，并多次加以反复，综合、整理、归纳，最后做出预测判断。

知识链接

德尔菲法的优点：在征询意见时，各专家能根据自己的经验、观点和方法进行预测，避免专家之间互通信息，互相干扰和影响。同时，每次都依据上次征询意见的结果进行，不忽略少数人的意见，保证专家们在重复预测时能做出较为全面的分析和判断。

在预测分析实践中。定量分析法与定性分析法相互统一、相互补充。定性分析是定量分析的基本前提，没有定性的定量是一种盲目的、毫无价值的定量，定量分析使定性分析更加科学、准确。应根据具体情况，把这两种方法结合起来加以应用，相得益彰，才能保证预测的正确性、可靠性和科学性。

任务二 销售预测

任务情景

新田公司全称为新田摩托车制造有限公司，成立于 1992 年 3 月，是锡山市[①]查桥镇的乡镇企业。现在已经发展成一个企业集团，除公司本部（总装厂）外，还有减震器厂、发动机厂、塑件厂、车架车间、油箱车间、喷涂车间等独立部门，这些部门除满足新田公司所需配件外，还可以对外供应。1999 年年底，由于摩托车市场竞争的日趋激烈，新田公司的销售模式由原来的代理制转向了派员销售制（由公司往各城市直接派出销售人员，负责各城市的销售工作），以减少中间环节，确保公司产品在整个摩托车市场的竞争力。同时，由于销售模式

① 锡山市：今为锡山区。

的转变，也带来了生产模式的变化，以前是根据各地代理商的订货量来组织生产，现在则必需根据销售情况和对将来销售情况的预期来组织生产，这给企业的生产组织带来了极大的困难。

新田公司销售的历史数据及要解决的问题：新田公司自 1992 年成立以来取得了飞跃性的发展，这可以从新田公司历年的销售数据中看出来。表 2–1 就是新田公司主导产品的销售数据。

从表中的数据可以看出，新田公司的生产销售形势还是比较好的，从总体上来说是处于上升趋势。但是，还有一些问题从销售数据上是看不出来的。自从公司实行派员销售制以来，由于销售的预期值估计不准，常常出现工人加班加点仍赶不上交货时间的情况和工人上了班却无事可做的情况。顾建新总经理和其他公司领导都发现了这个问题，但由于技术上的原因而无法解决。因此，新田公司目前急需解决的问题就是如何来进行准确、可行的销售预测，以保证公司的正常运行。

表 2–1　新田公司历年的销售数据

期间	第 1 年	第 2 年	第 3 年	第 4 年	第 5 年	第 6 年	第 7 年	第 8 年	合计
销售量/万台	368	380	419	454	510	524	564	601	3 820

任务描述

在现代市场经济条件下，企业在研究市场的基础上，实行“以需定产，以销定产”，企业的各项经营活动和产品的销售密切相关。在企业预测系统中，销售预测处于先导地位，它对利润预测、成本预测和资金预测起着重要的指导作用。本任务主要讲述销售预测的方法，常用的定性预测方法有市场调查法和专业人员判断分析法；定量预测方法有算术平均法、移动加权平均法、指数平滑法。

任务实施

一、销售预测的意义

销售预测是指根据市场调查所得到的有关资料，根据产品的市场占有率和市场的发展潜力，对特定产品的未来销售量及变化趋势做出判断的过程。销售预测对企业管理工作具有重要意义，它对于指导利润预测、成本预测和资金需要量预测，进行长短期决策、安排计划、组织生产都起着重要作用。

二、销售预测的方法

销售预测的方法有很多种，按预测的性质可分为定量分析法和定性分析法。

（一）定量分析法

1. 算术平均法

算术平均法又称简单算术平均法，它是以过去若干期的销售量或销售额的算术平均数作为计划期的销售预测值的一种预测方法。其计算公式如下：

$$S=\frac{\sum_{i=1}^{n}S_i}{n}$$

式中 S——销售预测值；

S_i——第 i 期销售量（额）；

n——销售资料期数。

【做中学 2–1】 华源公司连续 6 期运动鞋的实际销售额资料见表 2–2。

表 2–2 实际销售额资料

期数	1	2	3	4	5	6
销售额/万元	650	670	685	675	680	672

要求：采用算术平均法预测第 7 期的销售额。

有关计算如下：

$$S=\frac{650+670+685+675+680+672}{6}=672\text{（万元）}$$

这种方法的优点是简便易行，缺点是没有考虑不同时期销售量（额）对销售预测值的不同影响。一般适用于销售量（额）比较稳定的商品，如无季节性变化的食品、日用品等。

2. 移动加权平均法

移动加权平均法是对距离预测期较近的若干期间内的实际销售量（额）进行加权平均计算，以其平均值作为销售预测值的一种预测方法。它根据各时期的实际值对预测值的影响程度对其分别规定不同的权数进行加权平均计算，以求得预测值。其计算公式如下：

$$S=\frac{\sum_{i=1}^{n}S_i\omega_i}{\sum\omega_i}$$

式中：S——销售预测值；

S_i——第 i 期销售量（额）；

n——销售资料期数；

ω_i——第 i 期权数。

为简化计算，可令 $\sum\omega_i=1$，则上式变为 $S=\sum_{i=1}^{n}S_i\omega_i$

【做中学 2–2】 依据【做中学 2–1】资料，设第 4、5、6 期的权数分别为 0.2、0.3 和 0.5。要求：采用移动加权平均法预测第 7 期的销售额。

$$S=675\times0.2+680\times0.3+672\times0.5=675\text{（万元）}$$

移动加权平均法考虑了各期数据对预测结果的影响大小，比算术平均法的预测值更贴近实际。

3. 指数平滑法

指数平滑法又称平滑指数法，是一种特殊的加权平均法。它是在前期销售量（额）实际数和预测数的基础上，利用事先确定的平滑指数预测未来销售量（额）的一种方法。其计算公式为：

$$F_t=\alpha A_{t-1}+(1-\alpha)F_{t-1}$$

式中 A——实际值；

F——预测值；

α——平滑指数（$0\leqslant\alpha\leqslant1$，一般介于 0.3～0.7）；

t——第 t 期。

其中，α 表示前期实际值对本期预测值的影响权重，$(1-\alpha)$ 表示前期预测值对本期预测值的影响权重。

【做中学 2–3】 依据【做中学 2–1】资料，设第 6 期的销售预测值为 670 万元，平滑指数 $\alpha=0.6$，要求：采用平滑指数法预测第 7 期的销售额。

$$F_7=0.6\times A_6+(1-0.6)F_6=0.6\times672+0.4\times670=671.2\text{（万元）}$$

前期的实际值对本期预测值的影响越大，平滑指数 α 就越大；前期的实际值对本期预测值的影响越小，平滑指数 α 就越小。在实务中，α 的值往往根据历史资料计算取得，带有一定的主观因素。为避免人为因素的影响，可以根据不同的 α 进行反复验证，以缩小实际值和预测值之间的差距，达到最佳预测效果。

（二）定性分析法

1. 市场调查法

市场调查法是指在市场调查的基础上，根据产品销售的具体特点和调查所得的资料进行销售预测的方法。其调查的内容主要有以下几个方面。

（1）对产品所处周期阶段的调查。任何产品都有市场生命周期，通常可以分为试销期、成长期、饱和期、衰退期四个阶段。即使对同一种产品，由于受到科学技术水平、社会经济发展水平以及消费环境变化的影响，其在不同社会时期的寿命周期也不相同。对产品本身的调查，就是要了解产品在当前市场的寿命周期长度以及所处的寿命周期阶段，以把握产品的市场销售前景。在产品寿命周期预测中，要先了解预测时产品处于哪一个发展时期，这一时期能延续多久，然后预测出今后若干年内产品销售的情况。

（2）对消费者情况的调查。企业产品的销售情况在很大程度上取决于消费者的购买力、消费心理、消费偏好、消费习惯等状况，通过调查了解消费者的偏好和对产品的购买意图等资料，对于预测企业的销售状况将会有很大的帮助。

（3）对市场竞争情况的调查。市场经济离不开竞争，要能在市场经济中求得生存和发展，既要清楚本企业产品的竞争能力，又要了解竞争对手的情况，正确估计本企业产品在市场上的地位。

2. 专业人员判断分析法

专业人员判断分析法是通过一些具有丰富经验的经营管理人员或知识渊博的经济专家，对企业一定时期内特定产品的销售业务量情况做出判断和预计的一种方法。这种方法在实际运用中主要有以下三种形式。

（1）个人意见法。先要求各位专家、学者，以及相关的经理和销售经验丰富的营销人员，根据自己的判断，对企业的销售情况做出个人的预测，然后经归纳汇总，从而得出企业销售情况的预测。

（2）会议判断法。让各位专家分成几个小组，通过分别召开会议或座谈会的形式，不断对企业的销售情况进行讨论，共同探讨，最后将各种不同意见进行综合归纳，得出企业的销售预测情况。

（3）德尔菲法。采用函询调查方式，让各位专家发表个人意见，并经多次信息反馈，最后综合各专家意见，对企业的销售做出预测。德尔菲法一般要经过三到四轮征询意见，每次专家都可以得到反馈资料，并据此做出进一步的判断和修正。

【做中学 2–4】 鸿源公司研制出一种新型产品，由于目前市场上还没有相似的产品出现，因此没有历史数据可以获得。公司需要对可能的销售量做出预测，以决定产量。于是该公司成立专家小组，并聘请业务经理、市场专家和销售人员等 8 位专家预测全年可能的销售量。8 位专家提出个人判断，经过三次反馈得到的结果见表 2–3。

表 2–3 产品销售量预测表

专家编号	第一次	第一次	第一次	第二次	第二次	第二次	第三次	第三次	第三次
	最低销售量	最可能销售量	最高销售量	最低销售量	最可能销售量	最高销售量	最低销售量	最可能销售量	最高销售量
1	500	700	870	600	750	950	550	750	900
2	200	400	630	300	500	650	350	500	670
3	400	600	800	500	700	800	500	700	810
4	750	950	1 400	600	750	1 450	650	650	1 350
5	120	200	350	220	400	500	250	450	550
6	300	500	700	300	500	750	350	550	730
7	240	300	500	250	400	500	310	450	550
8	250	350	550	350	400	600	320	430	600
平均数	345	500	725	390	550	775	410	560	770

平均值预测：在预测时，最终一次判断是综合前几次的反馈做出的，因此在预测时一般以最后一次判断为主。如果按照 8 位专家第三次判断的平均值计算，则预测这个新产品的平均销售量为：（410+560+770）/3=580

加权平均预测：将最可能销售量、最低销售量和最高销售量分别按 0.5、0.2、0.3 的概率加权平均，则预测平均销售量为：

$$560\times0.5+410\times0.2+770\times0.3=593$$

中位数预测：用中位数计算，可将第三次判断按预测值高低排列如下：

最低销售量：

250	310	320	350	410	500	550	650

最可能销售量：

430	450	500	550	560	650	700	750

最高销售量：

550	600	670	730	770	810	900	1 350

最低销售量的中位数为（350+410）/2=380

最可能销售量的中位数为（550+560）/2=555

最高销售量的中位数为（730+770）/2=750

将最可能销售量、最低销售量和最高销售量分别按 0.5、0.2 和 0.3 的概率加权平均，则预测平均销售量为：

$$555\times0.5+380\times0.2+750\times0.3=578.5$$

任务三　利润预测

任务情景

迈克·赫斯特在一家超市当经理助理，他每小时的工资为 10 美元。每周他的工作时间不超过 72 小时。迈克继承了叔父在杰斐逊大街的加油站。为了能够推广加油站，赫斯特公司承诺任一家赫斯特加油站可能以 150 000 美元的价格回购售给公司。如果考虑出售，没有其他公司的收购价会超过 150 000 美元，迈克只能考虑这一选择。

如果继续经营此加油站，协议规定，赫斯特加油站每周必须保持经营 72 小时。而且，加油站必须以一年为周期向母公司租用所有的设备。同时还必须只向公司购入所用的油品等。同时母公司还要求每一个加油站都能够以设计的全部生产能力维持经营。对于在杰斐逊大街的加油站而言，就要求在所有经营时间中配备 2 个从事加油的技术工人和一个经理。

赫斯特加油站只提供加油并为汽车加润滑剂的服务，每次服务的收费为 22.95 美元。每年，加油站设备的租金为 50 000 美元。从母公司购入油品价格如下：油单价 0.75 美元，过滤器单价 1 美元，润滑剂每 16 盎司 1 美元。每次加油和上润滑剂的服务要耗 5 个单位油，1 个过滤器和 4 盎司的润滑剂。每个从事加油工作的技工每小时工资为 8 美元，经理工资是 10 美元。平均每次加油上润滑剂的服务要耗费 1 个工时。

据可靠研究，任何加油站的顾客只随通过该地点的汽车的数量而改变。平均 1 723 辆路过的车中，有一辆会到赫斯特加油站接受加油上润滑剂的服务。根据权威统计，在杰斐逊大街加油站经营时间中每周有 289 464 辆汽车以某一恒定的比率通过加油站。如果迈克继续经营这家加油站，他将作为经理每周工作 72 小时。他唯一关心的是加油站的利润，他将专职经营加油站。如果迈克售出了加油站，他将把所获得的款项投资在 1 年期利率为 7%的债券上。

假设不考虑税收问题，同时所有现金流均是无风险现金流。设每年 52 周，以 1 年为期。

想一想：

1. 杰斐逊大街每年提供的服务量是多少？如果不考虑机会成本，加油站提供服务的盈亏平衡点是多少？

2. 如果不考虑机会成本，迈克的损益情况怎样？考虑机会成本，迈克的损益情况怎样？迈克应做出怎样的选择？

任务描述

利润预测分析是企业进行科学管理的重要环节。企业在销售预测的基础上通过对销售量、价格以及其他对利润发生影响的因素进行分析与研究，进而对企业在未来某一时期内可以实现的预期利润进行预计和测算。本任务要求掌握利润预测的方法，通过利润预测，指导和调节经营行为，促使企业采取切实有效的经营策略和措施，从而提高经济效益。

任务实施

一、利润预测的方法

利润预测是按照企业经营目标的要求，在综合分析影响利润变动的价格、成本、产销量等因素的基础上，测算企业在未来一定时期内可能达到的利润水平和利润变动趋势的一种方法。利润预测的方法主要有本量利分析法、销售利润率法、资金利润率法、销售成本利润率法。

（一）本量利分析法

本量利分析是成本—业务量—利润依存关系分析的简称，该法是在成本性态分析和保本分析的基础上，根据有关产品变动成本、固定成本、业务量（销量）、价格和利润之间的数量关系，通过分析计量来确定计划期目标利润的一种方法。

1. 单一品种目标利润的计算

目标利润=目标销售额−目标销量×单位变动成本−固定成本总额

=（目标销售单价−预计单位变动成本）×目标销量−固定成本总额

【做中学 2–5】 金星公司只生产一种产品，单价 2 元，单位变动成本 1.2 元，预计明年固定成本 40 000 元，产销量计划达 100 000 件。要求：预测该公司下年的目标利润。

目标利润=100 000×（2−1.2）−40 000=40 000（元）

【做中学 2–6】 恒通公司销售甲产品，预计销售单价为 800 元，单位变动成本为 480 元，每年固定成本为 320 000 元，本年的销量为 1 200 件，预计下年的销量将增长 30%。要求：预测该公司下年的目标利润。

目标利润=（800−480）×1 200×（1+30%）−320 000=179 200（元）

2. 多品种目标利润的计算

多品种条件下目标利润的计算，通常先确定综合边际贡献率，即在掌握每种产品本身的边际贡献率的基础上，按各种产品销售额的比重进行加权平均，据以计算综合边际贡献率，然后结合预计销售额计算确定目标利润。

目标利润=∑（预计销售单价×预计销售数量）×综合边际贡献率−固定成本

【做中学 2–7】 恒通公司销售甲、乙、丙三种产品，边际贡献率分别为 30%、25%、20%，在销售总额中三种产品的销售比重分别为 20%、50%、30%，预计下年度销售收入总额为 150 万元，固定成本总额为 25 万元。预测该公司下年度目标利润。

目标利润=150×（30%×20%+25%×50%+20%×30%）−25=11.75（万元）

（二）销售利润率法

该法是根据企业的销售利润率水平，结合预测期产品的预计销售收入来确定目标利润的一种方法。

目标利润=预测期产品预计销售收入×销售利润率

【做中学 2–8】恒通公司销售乙产品，预计销售单价为 15 元，预计下年度销售量为 20 000 件，按同行业平均销售利润率预测下年度的目标利润，若销售利润率为 25%，预测该公司下年度的目标利润。

目标利润=15×20 000×25%=75 000（元）

（三）资金利润率法

资金利润率是指企业利润总额对企业全部资金平均占用额的比率。该种方法下，企业利用预计资金利润率，结合基期实际资金占用状况与未来计划投资额确定目标利润。其计算公式如下：

目标利润=（基期实际资金占用额+计划投资额）×预计资金利润率

【做中学 2–9】世达公司按同行业先进的资金利润率预测下年度的目标利润，已知资金利润率为 20%，本年度企业资金占用额为 240 万元，由于下年度扩大生产规模，预计追加投资 170 万元。预测该公司下年度的目标利润。

目标利润=（240+170）×20%=82（万元）

（四）销售成本利润率法

该法是根据企业的销售成本利润率水平，结合预测期产品的预计销售成本来确定目标利润的一种方法。

目标利润=预测期产品预计销售成本×销售成本利润率

【做中学 2–10】利隆公司销售丙产品，预计销售成本为 1 500 000 元，按同行业平均销售成本利润率预测下年度的目标利润，若销售成本利润率为 30%，预测该公司下年度的目标利润。

目标利润=1 500 000×30%=450 000（元）

二、利润预测中的敏感性分析

（一）利润敏感性分析的含义

利润的敏感性分析是研究当制约利润的有关因素发生某种变化时利润变化程度的一种分析方法。在现实经济环境中，影响利润的因素是经常发生变动的。有些因素增长会导致利润增长（如单价），而另一些因素降低才会使利润增长（如单位变动成本）；有些因素略有变化就会使利润发生很大的变化，而有些因素虽然变化幅度很大，却只对利润产生微小的影响。那些对利润影响大的因素称为敏感因素，反之，称为非敏感因素。对于一个管理者来说，不仅需要了解哪些因素对利润增加有影响，而且要知道影响利润的因素中，哪些是敏感因素，哪些是非敏感因素，以便分清主次，抓住重点，确保目标利润的实现。

（二）相关因素对利润敏感程度的分析

影响利润的因素主要有四个：单价、单位变动成本、销售量和固定成本。其中任何因素的变动都会引起企业利润的变动，甚至会使企业由盈变亏，也会使一个企业扭亏为盈。其关系如表 2–4 所示。

表 2–4 利润的相关因素影响

影响因素	保本点	利润
单价	反向	同向
单位变动成本	同向	反向
固定成本	同向	反向
品种构成	反向	同向
销售量	不影响	同向

1. 单因素敏感性分析

单因素敏感性分析是就单个不确定因素的变动对利润的影响所作的分析。

【做中学 2–11】利华公司计划期内预计生产并销售甲产品 2 500 台，销售单价为 12.5 元，单位变动成本 10 元，固定成本总额 3 125 元。先假定单价和单位变动成本分别上升了 5%，销量和固定成本分别下降了 3%，求各因素变动对利润的影响。

各因素变动前的利润=（12.5–10）×2 500–3 125=3 125（元）

（1）单价上升 5%时：

变动后的利润=12.5×（1+5%）×2 500–10×2 500–3 125=4 687.5（元）

单价上升对利润的影响程度=（4 687.5–3 125）/3 125×100%=50%

（2）单位变动成本上升 5%时：

变动后的利润=12.5×2 500–10×（1+5%）×2 500–3 125=1 875（元）

单位变动成本上升对利润的影响程度=（1 875–3 125）/3 125×100%=–40%

（3）销售量下降 3%时：

变动后的利润=12.5×2 500×（1–3%）–10×2 500×（1–3%）–3 125=2 937.5（元）

销售量下降对利润的影响程度=（2 937.5–3 125）/3 125×100%=–6%

（4）固定成本下降 3%时：

变动后的利润=12.5×2 500–10×2 500–3 125×（1–3%）=3 218.75（元）

固定成本下降对利润的影响程度=（3 218.75–3 125）/3 125×100%=3%

由此可见，当销售单价上升 5%时，利润将增加 50%；销售量下降 3%时，利润减少 6%；单位变动成本上升 5%时，利润减少 40%；固定成本下降 3%时，利润增加 3%。

各因素变化时，利润的变化程度可以用以下敏感分析模型来测算。

文件 开始 插入 页面布局 公式 数据 审阅 视图 加载项 告诉我你想要做什么

C7 =C3*C4-C5*C3-C6

	A	B	C	D	E	F
1	利润敏感分析					
2	项目	实际值	变化后	变化率%	控制条	控制值
3	销售量（台）	2500.00	2500.00	0		50
4	销售单价	12.50	13.13	5		55
5	单位变动成本	10.00	10.00	0		50
6	固定成本	3125.00	3125.00	0		50
7	利润	3125.00	**4687.50**			
8	利润变化值		1562.50			
9	利润变化率		**50.00%**			

当销售单价上升5%时，调整表中E4滚动条，使销售单价的变化率为5%，其他项目的变化率为0，计算利润和利润变化率。

表中公式如下：

文件 开始 插入 页面布局 公式 数据 审阅 视图 加载项 告诉我你想要做什么

G23

	A	B	C	D	E	F
1	利润敏感分析					
2	项目	实际值	变化后	变化率%	控制条	控制值
3	销售量（台）	2500	=B3*D3/100+B3	=F3-50		55
4	销售单价	12.5	=B4*D4/100+B4	=F4-50		50
5	单位变动成本	10	=B5*D5/100+B5	=F5-50		50
6	固定成本	3125	=B6*D6/100+B6	=F6-50		50
7	利润	=B3*B4-B5*B3-B6	**=C3*C4-C5*C3-C6**			
8	利润变化值		=C7-B7			
9	利润变化率		**=(C7-B7)/B7*100%**			

2. 多因素敏感性分析

在进行单因素敏感性分析的过程中，当计算某特定因素的变动对利润的影响时，是假定其他因素均不变。实际上，许多因素的变动具有相关性，一个因素的变动往往也伴随着其他因素的变动。因此需要考虑多个因素同时变动对利润产生的影响。

【做中学2–12】根据【做中学2–11】的资料，若影响利润的四个因素同时变化，试分析四个因素同时变化时对利润的影响程度。

变动后的利润=12.5×（1+5%）×2 500×（1–3%）–10×（1+5%）×2 500×（1–3%）–3 125×（1–3%）=3 334.375（元）

四个因素同时变化对利润的影响程度=（3 334.375–3 125）/3 125×100%=6.7%

由计算可知，四个因素同时变化将使利润增加6.7%。

敏感性分析在一定程度上就各种不确定因素的变动对利润的影响作了定量描述。这有助于决策者了解方案的风险情况，确定在决策过程中及方案实施过程中需要重点研究与控制的因素。

任务四 成本预测

任务情景

2002年，美心公司与大多数高速发展的企业一样，开始面临增长瓶颈。掌门人夏明宪毅然采取以利润换市场的策略，大幅降低产品价格。然而，降价不久，风险不期而至，原材料钢材的价格突然飙升。继续低价销售——卖得越多，亏得越多；涨价销售——信誉扫地，再难立足。面对两难抉择，降低成本，尤其是原材料的采购成本就成了美心生死攸关的“救命稻草”！

为了实现预期的销售利润，夏明宪根据财务部门提供的数据资料，向采购部下达指令：下年度，企业的综合采购成本必须降低17%。

这让美心采购部的员工们有点傻眼，甚至不服气。此前美心公司的“开架式采购招投标制度”属国内首创，既有效降低成本，又杜绝暗箱操作，中央电视台都为此做过专题报道。而且此举已经为美心节约了15%的采购成本，还有什么魔法能够让青蛙变得更苗条？

在夏明宪的带动下，美心员工开始走出去，从习惯坐办公室到习惯上路，超越经验桎梏，于不知不觉中形成了一套降低成本管理的模式。

美心通过与原材料供应商及配套企业的携手合作，使原材料厂商拥有了稳定的大客户，配套企业降低了生产风险，而自身则在大大降低成本的同时，扩大了产销量，形成了各方皆大欢喜的共赢局面。

2002年，美心的产销量同比翻了一番，美心的综合采购成本下降了17%，比全行业的平均水平低23%！美心公司成为唯一在原材料价格暴涨时期维持低价政策的企业，企业形象如日中天，渠道建设终于根深叶茂。

想一想：

1. 美心公司财务部门在进行成本预测时，可以采用哪些方法？
2. 在进行目标成本预测时需要掌握哪些相关资料？
3. 做好成本预测对企业有何意义？

任务描述

成本预测是指根据企业未来发展目标的有关资料，运用专门方法推测与估计未来成本水平及发展趋势的过程。成本预测是成本管理的重要环节，在实际工作中必须予以高度重视。本任务要求掌握成本预测的方法，通过成本预测，掌握未来的成本水平及其变动趋势，使经营管理者易于选择最佳方案，做出正确的决策。

任务实施

成本预测的主要方法有目标成本预测法、产品成本水平趋势预测法、新产品成本预测法。下面介绍前两种方法。

一、目标成本预测

目标成本是为实现目标利润所应达到的成本水平或应控制的成本限额。目标成本法是在销售预测和利润预测的基础上，结合本量利分析预测目标成本的一种方法。目标成本法的目的是在产品生命周期的研发及设计阶段设计好产品的成本，以便在制造过程中有效控制劳动消耗，降低产品成本，实现企业的目标利润。制定目标成本一般是在综合考察未来一定时期内有关产品的品种、数量、价格和目标利润等因素的基础上进行的。计算方法一般有以下几种。

（一）根据目标利润制定目标成本

目标成本=预计销售收入–目标利润

【做中学 2–13】恒通公司产销的乙产品，下年度预计销售单价为 15 元，预计产销量达10 000 件，预计目标利润为 35 000 元。试预测该公司下年度的目标成本。

目标成本=10 000×15+35 000=115 000（元）

（二）根据目标资金利润率制定目标成本

目标成本=预计销售收入–资金利润率×平均资金占用额

【做中学 2–14】红星公司本年度企业资金占用额为 240 万元，由于下年度扩大生产规模，预计追加投资 170 万元，预计资金利润率为 20%，下年度预计的销售额为 220 万元。预测下年度该公司的目标成本。

目标成本=220–（240+170）×20%=138（万元）

（三）根据销售利润率制定目标成本

目标成本=预计销售收入×（1–销售利润率）

【做中学 2–15】利隆公司预计下年度销售额为 2 500 000 元，预计销售利润率为 20%，预测该公司下年度的目标成本。

目标成本=2 500 000×（1–20%）=2 000 000（元）

二、产品成本水平趋势预测

对企业现存产品或与现存产品相似的产品进行成本预测时，可以根据企业成本的历史资料和相关数据，并采用一定的方法加以处理，建立相应的数学模型，据以对企业的产品成本进行预测。常用的方法有高低点法和回归分析法。

（一）高低点法

此方法按照项目一中混合成本分解时所用的高低点法计算过程处理，依据成本的历史资料，将某一时期与最高业务量和最低业务量相对应的成本进行对比，从而确定成本预测模型。

【做中学 2–16】红星公司 2016 年上半年产量的历史成本资料见表 2–5。预计 7 月份的产量为 6 万件，采用高低点法预测 7 月份的成本总额。

表 2–5 红星公司 2016 年上半年产量的历史成本资料

期间	1 月	2 月	3 月	4 月	5 月	6 月	合计
生产量/万件	9	10	11	12	10	8	60
总成本/万元	170	180	200	220	190	175	1 135

设生产量为 x，对应总成本为 y，建立数学模型如下：

$$y=a+bx$$

根据上述资料，找出生产量最高点和最低点资料。最高点生产量 12 万件，对应总成本 220 万元；最低点生产量 8 万件，对应总成本 175 万元。分别代入数学模型，建立两元一次方程组：

$$\begin{cases}220=a+12b & (1)\\175=a+8b & (2)\end{cases}$$

（1）式–（2）式，得

$$b=(220-175)/(12-8)=11.25 \text{（元/件）}$$

将结果代入（1）式，得

$$a=220-11.25\times12=85 \text{（万元）}$$

确定总成本预测模型为：

$$y=85+11.25x$$

将 7 月份的预计生产量 6 万件代入上式，得 7 月份成本总额的预测值为：

$$y=85+11.25\times6=152.5 \text{（万元）}$$

（二）回归分析法

此方法按照项目一中混合成本分解时所用的回归分析法计算过程处理，根据若干期的业务量、成本及其相互间的回归关系，确定成本预测回归方程式。直线方程为：

$$y=a+bx$$

其中，a 和 b 的计算公式如下：

$$b=\frac{n\sum xy-\sum x\sum y}{n\sum x^2-\left(\sum x\right)^2}$$

$$a=\frac{\sum y-b\sum x}{n}$$

当企业的历史成本资料中，单位产品成本忽高忽低，变动幅度较大时，采用此法较为适宜。

【做中学 2–17】根据【做中学 2–16】的资料，采用回归分析法预测该企业 7 月份的成本总额。列表计算如表 2–6 所示。

表 2–6 回归直线计算表 单位：万元

月份	x	y	xy	x^2	y^2
1	9	170	1 530	81	28 900

续表

月份	x	y	xy	x^2	y^2
2	10	180	1 800	100	32 400
3	11	200	2 200	121	40 000
4	12	220	2 640	144	48 400
5	10	190	1 900	100	36 100
6	8	175	1 400	64	30 625
n=6	$\sum x$=60	$\sum y$=1 135	$\sum xy$=11 470	$\sum x^2$=610	$\sum y^2$=216 425

$$b=\frac{6\times11\,470-60\times1135}{6\times610-60^2}=12$$

$$a=\frac{1135-12\times60}{6}=69.17$$

总成本的性态模型为：

$$y=69.17+12x$$

将 x=6 代入该模型，得 7 月份的成本预测值：

$$y=69.17+12\times6=141.17\text{（万元）}$$

【注意】

只有当诸多的影响因素中，确实存在一个对因变量影响作用明显高于其他因素的变量，才能将它作为自变量，应用一元线性回归分析预测法进行预测。

此外，对新产品进行成本预测时，可运用技术测定法、产值成本法等方法。

任务五　资金需要量预测

任务情景

2016 年年初，三江公司财务总监要求下属财务人员提供 2016 年度企业资金需求情况的有关资料。为此，财务人员获取了企业的如下资料。

1. 公司各年度的流动资产、应付账款、应交税费的金额与当年销售额存在稳定的百分比关系。而其他项目的金额大小与销售额不存在稳定的百分比关系。与销售额无关的项目则按 2016 年度的数额计算。

2. 2016 年度的销售净利率是 4.5%，预计 2017 年度的销售净利率与 2016 年度的销售净利率相同。

3. 公司的股利分配政策是按固定比率支付股利，各年度的股利支付率均为 40%。

4. 公司 2016 年度销售收入为 5 000 万元。假设公司管理层以 2016 年度销售额为基础，结合公司的事业发展状况，行业发展水平，宏观经济环境及国家政策等因素进行分析，预测公司 2017 年度的销售收入为 8 000 万元。

2016 年度的有关财务数据如表 2–7 所示：

表 2–7　2016 年资产负债及销售项目简表　　单位：万元

项　目	金　额	项　目	金　额
货币资金	600	短期借款	130
应收账款	300	应付账款	500
存　货	800	应交税费	50
固定资产	800	长期负债	1 000
		负债合计	1 480
		实收资本	200
		资本公积	50
		留存收益	570
		股东权益	820
资产合计	2 500	负债和股东权益合计	2 500

为了预测 2017 年度资金需求，财务人员先根据 2016 年的财务数据计算 2017 年度的财务数据，然后运用公式预测 2017 年度的资金需求预测值。经过计算 2017 年度企业外部融资需求为 954 万元。

财务总监及相关决策者根据财务人员提供的数据，及时做出了对外融资的决策，保证了企业生产经营活动的正常进行。

想一想：

1. 2017 年度的财务数据与 2016 年的财务数据有怎样的关系？
2. 财务人员是按照怎样的步骤计算出企业外部融资需求预测值的？

任务描述

企业筹集资金，首先要对资金需要量进行预测，即对企业未来组织生产经营活动的资金需要量进行估计、分析和判断，它是企业制订融资计划的基础。企业资金需要量的预测方法主要有定性预测法和定量预测法两种。定性预测法根据调查研究所掌握的情况和数据资料，凭借预测人员的知识和经验，对资金需要量做出判断。定量预测法以资金需要量与有关因素的关系为依据，在掌握大量历史资料的基础上选用一定的数学方法加以计算，依据计算结果进行预测。本任务主要介绍定量预测方法。

任务实施

资金预测是指对企业未来的融资需求进行的预测，是预测分析的一项重要内容。资金预测有助于保证资金供应，合理组织资金运用，提高资金利用效果。

资金预测的主要内容是资金需要量预测。资金需要量预测是企业根据预测期生产经营规模和资金利用效果的需求，在分析有关历史资料、经济技术条件和发展规划的基础上，对预测期所需资金进行科学预计和测算的一种方法。企业资金需要量的预测最常用的定量预测方法是销售百分比法。

一、销售百分比法

销售百分比法是指利用资产负债表和利润表的各个项目与销售收入之间的依存关系，按照计划期销售增长的情况来预测企业是否需要追加资金，以及需要追加多少资金的方法。

【注意】

运用销售百分比法预测资金需要量时，应以下列假设为前提：

（1）企业的部分资产和负债与销售收入同比例变化；

（2）企业各项资产、负债与所有者权益结构已达到最优。

（一）确定随销售收入变动而变动的资产和负债项目

1. 资产类项目

资产项目中货币资金、应收账款、应收票据和存货等经营性资产项目，一般都会因销售收入的增长而相应增加。固定资产项目需要根据基期的固定资产是否已被充分利用来决定，如未被充分利用，则通过进一步挖掘其利用潜力，可产销更多产品；如果基期对固定资产的利用已达到饱和，则需要增加设备实现预期产销量，从而引起资金需要量的增加。而长期投资、无形资产等项目一般不随销售收入的变动而变动。

2. 负债及权益类项目

应付账款、应付票据、应交税费等经营性负债项目与销售收入的变化成正比，百分比关系稳定。计件工资制下的应付职工薪酬项目也随销售收入的增长而相应增加，长期负债和所有者权益类项目，一般不随销售收入的变动而变动。短期借款、短期融资券、长期负债等项目属于筹资性负债，不在此范围内。

（二）确定基期的销售百分比

以基期的资产负债表为依据，分别计算基期的资产、负债和所有者权益等项目的金额与基期销售收入的销售百分比。

（三）确定需要增加的资金需求量

资产方资金占用百分比与权益方资金来源百分比的差额即为需要增加的资金百分比，结合及其销售收入和预测期销售收入来计算预测期需要增加的资金量。

（四）计算留存收益的增加额

根据预测期销售收入额、净利率和留存收益率或股利支付率计算预测期留存收益的增加额。

（五）计算外部融资需求量

根据以下公式计算外部融资需求量：

$$外部融资需求量=\frac{A}{S_1}\times\Delta S-\frac{B}{S_1}\times\Delta S-P\times E\times S_2$$

其中，A 为随销售而变化的敏感性资产；B 为随销售而变化的敏感性负债；S_1 为基期销售收入；S_2 为预测期销售收入；ΔS 为销售变动额；P 为销售净利率；E 为利润留存率；A/S_1 为敏感资产与销售收入的关系百分比；B/S_1 为敏感负债与销售收入的关系百分比。

【做中学 2–18】永华公司 2016 年 12 月 31 日的资产负债及销售百分比项目简表如表 2–8 所示。假定永华公司 2016 年的销售收入为 10 000 万元，销售净利率为 10%，利润留存率为 40%。2017 年的销售收入预计增长 20%，公司生产能力充足，无须追加固定资产投资。

表 2–8　2016 年资产负债及销售百分比项目简表

项　目	金额/万元	与销售关系/%	项　目	金额/万元	与销售关系/%
货币资金	800	8	短期借款	1 500	N
应收账款	2 000	20	应付账款	1 800	18
存　货	3 000	30	应交税费	500	5
固定资产	4 200	N	长期负债	1 500	N
			实收资本	3 000	N
			留存收益	1 700	N
资产合计	10 000	58	负债和股东权益合计	10 000	23

为了预测 2017 年度的资金需求，必须先计算出 2016 年度的销售百分比。在表 2–8 中，N 表示不变动，是指该项目不随销售的变化而变化。

由表 2–8 可见，销售收入每增加 100 元，必须增加 58 元的资金占用，同时自动增加 23 元的资金来源，两者差额的 35%产生了资金需求。因此，每增加 100 元的销售收入，公司必须取得 35 元的资金来源。

2017 年增加的销售额=10 000×20%=2 000（万元）

预计 2017 年需要增加的资金量=2 000×（58%–23%）=700（万元）

2017 年的净利润=10 000×（1+20%）×10%=1 200（万元）

2017 年的利润留存率为 40%，则留存利润=1 200×40%=480（万元）

根据以上的相关预测数据，计算 2017 年度企业外部融资需求量：

外部融资需求量=700–480=220（万元）

企业外部融资需求量也可以按照计算公式进行测算：

企业外部融资需求量=2 000×58%–2 000×23%–10 000×（1+20%）×10%×40%=220（万元）

二、回归分析法

此方法按照项目一中混合成本分解时所采用的回归分析法计算过程处理，对过去若干期间的产销量和资金需要量的历史资料进行分析，按照 $y=a+bx$ 的公式来确定反映产销量 x 和资金需要量 y 之间的回归直线，并据以预测计划期间资金需要量。

设产销量为自变量 x，资金需要量为因变量 y，建立反映两者之间关系的数学表达式：

$$y=a+bx$$

为简化计算，将上述公式变化为：

$$\begin{cases}\sum y = na + b\sum x \\ \sum xy = a\sum x + b\sum\sum x^2\end{cases}$$

将历史数据代入公式，解出 a 和 b，代入 $y=a+bx$，再将预测期的产销量代入公式，即可求出资金需要量的预测值。

【做中学 2–19】四方公司 2012—2016 年产品的产销量和资金占用量的历史数据见表 2–9。

表 2–9　产销量和资金占用量的历史数据

年　度	产销量（x）/万件	资金占用量/万元
2012	8	65
2013	7.5	64
2014	7	63
2015	8.5	68
2016	9	70

2017 年预计产销量为 10 万件，要求：用回归分析法预测 2017 年度的资金需要量。

根据上述资料计算如表 2–10 所示。

表 2–10　产销量和资金占用量的历史数据

年　度	产销量（x）/万件	x^2	资金占用量（y）/万元	xy
2012	8	64	65	520
2013	7.5	49	64	448
2014	7	49	63	448
2015	8.5	64	68	520
2016	9	81	70	630
n=5	$\sum x$=40	$\sum x^2$=307	$\sum y$=330	$\sum xy$=2 566

$$\begin{cases}\sum y = na + b\sum x \\ \sum xy = a\sum x + b\sum x^2\end{cases}$$

$$330=5a+40b$$

$$2\ 566=40a+307b$$

$$\begin{cases}b = 5.69 \\ a = 20.48\end{cases}$$

$$y=20.48+5.69x$$

将 x=10，代入上式，可得

$$y=77.38\text{（万元）}$$

项目训练

能力训练一 职业判断与选择

一、单项职业选择能力

1. 企业根据掌握的历史资料、现有的经济条件和客观事物的内在联系，运用科学的专门方法，对经济活动未来可能产生的经济效益和发展趋势进行预计和测算的过程称为（ ）。

A. 长期决策　B. 全面预算　C. 本量利分析　D. 预测分析

2. 预测分析的内容不包括（ ）。

A. 销售预测　B. 利润预测　C. 资金预测　D. 所得税预测

3. 在不带任何限制条件、没有批评或评论的情况下，参加会议的专家通过各抒己见，互相争论来预测问题，以求达到一致或比较一致预测意见的方法是（ ）。

A. 头脑风暴法　B. 交锋式会议法

C. 混合式会议法　D. 德尔菲法

4. 采用通讯方式向资深专家们发出预测问题调查表，以搜集和征询专家们的意见，并多次加以反复，综合、整理、归纳，最后做出预测判断的方法是（ ）。

A. 销售人员意见法　B. 非交锋式会议法

C. 德尔菲法　D. 高级经理意见法

5. 在销售预测和利润预测的基础上，结合本量利分析，对有独立的制造过程的产品预测目标成本的一种方法称为（ ）。

A. 本量利分析法　B. 产品成本水平趋势预测法

C. 目标成本预测法　D. 新产品成本预测法不敏感参数

6. 采用指数平滑法进行销售预测时，下列说法正确的是（ ）。

A. 前期的实际值对本期预测值的影响越大，平滑指数 α 就越小

B. 是在当期销售量（额）实际数和预测数的基础上利用事先确定的平滑指数预测未来销售量（额）的一种方法

C. 在实务中，α 的值往往根据预计资料计算取得，带有一定的主观因素

D. 为避免人为因素的影响，可以根据不同的 α 进行反复验证，以缩小实际值和预测值之间的差距，达到最佳预测效果

7. 某公司预计下年度销售额为 6 000 000 元，预计销售利润率为 20%，预测该公司下年度的目标成本为（ ）元。

A. 4 800 000　B. 1 200 000　C. 7 200 000　D. 30 000 000

8. 某公司按同行业先进的资金利润率预测下年度的目标利润，已知资金利润率为 15%，本年度企业资金占用额为 500 万元，由于下年度扩大生产规模，预计追加投资 100 万元。预测该公司下年度的目标利润为（ ）万元。

A. 75　B. 90　C. 60　D. 15

9. 进行资金需要量的预测最常用的定量预测方法是（ ）。

A. 销售百分比法　B. 回归分析法　C. 德尔菲法　D. 指数平滑法

10. 高低点法以（ ）为基础确定成本预测模型。

A. 历史成本资料　　B. 成本性态分析
C. 业务量　　D. 资金占用额

二、多项职业选择能力

1. 下列各项中，属于预测分析内容的有（　　）。
A. 销售预测　　B. 成本预测
C. 资金需要量预测　　D. 趋势预测
2. 常用的产品成本水平趋势分析法有（　　）。
A. 移动平均法　　B. 指数平滑法
C. 本量利分析法　　D. 高低点法
3. 定性分析法有（　　）。
A. 专家会议判断法　　B. 德尔菲法
C. 趋势预测分析法　　D. 因果预测分析法
4. 预测分析过程主要包括以下步骤（　　）。
A. 确定预测目标　　B. 收集整理信息
C. 制订预测计划　　D. 实施预测分析
E. 分析预测误差，修正并输出预测结果
5. 下列属于定量预测方法的有（　　）。
A. 德尔菲法　　B. 销售百分比
C. 回归分析法　　D. 指数平滑法
6. 定性预测常用于（　　）。
A. 销售预测　　B. 成本预测　　C. 利润预测　　D. 资金预测
7. 下列有关平滑指数的说法正确的有（　　）。
A. 前期的实际值对本期预测值的影响越大，平滑指数 α 就越大；
B. 前期的实际值对本期预测值的影响越小，平滑指数 α 就越小；
C. 前期的实际值对本期预测值的影响越大，平滑指数 α 就越小；
D. α 表示本期实际值对前期预测值的影响权重。
8. 利润预测的主要方法有（　　）。
A. 本量利分析法　　B. 销售利润率法
C. 资金利润率法　　D. 销售成本利润率法
9. 制定目标成本一般在综合考察未来一定时期内有关产品影响因素的基础上进行，这些影响因素包括（　　）。
A. 品种　　B. 数量　　C. 价格　　D. 目标利润
10. 因果分析法常用的方法有（　　）。
A. 回归分析法　　B. 本量利分析法
C. 指数平滑法　　D. 移动加权平均法

三、职业判断能力

1. 预测是根据实地调查和历史统计资料，通过一定程序和计算方法，推算未来期的经营信息的过程。（　　）
2. 采用高低点法预测成本时，适用于产品成本变动趋势比较稳定的情况，否则会造成较

大的误差。（ ）

3. 指数平滑法的平滑指数越大，则前期实际数对预测结果的影响越小。（ ）

4. 定性分析法就是运用现代数学方法，对历史资料进行加工整理，建立与之相适应的数学模型的一种科学的预测方法。（ ）

5. 销售百分比法适用于长期筹资的预测。（ ）

6. 某产品单价为 8 元，固定成本总额为 1 000 元，单位变动成本为 5 元，计划产销量 600 件，若提高单位变动成本 1 元，可实现利润 400 元。（ ）

7. 销售百分比法预测资金需要量是一种比较简单、粗略的预测方法，是在假设各项目经营性资产和经营性负债与销售收入保持稳定的百分比关系的基础上进行的。（ ）

8. 在实际工作中，定量分析法与定性分析法需结合起来使用，相互取长补短。（ ）

9. 算术平均法适用于各种情况下的销售预测。（ ）

10. 预测分析必须充分估计可能发生的误差。（ ）

能力训练二 实务操作

实训一：

华光公司产销甲产品，上年度销售 5 000 件，单价 200 元，上年度实现营业利润 200 000 元，变动成本率为 30%，预算年度目标利润为 340 000 元。

要求：

1. 预测预算年度甲产品的产销量。
2. 预测预算年度甲产品的销售收入。

实训二：

以下是华源公司第一生产车间过去 6 个月机器维修保养成本的历史资料，机器开动小时的相关范围为 0～200 小时。

月份	机器开动小时	维修保养成本/元
1	110	750
2	100	700
3	130	920
4	150	1 040
5	180	1 240
6	200	1 350

要求：

（1）分别用高低点法和回归直线法对机器的维修保养成本加以分解，并建立维修保养成本的成本函数；

（2）假设预计 7 月份的机器开动时数为 160 小时，预测 7 月份该车间的机器维修和保养成本。

实训三：

假定长城公司2016年的销售收入为8 500 000元，获得税后利润425 000元，利润留存率为50%。预计2017年度销售收入将增至10 000 000元，公司生产能力充足，不需要增加生产设备。该公司2016年年末的简略资产负债表如下表所示。

长城公司资产负债表

单位：元

项　目	金　额	项　目	金　额
库存现金	200 000	负债：	
应收账款	1 500 000	应付账款	1 000 000
存货	2 000 000	应交税费	500 000
固定资产	3 000 000	长期借款	2 300 000
长期股权投资	400 000	股东权益：	
无形资产	600 000	实收资本	3 500 000
		留存收益	400 000
资产合计	7 700 000	负债和股东权益合计	7 700 000

要求：用销售百分比法预测2017年需要对外筹集的资金数量。

项目三

决策分析——短期经营决策

案例导读

光明机床厂生产三类产品：刨床、铣床和专用机床。2017年，该厂销售部门根据市场需求进行预测，计划部门初步平衡了生产能力，编制了2017年产品生产计划，财会部门将据此进行产品生产的决策。该厂多年生产的老产品刨床，由于造价高、定价低，长期亏损。尽管是亏损产品，但是市场上仍有一定的需求量，为满足市场需要，仍继续生产。财会部门根据产品生产计划预测了成本和利润，如表3–1所示。

表3–1 2017年成本、利润预测表 单位：万元

产 品	刨 床	铣 床	专用机床	合 计
销售收入	654.6	630.7	138.3	1 423.6
变动成本	458.2	378.4	76.1	912.7
固定成本	223.7	186.1	30.7	440.5
营业利润	–27.3	66.2	31.5	70.4

厂长阅读了该表以后，对财会部门提出了以下两个问题：

（1）2017年本厂目标利润能否达到100万元？

（2）刨床产品亏损27.3万元，影响企业利润，可否考虑停产？

带着这些问题，财会部门与销售、生产等部门共同研究寻找对策，提出了以下三个方案，希望有关专家经过分析比较，确定其中的最优方案。

甲方案：停止生产刨床，按原计划生产铣床和专用机床。

乙方案：停止生产刨床后，根据生产能力的平衡条件，铣床最多增产40%，专用机床最多增产10%。

丙方案：进一步平衡生产能力，调整产品生产计划。该厂铣床系列是最近几年开发的新产品，技术性能好，质量高，颇受用户欢迎，故根据市场预测，调整产品生产结构，压缩刨床生产计划30%，铣床在原方案的基础上可增产36%。

请做出选择，哪种方案的决策分析报告为最优方案。

学习目标

● 知识目标

1. 了解决策的概念、种类和程序；
2. 掌握短期经营决策中的成本概念和决策方法；
3. 掌握生产决策、定价决策和存货决策的分析方法。

● 技能目标

1. 能区分决策的相关成本与无关成本；
2. 能熟练地运用差量分析法、边际贡献分析法和成本无差别点法进行决策；
3. 能进行生产决策；
4. 能进行定价决策；
5. 能进行存货决策和管理。

任务一　认识决策分析

任务情景

马可波罗公司，是一家专业生产、销售卫生洁具的公司。最近，一个全国性的连锁旅店提出了一份 1 000 个整体浴室的特殊订单。马可波罗公司还没有充分利用其生产能力，还可以接收额外的业务。但这份特殊订单的出价为每个整体浴室 1 400 元，低于生产整体浴室的成本。车间主任反对在这笔交易中遭受损失。但是，人事经理赞成接受这张订单，即使将发生亏损，这将避免裁员的问题，将有助于维护公司的社会形象。生产一个整体浴室的全部成本列示如下（单位：元）。

直接材料	650
直接人工	500
变动性制造费用	150
固定性制造费用	250
合计	1 550

不存在与这张订单相关的变动性销售或管理费用。

想一想：

（1）假定公司只有在特殊订单能增加总收益的情况下才会接受它，公司应该接受还是拒绝这张订单？提出计算数据作支持。

（2）考虑人事经理的担忧，讨论即使在订单将降低总收益的情况下也接受它的价值所在。

任务描述

管理会计中的决策分析是针对企业未来经营活动所面临的问题，由各级管理人员做出的有关未来经营战略、方针、目标、措施与方法的决策过程。它是经营管理的核心内容，是关系到企业未来发展兴衰成败的关键所在。所以我们应该对决策的概念有充分的了解，在此基础上掌握决策的种类，并能按照程序进行决策分析。其具体任务有：通过教学，对决策分析的基本概念和分类有一定了解，掌握决策分析实施的程序。

任务实施

一、决策的概念

现代管理理论认为，企业管理的重心在经营，而经营的重心在决策。决策是指企业管理者在现实条件下，为了达到预期的经营目标，通过预测及对比分析，在两个或两个以上的可行方案中选择最佳方案的行为过程。决策分析是一门与经济学、数学、心理学和组织行为学密切相关的综合性学科。它的研究对象是决策，它的研究目的是帮助人们提高决策质量，减少决策的时间和成本。因此，决策分析是一门创造性的管理技术。它包括发现问题、确定目标、确定评价标准、方案制定、方案选优和方案实施等过程。在决策过程中要特别注意以下四个问题：

——目标：目标必须清楚

——方案：必须有两个及两个以上的备选方案

——依据：决策是以可行方案为依据

——过程：在本质上决策是一个循环过程，贯穿整个管理活动的始终

在现实中，各种各样的新情况和新问题都有可能出现，这就需要当事者做出正确的判断和处理。对一个企业来说，生产经营过程中需要决策的事情很多，譬如生产何种产品、产品是否进一步加工、亏损产品是否停产或转产等。如何对这些问题进行正确的决策，关系到企业的兴衰成败、生存和发展。因此，决策是决定企业管理工作成败的关键，是实施各项管理职能的保证，贯穿于企业生产经营活动的整个过程。决策过程并不仅仅是一个做决定的过程，也不是单纯选择方案的简单行动，而是相关人员必须在未来经营战略和经营方针的指引下，结合企业的内部条件和外部环境，制定各种具体方案的经营措施和经营方法，并对各种方案可能导致的结果进行综合测算和对比分析，权衡利弊，从中选出最佳方案的过程。

名人名言

企业经营的首要本质在于决策。

——〔美〕雷·怀尔德：《管理大师如是说》

二、决策的种类

基于企业生产经营活动的多样性和复杂性，决策可以按照不同的标准进行分类。

（一）按决策时间长短进行分类

1. 短期决策

短期决策，是指对涉及一年以内的一次性专门业务，并仅对该时期内的收支盈亏产生影响的问题而进行的决策分析，又称经营决策。该决策侧重探讨如何充分配置和利用现有的人

力、物力和财力，获取最大的经济效益。它一般不涉及新的固定资产投资，主要包括生产决策、销售决策、产品定价决策和存货决策等。

2. 长期决策

长期决策，又称投资决策或长期投资决策，是指对那些产生报酬的期间超过1年，并对较长时间的收支盈亏产生影响而进行的决策，主要包括固定资产更新改造决策、是否需要增加固定资产生产设备的决策等。它一般需要投入大量资金，并对企业生产经营产生较长的影响。

【想一想】

举例说明什么是短期决策，什么是长期决策？

（二）按决策者掌握信息的程度进行分类

1. 确定型决策

确定型决策，是指与决策相关的那些客观条件或自然状态是肯定的、明确的，并且可用具体的数字表示出来，决策者可直接根据完全确定的情况，从中选择最有利的方案的决策。

2. 风险型决策

风险型决策，是指与决策相关的因素的未来状况不能完全肯定，只能预计大概情况，无论选择哪一种方案都带有一定的风险，这类决策称为风险型决策。这类决策的分析一般是以概率表示其可能性的大小。

3. 不确定型决策

不确定型决策，是指影响这类决策的因素不仅不能肯定，而且连出现这种可能结果的概率也无法比较确切地进行预计的决策。

（三）按决策本身的不同性质进行分类

1. 采纳与否决策

采纳与否决策，是指备选待定方案只有一个时而做出的决策，也称接受与否决策。如亏损产品是否停产的决策、是否接受加工订货的决策等。

2. 互斥选择决策

互斥选择决策，是指在一定的决策条件下，存在着几个相互排斥的备选方案，通过调查研究和计算对比，最终选择最优方案而排斥其他方案的决策。如零部件是自制还是外购的决策、联产品是否进一步加工的决策等。

3. 最优组合决策

最优组合决策，是指有几个备选方案可以同时并举，但在其资源总量受到一定限制的情况下，如何将这些方案进行优化组合，使其综合经济效益达到最优的决策。如在几种约束条件下生产不同产品的最优组合决策、在资本总量一定的情况下不同投资项目的最优组合决策等。

三、决策分析的程序

决策分析的程序又称决策制定过程，这是因为决策分析本身是一个过程，而不是简单的选择方案的行为。决策分析的程序一般应按以下步骤进行。

（一）提出决策问题，确定决策目标

提出问题的过程是决策程序的重要步骤，只有提出问题才能锁定决策的目标。有了明确的决策目标才不致引起决策过程的混乱，导致决策失效。决策目标应具体、明确，并力求目标的数量化。

（二）广泛地搜集决策信息

收集加工与决策目标相关的资料是决策程序的重要步骤，针对决策分析的目标，要广泛收集尽可能多的、对决策目标有影响的各种可计量因素和不可计量因素的有关资料，特别是要收集有关预期成本的数据，以作为决策分析的根据。

（三）拟定达到目标的各种可行性的备选方案

在收集整理决策相关的资料基础上，构建出若干解决问题的方案，这些方案的构建必须充分考虑在解决实际问题时经济适用，切实可行，具有可操作性。提出可行性的备选方案是决策分析的重要环节，是做出科学决策的基础和保证。

（四）对比各种可行性方案的有关资料进行分析、评价与对比

通过一定的方法对各个方案进行比较、评价和鉴定方案的长短优劣，评分排队，为最优方案的选择确定提供依据。这是整个决策分析过程的关键阶段。

（五）考虑其他因素的影响，选定最优方案

决策层最终需根据提出的备选方案进行定量与定性分析，通盘研究，权衡利害得失，并根据各方案提供的经济利益和社会效益的高低进行综合判断，最后筛选确定最优方案予以实施。

（六）组织与监督方案的实施

由于决策的执行是决策的目的，也是检验过去所做出的决策是否正确的客观依据。因此方案执行过程中要不断进行信息反馈并对决策方案进行修正，以保证决策目标的实现。

【想一想】

描述你个人曾经必须做出的一个战术性决策。在你的决策中运用的决策程序有哪些？结果如何？

任务二　短期经营决策的方法

任务情景

希尔顿酒店公司在全世界经营多家旅馆，此时它位于芝加哥的一家旅馆正面临着激烈的市场竞争。

为解决飞行人员的住宿问题，美国航空公司向希尔顿公司开出一份订单：在来年一年内

以每房每晚50美元的价格至少包购50套房间。此合同可以保证，即使某些房间闲置，希尔顿公司至少可以销售50套房间。

希尔顿公司的经理对该合同抱有很复杂的心理，因为同样一套房间在一年中的某些高峰期可以100美元的价格售出。

希尔顿公司的经理在考虑是否该签订这个合同。假设10月20日零售商召开大会时，附近的旅店都将被住满，此时这50间套房的机会成本是多少？12月28日，预计这50套房中仅有10套可以平均价90美元出租时，机会成本又是多少？全年的机会成本又是多少？

任务描述

管理会计中的决策分析是针对企业未来经营活动所面临的问题，由各级管理人员做出的有关未来经营战略、方针、目标、措施与方法的决策过程。短期经营决策侧重于从资金、成本、利润等方面对如何充分利用企业现有资源和经营环境，以取得尽可能大的经济效益而实施的决策，我们应充分了解短期经营决策中涉及的相关成本概念，并掌握短期经营决策的三种常用方法。

任务实施

一、短期经营决策中的成本概念

（一）相关成本

相关成本是指与特定决策方案相关联，能对决策产生重大影响，在短期经营决策中必须予以充分考虑的成本。如果某项成本只属于某个经营决策方案，即若有这个方案存在，就会发生这项成本，若该方案不存在，就不会发生这项成本，那么，这项成本就是相关成本，主要包括以下内容。

1. 差量成本

差量成本，通常有狭义和广义之分。广义的差量成本是指一个备选方案的预计成本与另一个备选方案预计成本之间的差异额。狭义的差量成本是指由于生产能力利用程度的不同，即由于产量不同而形成的成本差别，也称增量成本。

2. 边际成本

从经济学的观点来看，边际成本是指产品成本对产品产量无限小变化的变动部分。但在生产实践中，产品产量的无限小的变化只能小到一个单位。因此，边际成本的实质就是指在企业生产能量的相关范围内，每增加或减少一个单位产量而引起的成本变动。从这个意义上来说，管理会计中的单位变动成本，以及增产或减产一个单位产品的差量成本，都是边际成本这个理论概念的具体表现形式。

3. 机会成本

机会成本，是指在经营决策过程中，从各备选方案中选取最优方案而放弃次优方案所丧失的潜在收益，也称机会损失。由于每项资源往往有多种用途（或机会），但用于某一方面就不能同时用于另一方面。这就是说，在某方面的所得，正是由于放弃另一方面的机会而产生的。例如，某企业从银行活期存款账户中取出 5 万元购买国库券作为短期投资，其机会成本就是该企业放弃银行存款所能获得的利息收入。在决策分析中，必须把已放弃方案可能获得的潜在收益，作为被选用方案的机会成本，才能对该方案的经济效益做出全面、合理的评价，最后正确判断被选用的方案是否真正最优。如果某项资源只有一个用途，例如煤气公司的输气管道、自来水公司的地下水管等，就没有其他选择机会，那么它的机会成本就等于零。

4. 重置成本

重置成本，是指企业目前从市场上重新取得某项现有资产所需支付的成本。由于技术进步及通货膨胀等因素的共同影响，企业资产的重置成本可能与其历史成本出现较大差异，在企业的经营决策中，着重考虑的是资产的重置成本而不是历史成本。

5. 付现成本

付现成本，也称现金支出成本，是指那些由于某项决策而引起的、需要在未来动用现金支付的成本。在企业的经营决策中，一般均把付现成本作为一项重要因素来考虑。这是因为，任何经济决策都会需要现金资源，如果没有现金支持，再好的决策方案也不能实现。

【想一想】

为什么决策使用付现成本，而不用总成本？

6. 专属成本

专属成本，是指那些能够明确归属于特定决策方案的固定成本。它往往是因弥补生产能力不足，增加有关装置、设备、工具等长期资产而发生的。专属成本的确认与取得上述装置、设备、工具的方式有关。

7. 可避免成本

可避免成本，是指与决策者的决策相关联的成本，若某项方案被采纳，这项成本就会发生。若该项方案不予采纳，则这项成本就可避免。这种成本就是可避免成本。

8. 可递延成本

可递延成本，是指如果对已选定的某一方案推迟实行，还不致影响企业的大局，则与这一方案有关的成本就是可递延成本。

【想一想】

经营决策中经常考虑的相关成本有哪些？在每一个决策中都需要考虑吗？

（二）无关成本

无关成本，是指与特定决策方案无关联，或已经发生的成本。如果无论是否存在某决策方案，均会发生某项成本，那么就可以断定该项成本是该方案的无关成本。主要包括以下内容。

1. 沉没成本

沉没成本，是指那些由于过去的决策所引起并已经支付过款项、不能由现在的决策所改变的成本，亦可称为“沉落成本”或“沉入成本”。

2. 不可避免成本

不可避免成本，是指管理者的决策行动不能改变其数额的成本。这种成本与各备选方案无直接联系，不管备选方案被采纳与否，其金额都会发生。

3. 不可递延成本

不可递延成本，是指已选定的某一方案，即使企业资金有限也不能考虑推迟其执行，否则将会对企业的全局产生重大影响，与这种方案相关联的成本即为不可递延成本。

4. 共同成本

共同成本，是指应当由多个方案共同负担的固定成本。由于它是多个方案共有的成本，如行政管理人员工资、车间中的照明费等，故与特定方案的选择无关。

5. 联合成本

联合成本，是指联产品在未分离前的生产过程中发生的、应由所有联产品共同负担的成本。

【注意】

生产决策坚持相关性原则，凡相关的收入、成本、业务量就考虑，无关的就不考虑。

二、短期经营决策的方法

（一）差量分析法

差量分析法是指根据两个备选方案的“差量收入”与“差量成本”的比较，求得差别损益来分析选择最优方案的方法。

差量分析法的分析步骤如下：

① 计算备选方案的差量收入。差量收入是指两个方案预期的相关收入之差；

② 计算备选方案的差量成本。差量成本是指两个方案预期的相关成本之差；

③ 计算备选方案的差量损益。差量损益是指差量收入减去差量成本后的差额。在比较备选方案时，如果差量损益大于零，说明前一备选方案要优于后一备选方案；如果差量损益小于零，说明后一备选方案要优于前一备选方案。

【注意】

采用差量分析法的关键在于只考虑各备选方案的相关收入和相关成本，对不相关的因素一般予以剔除。另外，如果有两个以上备选方案，只能分别进行两两比较，逐次筛选择优，故比较麻烦。

【做中学 3–1】阳光公司生产的甲半成品，完成初步加工后，既可以在市场上出售，也可以进一步加工为乙产品后再出售，成本及产量资料如下：

甲半成品的单位变动成本为 460 元，单位售价 600 元，产量 100 件。固定制造费用总额 10 000 元。若加工成乙产品，则需追加单位变动成本 200 元，乙产品的单位售价为 900 元。

企业目前的生产能力除满足生产甲半成品加工的需要外，还有一定的剩余生产能力，可用于对半成品做进一步加工。

问题：

请对甲半成品按成品立即出售还是进一步加工后再出售做出决策。

解：由于企业有剩余生产能力，所以对半成品进行继续加工，并不会引起制造费用中固定费用的增加。所以，继续加工对企业是否有利分析如下：

计算备选方案的差量收入=100×（900–600）=30 000（元）

计算备选方案的差量成本=100×200=20 000（元）

计算备选方案的差量损益=30 000–20 000=10 000（元）

上述计算表明，如进一步加工后再出售，比立即出售多收入 30 000 元，追加成本 20 000 元，即对甲半成品进一步加工后再出售可多获利 10 000 元。所以，在目前情况下，应对甲半成品继续加工。

差量分析法可以进行某些生产决策的分析，如生产哪种产品的决策分析、新产品开发的决策分析、接受追加订货的决策分析、半成品进一步加工或出售的决策分析等。此外，还可以进行不需用设备出租或出售的决策分析。

（二）边际贡献分析法

边际贡献分析法，就是通过对比各备选方案所能提供的边际贡献总额的大小来确定最优方案的决策方法。应用条件是：各备选方案的固定成本相同，无专属固定成本发生。如有专属成本发生，则应从计算出的边际贡献总额中扣除，方可进行比较。

边际贡献分析法的分析步骤如下：

① 判定各方案共同固定成本是否相同；

② 分别计算各方案的剩余边际贡献：

剩余边际贡献=边际贡献总额–专属固定成本

当专属固定成本不发生或相等时，剩余边际贡献就是边际贡献总额。

③ 选择边际贡献总额或剩余边际贡献最大者为优。

【做中学 3–2】恒顺公司用一台设备既可生产甲产品，也可生产乙产品，其预计销售单价、销售量和单位变动成本资料如表 3–2 所示。

表 3–2　资料表

项　目	甲产品	乙产品
销售量/件	6 300	7 000
销售单价/（元・件$^{-1}$）	150	140
单位变动成本/（元・件$^{-1}$）	101.40	100

要求：做出该公司究竟生产哪种产品较为有利的决策分析。

解：用同一台设备生产甲产品或乙产品，不论选择哪一个方案，固定成本总是相同的，属于决策分析中的无关成本，因此，可以采用边际贡献分析法进行决策分析。

甲产品边际贡献=（150–101.40）×6 300=306 180（元）

乙产品边际贡献=（140–100）×7 000=280 000（元）

计算表明，生产甲产品的边际贡献 306 180 元大于生产乙产品的边际贡献 280 000 元，所以应选择生产甲产品。

边际贡献分析法通常适用于不改变生产能力的短期决策，如生产哪种产品的决策、新产品开发的决策、接收追加订货的决策、亏损产品是否停产的决策、亏损产品是否转产的决策和特殊情况的定价决策等。

【想一想】

如何采用差量分析法对以上两个备选方案进行决策呢？

（三）成本无差别点法

成本无差别点，又称成本分界点或成本平衡点，是指能使两个备选方案总成本相等的业务量。

成本无差别点法的分析步骤如下：

① 对不同的备选方案计算确定成本无差别点；

② 对不同业务量范围的决策结论进行讨论。

令第一个方案的固定成本为 a_1，单位变动成本为 b_1；第二个方案的固定成本为 a_2，单位变动成本为 b_2，且满足 $a_1 > a_2$，$b_1 < b_2$，则两个方案总成本相等时：

$$a_1 + b_1 x = a_2 + b_2 x$$

成本无差别点业务量 $(x_0) = \dfrac{a_1 - a_2}{b_2 - b_1}$

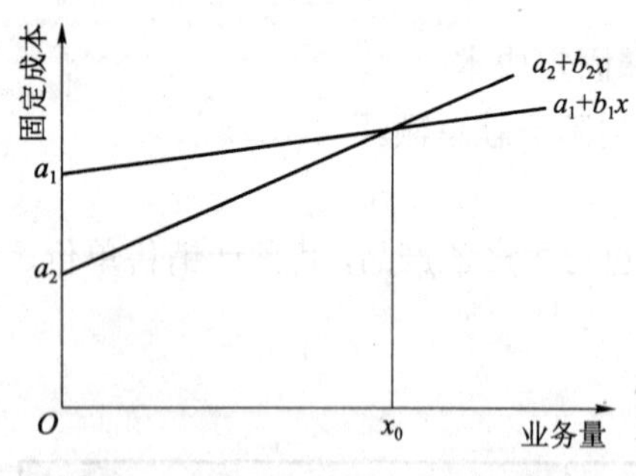

图 3–1　成本无差别点业务量分析

如图 3–1 所示：当业务量在 O～ x_0 范围时，固定成本较低的第二个方案优于第一个方案；若业务量大于 x_0，则固定成本较高的第一个方案优于第二个方案；若业务量恰好等于 x_0，则两方案无差别。

【做中学 3–3】 先锋电子器材厂常年生产需用的 B 部件以前一直从市场上采购。已知采购量在 5 000 件以下时，单价为 8 元；达到或超过 5 000 件时，单价为 7 元。如果追加投入 12 000 元的专属成本，就可以自行制造该部件，预计单位变动成本为 5 元。

问题：

用成本无差别点法为企业做出自制或外购 B 部件的决策，并说明理由。

解：依题意，当 B 部件的需要量在 0～5 000 件的范围内，自制方案的固定成本为 12 000 元，单位变动成本为 5 元；外购方案的固定成本为 0，单位变动成本为 8 元。当 B 部件的需要量大于或等于 5 000 件时，自制方案的固定成本和单位变动成本均不变，但外购方案的单位变动成本变为 7 元。

① 计算两个方案的成本无差别点。

成本无差别点业务量 x_1 =（12 000–0）/（8–5）=4 000（件）

成本无差别点业务量 x_2 =（12 000–0）/（7–5）=6 000（件）

② 对不同范围业务量下的决策结论进行讨论。

设 B 部件的实际需要量为 X，则：

当 $0<X<4\,000$ 件时，应当外购；

当 $4\,000<X<5\,000$ 件时，应当自制；

当 $5\,000<X<6\,000$ 件时，应当外购；

当 $X>6\,000$ 件时，应当自制；

当 $X=4\,000$ 或 $6\,000$ 时，自制或外购均可以。

成本无差别点法通常适用于零部件的自制与外购问题、生产工艺设备的选择问题、固定资产的购置与租赁问题和产品定价问题等。

任务三　生 产 决 策

任务情景

胜利公司的王经理有个口头禅，“赔本的生意不做”。最近有件事情令王经理大惑不解：该公司生产黄河公司产品，目前生产任务不足，有 30%的剩余生产能力，而此剩余生产能力又不能移作他用。这时，销售部收到一客户的订单，要订购 200 件黄河公司产品，出价 100 元，比黄河公司产品正常的销售价格（140 元）每件要低 40 元，更有甚者，此出价比黄河公司产品的单位产品成本（120 元）每件要低 20 元。“赔本的生意不做”，王经理如是说。可财务科长认为这是一笔可赚钱的买卖，应该接受这个订单，不能放过这次机会。

请问：在这种情况下，你是怎样考虑的？

任务描述

生产决策是企业短期经营决策的重要内容之一，是指短期（一年）内，围绕着是否生产、生产什么、怎样生产以及生产多少等问题而展开的决策。主要包括新产品开发的决策、亏损产品是否停产的决策、是否接受特殊价格追加订货的决策、有关产品是否继续加工的决策、零部件是自制还是外购的决策等。对上述问题的分析，基本的准则是以各备选方案的利润或成本的大小进行选择。因此，本任务就是解决现实生活中如何用差量分析法、边际贡献分析法、成本无差别点法等来进行生产决策的问题。

任务实施

一、利用剩余生产能力开发新产品的决策分析

新产品开发决策，是指企业在利用现有剩余的生产能力开发新产品的过程中，在两个或两个以上可供选择的新品种中选择一个最优品种的决策。属于互斥方案的决策。

（一）不追加专属成本时的决策分析

在新产品开发的决策中，若企业利用现有生产能力生产多种产品，一般不需要增加固定

成本，也不需考虑机会成本。在这种情况下，企业进行产品生产品种的决策分析，通常采用边际贡献分析法。

【做中学 3–4】 广发公司现有剩余生产能力为 30 000 工时，可以用于开发新产品，现有甲、B 两种产品可供选择。甲产品的预计单价为 100 元/件，单位变动成本为 80 元/件，单位产品工时定额为 5 工时/件；B 产品的预计单价为 50 元/件，单位变动成本为 35 元/件，单位产品工时定额为 3 工时/件。开发新产品不需要追加专属成本，企业应开发何种新产品？

解： 由于公司是利用现有生产能力生产新产品，固定成本属于无关成本，与决策分析没有关系，可以不予考虑，因此应采用边际贡献分析法，通过计算每种产品提供的边际贡献总额的大小作为选择的依据，如表 3–3 所示。

表 3–3　边际贡献分析表

项　　目	甲产品	B 产品
最大产量/件	6 000	10 000
销售单价/（元・件$^{-1}$）	100	50
单位变动成本/（元・件$^{-1}$）	80	35
单位边际贡献/（元・件$^{-1}$）	20	15
边际贡献总额/元	120 000	150 000

其中：最大产量=剩余生产能力/定额工时

表中的计算表明，尽管 B 产品单位产品的获利能力比较低，但是由于其工时消耗也低，产品生产总量多，为公司提供的边际贡献总额也就多，因此公司应选择生产 B 产品。

（二）追加专属成本时的决策分析

当新产品开发的决策方案中需要追加专属成本时，就无法直接利用边际贡献指标来分析各方案的优劣，这时可通过计算边际贡献扣除专属成本后的余额进行评价，或者用差量分析法进行评价。

【做中学 3–5】 开发新产品甲和新产品乙的相关产销量、单价与单位变动成本等资料同【做中学 3–4】，但假定开发过程中需要装备不同的专用设备，分别需要追加专属成本 10 000 元和 50 000 元。企业应开发何种新产品。

解： 由于专属固定成本是相关成本，故在决策分析过程中必须加以考虑，其边际贡献分析表如表 3–4 所示。

表 3–4　边际贡献分析表

项　　目	甲产品	乙产品
最大产量/件	6 000	10 000
销售单价/（元・件$^{-1}$）	100	50
单位变动成本/（元・件$^{-1}$）	80	35
单位边际贡献/（元・件$^{-1}$）	20	15

续表

项　目	甲产品	乙产品
边际贡献总额/元	120 000	150 000
专属固定成本/元	10 000	50 000
剩余边际贡献总额/元	110 000	100 000

计算表明，考虑了专属固定成本以后，新产品甲的剩余边际贡献总额较新产品乙多 10 000 元，故应开发新产品甲较为有利。

【想一想】

如果用差量分析法进行决策，其计算过程如何？

二、亏损产品停产或转产的决策分析

（一）生产能力无法转移时，亏损产品是否停产的决策分析

工业企业在日常经营过程中，往往会由于某些产品不能适销对路或质量较差、款式陈旧等原因，造成市场滞销，仓库积压，发生亏损，并且此时若不生产亏损产品，闲置下来的生产能力无法用于其他方面，这就面临着亏损产品是否要停产的决策分析问题。一般我们采用边际贡献分析法来进行决策，即只要亏损产品的边际贡献大于零就不应该停产。

因为继续生产该产品，可以提供正的边际贡献，以补偿固定成本（固定成本不会因停产而减少），因此，继续生产可以使企业减少损失。

【做中学 3–6】 东南公司本年产销甲、乙、丙三种产品。有关资料如表 3–5 所示。

表 3–5　甲、乙、丙产品资料表

项　目	甲产品	乙产品	丙产品
销售量/件	1 000	500	400
销售单价/（元・件$^{-1}$）	20	60	25
单位变动成本/（元・件$^{-1}$）	9	46	15
固定成本总额/元	18 000（按各产品销售收入比重分配）		

要求做出该公司乙产品是否停产的决策分析。

解：根据有关资料，采用边际贡献分析法，编制边际贡献及净利润计算表，如表 3–6 所示。

表 3–6　边际贡献与净利润计算表　　　　单位：元

产品名称	甲产品	乙产品	丙产品	合计
销售收入总额	20 000	30 000	10 000	60 000
变动成本总额	9 000	23 000	6 000	38 000

续表

产品名称	甲产品	乙产品	丙产品	合计
边际贡献总额	11 000	7 000	4 000	22 000
固定成本总额	6 000	9 000	3 000	18 000
营业利润	5 000	–2 000	1 000	4 000

计算表明，乙产品能提供 7 000 元的边际贡献总额，故乙产品不应该停产。若将乙产品停产，则全公司的边际贡献总额减少了 7 000 元，而乙产品所分配的固定成本总额则要转嫁给甲、丙两种产品去承担，其结果反而造成整个公司全面亏损 3 000 元。乙产品停产后的边际贡献与利润计算表如表 3–7 所示。

表 3–7　乙产品停产后的边际贡献与净利润计算表　　单位：元

产品名称	甲产品	丙产品	合计
销售收入总额	20 000	10 000	30 000
变动成本总额	9 000	6 000	15 000
边际贡献总额	11 000	4 000	15 000
固定成本总额	12 000	6 000	18 000
营业利润	–1 000	–2 000	–3 000

【想一想】

本项目案例导读的案例中，刨床产品亏损 27.3 万元，影响企业利润，可否考虑停产？

（二）生产能力可以转移时，亏损产品是否停产的决策分析

如果亏损产品停产，闲置下来的生产能力可以转移，或转产其他产品，或将设备对外出租，就必须考虑亏损产品的机会成本因素，对可供备选的方案进行对比分析后再决策。

【做中学 3–7】 依据【做中学 3–6】的资料，若将乙产品停产后空闲出来的生产能力转产丁产品，每年可产销 700 件，销售单价 40 元/件，单位变动成本 25 元/件。要求做出该公司乙产品是否转产的决策分析。有关计算如下：

丁产品的边际贡献总额=(40–25)×700=10 500（元）

计算表明，丁产品的边际贡献总额 10 500 元比乙产品的边际贡献总额 7 000 元多 3 500 元，故转产丁产品的方案是可行的。

【注意】

决策依据是只要该亏损产品的边际贡献大于转移剩余生产能力的机会成本，就应该继续生产，否则应停产。

三、零部件自制与外购的决策分析

（一）零部件全年需要量确定的决策分析

在零、部、配件全年的需要量确定的情况下，一般有自制或外购两种方式，但由于自制或外购的预期收入总是相同的，故应用差量分析法时，只计算差量成本，并从中选择成本较低的方案作为较优方案。

【做中学 3–8】 东方公司每年需要甲零件 4 000 个，若向市场购买，进货价格（包括运杂费）为 27 元/个；若该公司铸造车间目前有剩余生产能力可制造这种零件，经会计部门会同生产技术部门进行估算，预计每个零件的成本资料如下：直接材料 15 元，直接人工 5 元，变动制造费用 3.5 元，固定制造费用 6 元。铸造车间如不制造该零件，生产设备也没有其他用途。

要求：做出该公司甲零件是自制还是外购的决策分析。

解：由于该公司铸造车间有剩余生产能力可以利用，原有的固定成本不会因自制而增加，也不会因外购而减少。故甲零件的自制成本中的固定制造费用属于无关成本，不应包括在内。据此，可进行差量分析如下：

自制方案的预期成本=（15+5+3.5）×4 000=94 000（元）

外购方案的预期成本=27×4 000=108 000（元）

自制与外购的差量成本=94 000–108 000= –14 000（元）

计算表明，甲零件应采用自制方案，可比外购方案节约成本 14 000 元。

【注意】

零、部、配件自制还是外购的决策在分析中：

1. 不论是自制还是外购，固定成本总是要发生的。因此，在一般情况下，特别是有剩余生产能力的情况下，自制方案不需要考虑固定成本；
2. 如果自制需要增加专用设备，则其新增的专属成本属于相关成本；
3. 在分析时还应注意是否有机会成本存在，如果有机会成本，则应作为相关成本处理。

（二）零、部、配件全年需要量不确定的决策分析

零、部、配件全年需要量不确定的情况下，当各备选方案的收入与决策不相关，相关业务量单位相同却未知，且各方案相关成本中固定成本与单位变动成本的高低相互矛盾时可采用成本无差别点法。

【做中学 3–9】 胜利机械厂生产产品时需用 C 零件，过去一直外购，单位成本为 18 元。目前工厂的生产车间有闲置生产能力可以自制 C 零件，每年为生产 C 零件需增加专属固定成本 4 000 元，自制的单位变动成本为 10 元。

要求：为该厂做出 C 零件自制还是外购的决策分析。

解：该厂的 C 零件不论自制、外购均不能直接带来收入，所以此决策的收入为不相关事项。C 零件自制会发生专属固定成本，且单位变动成本小于外购价格，所以可以采用成本无差别点分析。

① 计算备选方案的成本无差别点：

$$成本无差别点业务量\ x_0=\frac{4\,000-0}{18-10}=500（件）$$

② 在生产能力相关范围内结合成本无差别点进行讨论：

因为 500 件是抵偿 4 000 元专属固定成本的界线点。当 C 零件年需要量小于 500 件时，自制节省的成本不足以补偿 4 000 元的专属固定成本；反之，C 零件年需要量大于 500 件时，自制节省的成本就超过 4 000 元的专属固定成本；C 零件年需要量恰好为 500 件时，节省的成本与投入的专属固定成本相等。

结论：当 C 零件年需要量＞500 件时，自制；

当 C 零件年需要量＜500 件时，外购；

当 C 零件年需要量=500 件时，均可。

四、产品加工程度的决策分析

有些企业生产的尚未完工的半成品，常常是既可以直接出售，又可以进一步加工后再行出售。有些企业经常会在同一生产过程中同时生产出若干种经济价值较大的联产品。有些联产品在分离后既可立即出售，也可经进一步加工后再行出售。因此，这类企业就会面临对上述产品究竟是直接出售还是进一步加工后再出售的决策问题。

在这类决策中，进一步加工前的半成品、联产品所发生的成本，无论是变动成本还是固定成本，都属于决策无关的沉没成本，相关成本只包括与进一步加工有关的成本，而相关收入则包括直接出售和加工后出售的有关收入。对这类决策问题，采用差量分析法比较简便。

【做中学 3–10】恒顺公司每年生产半成品甲 8 000 件，销售单价 150 元/件，单位变动成本 101.40 元/件，固定成本总额 89 680 元。如把半成品甲进一步加工为完工产品乙，则销售单价可提高到 200 元/件，但需追加单位变动成本 30 元/件，专属固定成本 50 000 元。要求做出该公司是否需要进一步加工产品的决策分析。

解：

根据有关资料，采用差量分析法计算如下：

产品乙与半成品甲的差量收入=200×8 000–150×8 000=400 000（元）

产品乙与半成品甲的差量成本=（30×8 000+50 000）–0=290 000（元）

产品乙与半成品甲的差量损益=400 000–290 000=110 000（元）

计算表明，进一步加工甲半成品为产品乙的方案较优，因为它比直接出售甲半成品的方案可多获利润 110 000 元。

【做中学 3–11】中山石化公司在同一生产过程中可同时生产出甲、乙、丙、丁四种联产品，其中甲、乙两种联产品可在分离后立即出售，也可继续加工后再出售。其有关产量、销售单价及成本资料如表 3–8 所示。

表 3–8　资料表

联产品名称		甲产品	乙产品
产量/千克		2 000	800
销售单价/（元・千克$^{-1}$）	分离后	4	12
	加工后	10	20

续表

联产品名称		甲产品	乙产品
加工前的联合成本/元		2 800	4 000
加工过程中增加的成本	单位变动成本/（元·件$^{-1}$）	4.2	6
	专属固定成本/元	4 000	1 500

要求：做出该公司是否需要进一步加工甲、乙两种联产品的决策分析。

解：根据资料可知，无论甲、乙产品是否深加工，分离前所发生的联合成本都会发生，所以属于决策的不相关成本；但如果继续加工甲、乙产品发生的专属固定成本是不一样的，则属于相关成本。采用差量分析法分析如下。

（1）计算甲产品的差量收入与差量成本：

差量收入=10×2 000–4×2 000=12 000（元）

差量成本=（4.2×2 000+4 000）–0=12 400（元）

差量损益=12 000–12 400= –400（元）

因为甲产品的差量损益小于 0，也就是说甲产品继续加工出售会少获得 400 元的利润。

（2）计算乙产品的差量收入与差量成本：

差量收入=20×800–12×800=6 400（元）

差量成本=（6×800+1 500）–0=6 300（元）

差量损益=6 400–6 300=100（元）

因为乙产品的差量损益大于 0，为 100 元，所以继续加工乙产品再出售可以多获得 100 元的利润。

根据上述分析，甲产品不应该继续加工，而乙产品则应继续加工再出售。

五、不同生产工艺技术的决策分析

企业对同一种产品或零件采用不同的工艺方案进行加工，其成本往往相差悬殊。采用先进的工艺方案，产量、质量肯定会大大提高，但需要使用高精度的专用设备，其单位变动成本可能会较低，而固定成本则较高。至于较为落后的工艺方案，往往只需使用普通设备，其单位变动成本可能较高，而固定成本则较低。

在进行决策分析时，要以生产产品的数量是否确定为依据。如果生产产品的数量是确定的，可采用差量分析法；如果生产产品的数量是不确定的，则应采用成本无差别点法。

另外，在分析时还应注意，只需考虑各个备选方案不同的单位变动成本和不同的固定成本，至于各个备选方案相同的变动成本和固定成本则无须考虑。

【做中学 3–12】沈阳机械厂在生产某种型号的齿轮时，可使用普通铣床和数控铣床。这两种铣床加工时所需的不同成本资料如表 3–9 所示。

表 3–9　成本资料表　　单位：元

铣床类型	每个齿轮加工费 （变动成本）	一次调整准备成本 （固定成本）
普通铣床	1.75	25
数控铣床	1.00	100

要求做出该厂在什么批量范围内选用何种类型的铣床进行加工的决策分析。

解：设普通铣床和数控铣床的成本平衡点为 x，则两个备选方案的预期成本用公式表示如下：

$$普通铣床预期成本\ y_1=25+1.75x$$

$$数控铣床预期成本\ y_2=100+x$$

令 $$y_1=y_2$$

即， $$25+1.75x=100+x$$

$$成本无差别点\ x=100（件）$$

计算表明，若齿轮需要量为100个时，两方案成本相同，均属可行；若齿轮需要量超过100个时，采用数控铣床进行加工的方案较优；若齿轮需要量少于100个时，采用普通铣床进行加工的方案较优。

六、特殊价格追加订货的决策分析

特殊价格是指低于正常价格甚至低于单位产品成本的价格。企业常常会遇到一些特殊订单，如低于正常价格的订货请求、重要关系客户的特殊要求等都是特殊订单的例子。在企业尚有一定的剩余生产能力可以利用的情况下，如果其他企业要求以较低的价格追加订货，企业是否考虑接受这种追加订货呢？这应视情况而定。

（一）追加订货量小于或等于剩余生产能力的决策分析

当企业利用剩余生产能力完成追加订货的生产，不妨碍正常订货的完成，而且在接受追加订货不追加专属成本，剩余生产能力又无法转移时，只要特殊订货的单价大于该产品的单位变动成本，就可以接受该追加订货。

（二）追加订货量大于剩余生产能力的决策分析

当追加订货量大于剩余生产能力时，此时接受追加订货必然会妨碍正常订货的完成，在决策分析时，应将追加订货而减少的正常收入作为追加订货的机会成本。当企业剩余生产能力能够转移时，转产所能产生的收益也应作为追加订货方案的机会成本。若追加订货需要增加专门的固定成本，则应将其作为追加订货方案的专属成本。

【做中学3-13】恒顺公司甲产品生产能力为8 000件，目前的正常订货量为6 000件，销售单价150元，单位产品成本为112.61元，其组成如下：

直接材料　75元

直接人工　20元

变动制造费用　5元

固定制造费用　4元

变动销售及管理费用　1.40元

固定销售及管理费用　7.21元

单位产品成本　112.61元

现有某客户向该公司追加订货，且客户只愿出价每件110元。

要求：就以下各不相关方案做出是否接受该项订货的经营决策。

① 订货 2 000 件，剩余能力无法转移，且追加订货不需追加专属成本。

② 订货 2 000 件，剩余能力无法转移，但追加订货需要一台专用设备，全年需支付专属成本 10 000 元。

③ 订货 2 500 件，剩余能力无法转移，也不需要追加专属成本。

④ 订货 2 300 件，剩余能力可以对外出租，可获年租金 5 000 元，追加订货需追加专属成本 6 000 元。

解：根据上述资料计算分析如下：

① 公司有剩余生产能力，剩余生产能力无法转移，也不需要追加专属成本，因此，只要定价大于该产品的单位变动成本就可以接受订货。因为特殊定价 110 元大于单位变动成本 101.40 元（75+20+5+1.40=101.4），因此，可以接受此追加订货，由此可多获利润 17 200 元。

② 在第二种情况下，可对接受订货和拒绝追加订货两个方案编制差量分析表分析，见表 3–10。

表 3–10　差量分析表　　单位：元

项　　目	接受追加订货	拒绝追加订货	差异额
相关收入	110×2 000=220 000	0	220 000
相关成本	212 800	0	212 800
其中：变动成本	101.40×2 000=202 800	0	
专属成本	10 000	0	
差量损益			7 200

由上表可见，订货可使公司多获利润 7 200 元，因此，应该接受追加订货。

③ 此种订货会影响正常销售，原因是企业剩余生产能力为 2 000 件，故追加订货 2 500 件中只能有 2 000 件可利用剩余生产能力，其余 500 件要减少正常订货量，但这 500 件不论是否接受追加订货均要安排生产，对于变动成本而言属于无关产量，因而只有 2 000 件属于相关产量。此外，要将减少正常订货 500 件的正常收入作为追加订货的机会成本。追加订货决策也可用差量分析法分析，见表 3–11。

表 3–11　差量分析表　　单位：元

项目	接受追加订货	拒绝追加订货	差异额
相关收入	110×2 500=275 000	0	+275 000
相关成本	277 800	0	+277 800
其中：变动成本	101.40×2 000=202 800	0	
机会成本	150×500=75 000	0	
差量损益			–2 800

由此可见，接受订货可使公司发生亏损 2 800 元，所以不应接受此追加订货。

④ 编制差量分析表，见表 3–12。

表 3–12 差量分析表 单位：元

项　　目	接受追加订货	拒绝追加订货	差异额
相关收入	110×2 300=253 000	0	+253 000
相关成本	258 800	0	+258 800
其中：变动成本	101.40×2 000=202 800	0	
机会成本	150×300=45 000	0	
专属成本	6 000	0	
机会成本	5 000	0	
差量损益			−5 800

由此可见，接受订货会使公司减少利润 5 800 元，因而不应该接受此追加订货。

任务四　定价决策

明智的公司怎样利用定价作为战略手段

根据市场供需规律可知，产品价格制定合理与否，直接影响着其在市场上的销售量，进而影响该产品的市场占有率与盈利水平。因此，管理当局必须制定合理的价格，保证企业实现最佳的经济效益。

1. 定价和营销战略相结合：斯沃琪（swatch）公司的手表定价

欧米茄、雷达、浪琴、天梭、斯沃琪等名表都是同一家公司的产品，但是斯沃琪公司的手表定价基本固定在 40 美元，按照公司设计实验室负责人的说法，这是一个简化的不带任何附加成分的价格。这个价格使斯沃琪同世界上的其他手表生产商区别开来。对于顾客而言，买一块斯沃琪公司的手表是很容易就做出的决定。

2. 按照细分价值来定价并提供服务：巴根斯・伯格公司杀虫剂的定价

巴根斯・伯格公司生产的伯格杀虫剂价格是生产同类产品其他公司的 5 倍。巴根斯公司能够获得这个溢价价格是因为它把重心放在一个对质量特别敏感的市场（旅店和餐馆）上，并向它们提供它们认为最有价值的东西：保证没有害虫而不是控制害虫。它所提供给这个特定市场的优质服务使它能够制定出这样的价格。这样高的价格使它有能力培训服务人员并支付工资，这样就可以激励他们提供优质的服务。因此，他们所提供产品的价值决定了其价格，而价格又反过来为提供这种价值所必要采取的行动集聚资金。

想一想：

产品的定价策略有哪些？

任务描述

在市场经济的条件下，任何企业都要给其生产或经营的产品制定适当的价格。因为价格是影响市场需求的主要决定因素，企业制定适当的价格就能扩大销售，提高市场占有率，增加盈利。一般情况下，产品售价的高低与产品销售量、销售成本和销售利润的大小均有直接关系。产品定价是否适当合理，直接影响销售量，而销售量的多少又决定着生产量的高低，并影响产品成本和利润的水平。因此，企业管理部门必须做出合理的定价决策，以保证企业实现长远利益和最佳经济效益。总之，定价决策的适当与否，直接关系到企业的生存和发展。

任务实施

一、定价决策的影响因素

产品定价是一个极其复杂而又十分敏感的问题，涉及许多影响因素并且这些因素之间存在错综复杂的关系。这些因素包括：

（一）成本因素

成本是价格构成中最基本、最重要的因素，也是制定价格的最低经济界限，它决定了企业对价格的承受程度。产品价格只有高于成本，企业才能补偿生产上的耗费，从而获得一定盈利。但这并不排斥在一段时期在个别产品上，价格低于成本。

产品成本因素主要包括生产成本、销售成本、储运成本和机会成本。

（二）需求因素

在市场经济条件下，市场供求决定市场价格，市场价格又决定市场供求。需求因素决定顾客对价格的接受程度。影响需求的因素包括三个方面：一是需求水平，当需求总量很大，供给跟不上时，价格上升；当需求总量不大时，价格下跌。二是需求价格弹性，它是指价格变动而引起的需求相应的变动率，反应需求变动对价格变动的敏感程度。一般情况下，当产品需求富有弹性时，企业在降低成本，保证质量的前提下，可采用低价策略扩大销售，争取较多利润。当产品需求缺乏弹性时，企业如采用降价策略，则效果不佳，可适当提高价格以增加利润。三是价格敏感度，它表示为顾客需求弹性函数，即由于价格变动引起的产品需求量的变化。由于市场具有高度的动态性和不确定性，这种量化的数据往往不能直接作为制定营销策略的依据。总之，顾客能接受的价格决定了产品定价的最高限度。

（三）商品的市场生命周期因素

在产品生命周期的不同阶段，市场需求和竞争状况不同，企业各基本策略的组合也不一样。因此，对处于不同阶段的产品，企业要依据其阶段特征，在定价时做出相应的决策。

（四）政策法规因素

由于价格涉及供应商、销售商和广大消费者的利益，同时也会对宏观经济发展产生重要影响，所以有时政府部门会对一些产品的价格实行政策干预。在这种情况下，政策法规就会成为企业定价的依据之一。

价格政策是国家管理价格的有关措施和法规，它是国家经济政策的组成部分。企业应在国家规定的定价范围内自由决定产品的价格。

（五）竞争因素

在市场经济条件下，企业之间必然存在竞争。但是，竞争程度不同，企业的“定价自由”也就有所不同。在市场经济条件下存在完全竞争、垄断性竞争、寡头垄断竞争和纯粹垄断等市场类型。

在完全竞争条件下，市场上某种产品的卖方和买方的数量都很多，没有哪一个卖方或买方对现行市场价格能有很大影响。由于每个企业的市场占有率较低，若擅自提价或降价，只会失去原有市场或招致损失。因此，卖方和买方只能按照由市场供求关系决定的市场价格来买卖产品。这就是说，在完全竞争条件下，卖方和买方只能是价格的接受者，而不是价格的决定者。

垄断性竞争是一种介于完全竞争和纯粹垄断之间的市场类型。在垄断性竞争的市场上有许多卖方和买方，但各个卖方所提供的产品有差异，因此，各个卖方对其产品有相当垄断性，能控制其产品价格。这就是说，在垄断性竞争的条件下，卖方已不是消极的价格接受者，而是强有力的价格决定者。

寡头垄断竞争是竞争和垄断的混合物。在寡头垄断竞争的条件下，少数几家大公司控制市场价格，而且它们相互依存、相互影响。

纯粹垄断是指在一个行业中某种产品的生产和销售完全由一个卖方独家经营和控制。在纯粹垄断的条件下，卖方完全控制市场价格，可以在国家法律允许的范围内随意定价。

总之，除了完全竞争之外，在垄断性竞争、寡头垄断竞争和纯粹垄断的条件下，企业都需对产品制定适当的价格。

【想一想】

举例说明不同因素是如何影响定价决策分析的？

二、定价决策的目标

企业定价目标是指企业对其产品定价时预先确定所要达到的目的和标准，是企业定价决策的指导思想，它是企业营销目标在价格决策上的反映。企业定价时，应根据营销总目标、面临的市场环境、产品特点等多种因素来选择定价目标。

（一）获取最大利润目标

获取最大利润目标指企业在一定时期内综合考虑各种因素后，以总收入减去总成本的最大差额为基点，确定单位产品的价格，以获得最大利润总额。

最大利润有长期和短期之分，还有单一产品最大利润和企业全部产品综合最大利润之别。

最大利润目标并不意味着抬高价格。价格太高，会导致销售量下降，利润总额可能因此而减少。有时，高额利润是通过采用低价策略，待占领市场后再逐步提价来获得的；有时，企业可以通过对部分产品定低价，甚至亏本销售，以招徕顾客，带动其他产品的销售，进而谋取最大的整体效益。

（二）获取投资利润率目标

投资利润率是衡量企业经营实力和经营成果的重要标志，它等于净利润与总投资之比。它一般以一年为计算期，其值越高，企业的经营状况就越好。

企业以投资利润率为定价目标时，通常是预期利润加上产品的完全成本制定产品的价格。

（三）市场占有率目标

市场占有率，又称市场份额，是指企业的销售额占整个行业销售额的百分比，或者是指某企业的某产品在某市场上的销量占同类产品在该市场销售总量的比重。市场占有率是企业经营状况和企业产品竞争力的直接反映。作为定价目标，市场占有率与利润的相关性很强，从长期来看，较高的市场占有率必然带来高利润。

一般来说，这一定价目标要好于以扩大当前利润为目标。在产品市场不断扩大的情况下，如果只顾短期利润，可能会降低市场占有率，不会取得较好的经济效益和社会效益，不利于长期而稳定地获得利润。为了长远利益，有时需要减少甚至放弃眼前利益。此种定价要求企业具备的条件是：有潜在的生产经营能力，总成本的增长速度低于总销售量的增长速度，产品的需求价格弹性较大，即薄利能够多销。

（四）稳定价格目标

稳定的价格通常是大多数企业获得一定目标收益的必要条件，市场价格越稳定，经营风险也就越小。稳定价格目标的实质即是通过本企业产品的定价来左右整个市场价格，避免不必要的价格波动。按这种目标定价，可以使市场价格在一个较长的时期内相对稳定，减少企业之间因价格竞争而发生的损失。通常情况下是由那些拥有较高的市场占有率、经营实力较强或具有竞争力和影响力的领导者企业采用的定价目标。

（五）应对竞争目标

在产品的营销竞争中，价格竞争是最有效、最敏感的手段。实力较弱的中小企业为了防止价格竞争的发生，在定价时，需要广泛收集竞争者有关价格方面的资料，将本企业的产品质量与竞争者同类产品进行比较，然后在高于、低于或等于竞争者价格这三种定价策略中选择其中之一，以此避免因价格竞争带来的风险。

（六）企业形象定价目标

企业形象是企业在长期的市场经营活动中，通过自身的产品、服务、人员素质、经营作风，以及公共关系等要素在社会公众中留下的总体印象。企业形象是企业在经营中创造的无形资产，也是企业联系用户的重要纽带，对企业产品的销量、市场占有率、利润的高低及竞争能力的强弱影响很大。

知识链接

价格的制定是企业经营的重要手段，它表达了企业的产品定位，在一定程度上反映了企业形象。以树立企业形象为导向选择定价目标主要有以下三种情况。

1. 以优质高价形象为定价目标导向

有些企业或品牌具有较高的质量和认知价值，企业可以抛开成本，根据顾客对产品的认知价值来对产品定价，或者直接通过定价来提高产品的声望，将优质的产品定以高价将会产生很大的品牌增值效应。名牌商品采用“优质高价”策略，不但可以获得高额利润，而且能够使消费者在心理上得到满足。

2. 以大众化平价形象为定价目标导向

企业采取这种定价导向可以吸引大量消费者，通过扩大销售量来获得利润。英国最大的百货公司马狮（Marks & Spencer）是世界闻名的大百货连锁商，共有 800 余家供应商为其生产圣米高商品。马狮百货在其所属近千家连锁店内只出售圣米高牌子的产品，实现了大规模生产与大规模零售商之间的有机结合，节约大量采购及促销费用，在顾客中树立了平价形象，被公认为是优质和物有所值的象征。

3. 以树立良好企业信誉为定价目标导向

价格可以树立和维护企业的良好信誉。企业在激烈的市场竞争中，尤其是市场并不规范的情况下坚持一贯的定价目标和原则，维护社会公德以及商业道德，就是维护自身信誉。价格是树立企业信誉的一种有力手段，而企业自身也可以从信誉中得到回报，信誉是企业的一项无形财富。

三、定价决策的方法

（一）成本导向定价法

成本导向定价是企业定价首先需要考虑的方法。成本是企业生产经营过程中所发生的实际耗费，客观上要求通过商品的销售而得到补偿，并且要获得大于其支出的收入，超出的部分表现为企业利润。成本导向定价法是中外企业最常用、最基本的定价方法。主要包括以下几种具体方法。

1. 完全成本加成法

完全成本加成法是在单位完全成本的基础上加上一定比率的利润，来制定产品价格的一种方法。其计算公式如下：

产品销售单价=产品预计单位完全成本×（1+利润加成率）

计算过程如下：

① 估计单位产品的变动成本；

② 估计固定费用；

③ 按照预期产量把固定费用分摊到单位产品；

④ 单位固定费用加上单位变动成本，求出单位完全成本；

⑤ 单位完全成本加上按利润加成率计算的利润额，即得出产品销售单价。

【做中学 3–14】恒顺公司正在研究制定甲产品的售价。公司下一年度（2017 年）计划生产甲产品 6 320 台，有关的预计成本资料如表 3–13 所示。

表 3–13　甲产品成本构成表　　单位：元

项　目	金额（产量 6 320 台）
直接材料	474 000
直接人工	126 400

续表

项　　目	金额（产量 6 320 台）
变动制造费用	31 600
变动制造成本总额	632 000
固定制造费用	25 280
产品制造成本总额	657 280
变动销售及管理费用	8 820
固定销售及管理费用	45 580
成本总额	711 680

已知要求的利润加成率为在完全成本的基础上加成 33.2%，要求根据该加成率计算甲产品的售价。

解：计算过程如下：

（1）先计算甲产品的单位完全成本（小数点后保留两位有效数字），如表 3–14 所示：

表 3–14　甲产品单位完全成本构成表　　单位：元

项　　目	金　　额
直接材料	75
直接人工	20
变动制造费用	5
单位变动制造成本	100
固定制造费用	4
单位产品制造成本	104
变动销售及管理费用	1.40
固定销售及管理费用	7.21
单位总成本	112.61

（2）以单位完全成本为基础的价格：

产品价格=112.61×（1+33.2%）=150（元）

完全成本加成法的优点是计算简单、简便易行。在正常情况下，按此方法定价可使企业获取预期盈利。其缺点是忽视市场竞争和供求状况的影响，缺乏灵活性，难以适应市场竞争的变化形势，特别是加成率的确定仅从企业角度考虑，因而难以确保所定价格水平的市场销售量，使固定成本费用的分摊难保其合理性。

2. 变动成本加成法

变动成本加成法又称目标边际贡献定价法，它是以单位变动成本加上一定的加成率的利润，来制定产品单价的一种方法。这里的加成率一般为边际贡献与变动成本的比率。

产品销售单价=产品预计单位变动成本×（1+利润加成率）

计算过程如下：

① 估计单位产品的变动成本；

② 单位变动成本加上按利润加成率计算的利润额，即得出产品销售单价。

【做中学 3–15】 接【做中学 3–14】，若在单位变动成本的基础上加成 47.93%，则计算甲产品的售价。

解： 单位变动成本=100+1.40=101.40（元）

产品价格=101.40×（1+47.93%）=150（元）

以变动成本为基础的成本加成定价法有以下几方面的优点：变动成本注重的是与产品或劳务相关的成本，它不要求将共同性的固定成本分配于各个产品或劳务上，所以它特别适用于短期定价决策；由于变动成本法区分了变动成本和固定成本，因此就可以利用本量利分析来考察价格和销售量的变动对利润的影响，从而就可以制定出使企业利润最大化的价格。

以变动成本为基础的成本加成定价法的主要缺点在于：如果以产品或劳务的变动成本作为定价的最低限额，而固定成本又在企业成本中占很大比重，那么就有可能会把价格定得太低而不能弥补固定成本，最终会给企业带来灾难。因此，如果将变动成本作为成本加成定价法的基础，管理当局就应该确定较高的加成率，以确保价格能补偿全部成本。

【想一想】

讨论什么是完全成本加成定价法？在什么情况下你会建议使用变动成本加成定价法？为什么？

3. 保本分析定价法

保本分析定价法是根据损益平衡原理而建立的一种以保本、保利为目标的定价方法。据此可以确定一系列不同销售量下，企业为实现保本或一定的目标利润产品应有的销售价格。

保本与保利定价公式分别如下：

价格=（固定成本+变动成本）/［保本销量×（1–销售税率）］

或　价格=（目标利润+固定成本+变动成本）/［销量×（1–销售税率）］

【做中学 3–16】 阳光公司生产一种产品，固定成本 10 000 元，目标利润 200 000 元，单位变动成本为 8 元，销售税率为 10%，预计该产品的销量为 5 000 件。

要求：分别按保本和保利公式计算产品售价。

解： 保本情况下：

保本价格=（10 000+8×5 000）/［5 000×（1–10%）］=11.11（元/件）

保利情况下：

保利价格=（20 000+10 000+8×5 000）/［5 000×（1–10%）］=15.56（元/件）

保本分析定价法比较简便，但是销量与价格往往不能单独考虑，所以这种方法在使用上受到限制，通常用于企业参加订货会、贸易洽谈会或投标活动时，便于企业迅速报价。

4. 边际成本定价法

边际成本定价法是根据当边际成本等于边际收入，或边际利润为零时，利润最大，此时的价格和销量即为最优价格与最优销量这一经济学的基本原理来确定产品销售价格的一种方法。但此法的结论仅限于连续可微函数，在实际应用中，往往是利用其变形形式。

【做中学 3-17】广发公司某产品的价格、销量、边际收入、边际成本、边际利润、销售收入、成本、利润等资料如表 3-15 所示。

表 3-15　边际成本定价法

价格	销量/件	销售收入/元	边际收入/元	总成本			边际成本/元	边际利润/元	利润/元
				固定成本/元	变动成本/元	合计/元			
16	300	4 800	—	1 500	1 500	3 000	—	—	1 800
15	350	5 250	450	1 500	1 750	3 250	250	200	2 000
14	400	5 600	350	1 500	2 000	3 500	250	100	2 100
13	450	5 850	250	1 500	2 250	3 750	250	0	2 100
12	500	6 000	150	1 500	2 500	4 000	250	–100	2 000
11	550	6 050	50	2 000	2 750	4 750	750	–700	1 300
10	600	6 000	–50	2 000	3 000	5 000	250	–300	1 000
9	650	5 850	–150	2 000	3 520	5 250	250	–400	600
8	700	5 600	–250	2 000	2 800	4 800	250	–500	800
7	750	5 250	–350	2 000	3 000	5 000	200	–550	250

本例说明当边际收入等于边际成本，边际利润为零时，获得了最大利润 2 100 元；但当边际利润不等于零时也获得了利润 2 100 元。尽管边际分析理论在应用于实际决策领域时与理论结果不完全一致，但其基本结论和分析方法仍有很强的现实指导意义。应清楚其优势和局限性。本例中价格 13 元，销量 450 件和价格 14 元，销量 400 件同样获得最大利润 2 100 元，因此 13、14 元均为最优价格。

该方法由于注重按新增成本定价，不受过去成本及固定成本的约束，有助于经营者在兼顾市场需求的同时，增强竞争能力和应变能力，但它不适合于非完全竞争的市场环境，且边际成本难以测算，实际运用较为困难。

（二）特殊定价决策

1. 配套产品定价

配套产品定价是指企业为了实现整个产品组合（或整体）利润最大化，在充分考虑不同产品之间的关系，以及个别产品定价高低对企业总利润的影响等因素基础上，系统地调整产品组合中相关产品的价格。配套产品定价的优点是将几种产品组合起来，并定出较低的价格出售，以较低的整体价格刺激购买，或促销消费者本来不太可能买的商品，并且配套销售可以节省人力、后勤作业与行政资源。主要的策略有：产品线定价、任选品定价、连带品定价、分级定价、副产品定价、产品捆绑定价。

2. 新产品战略性定价

新产品定价关系到新产品能否顺利进入市场，企业能否站稳脚跟，能否取得较大的经济效益。新产品定价基本上存在撇脂定价策略、渗透定价策略和满足定价策略。

一般而言，对于全新产品、受专利保护的产品、需求的价格弹性小的产品、流行产品、未来市场难以测定的产品等，可以采用撇脂定价策略，例如柯达在日本的定价就属于该定价策略。新产品的需求价格弹性较大，存在规模经济效益时可以采用渗透定价策略。当不存在适合于采用取脂定价或渗透定价的环境时，企业一般采取满意定价。

3. 需求心理定价

需求心理定价是根据消费者不同的消费心理而制定相应的产品价格，以引导和刺激购买的价格策略。一般需求心理定价又分为尾数定价、整数定价和对比定价策略。

4. 折扣定价

大多数企业为了鼓励顾客及早付清货款，或鼓励大量购买，或为了增加淡季销售量，还常常需酌情给顾客一定的优惠，这种价格的调整叫作价格折扣和折让。折扣定价是指对基本价格做出一定的让步，直接或间接降低价格，以争取顾客，扩大销量。其中直接折扣的形式有数量折扣、现金折扣、功能折扣、季节折扣，间接折扣的形式有回扣和津贴。

任务五 存货决策

任务情景

1953 年，日本丰田公司的副总裁大野耐一创造了一种高质量、低库存的生产方式“即时生产”（Just In Time，JIT）。JIT 技术是存货管理的第一次革命，其基本思想是“只在需要的时候，按需要的量，生产所需的产品”，也就是追求一种无库存，或库存量达到最小的生产系统。在日本 JIT 又称为“看板”管理，在每一个运送零部件的集装箱里面都有一个标牌，生产企业打开集装箱，就将标牌给供应商，供应商接到标牌之后，就开始准备下一批零部件。理想的情况是，下一批零部件送到时，生产企业正好用完上一批零部件。通过精确地协调生产和供应，日本的制造企业大大地降低了原材料的库存，提高了企业的运作效率，也增加了企业的利润。事实上 JIT 技术成为日本汽车工业竞争优势的一个重要的来源，而丰田公司也成为全球在 JIT 技术上最为领先的公司之一。

对企业来说，存货是最大的浪费，但又不得不保留，存货管理一直是一个挑战，它自我膨胀的时候是企业自身难以控制的。那么如何使存货水平做到最小（甚至是零库存）则是当今世界所有企业需要解决的问题。

任务描述

存货决策主要关注持有存货的收益和成本之间的权衡，达到两者的最佳结合。但是由于持有存货的收益很难定量化描述，因此通常情况下，存货决策的目标可以表述成在满足企业正常需要的前提下尽量达到存货相关成本的最低。本任务主要解决如何通过存货决策，使存货既能保证销售和生产的需要，又能使企业的资金占用得到最经济合理的安排。

任务实施

存货决策是指确定适当的存货政策，使存货保持在一个“最优化水平”上，保证存货资金得到最经济、最合理、最有效的使用。该项决策包括两项基本因素：存货的持有数量和形成时间。决定这两项问题时必须要考虑由存货引起的相关成本问题，在其他条件一定时，决策的目的就是让相关成本最小。

一、存货决策的意义

存货是指企业在生产经营过程中，为耗用或销售而储存的各种资产。它包括各种原材料、燃料、包装物、委托加工材料、低值易耗品、在产品、产成品和商品等。为了确保供应、生产和销售活动的顺利进行，各种物资必须有合理的存货。

因此，存货水平的高低对企业的获利能力有着至关重要的影响。如果存货水平过高，必然增加许多储存费用和资金占用的利息支出；存货水平过低又会影响生产，导致停工损失而减少利润。进行存货决策的任务就是采用科学的方法，使存货在保证销售和耗用正常进行的情况下，使企业存货保持在最优水平，尽可能地减少资金占用、降低存货成本。

二、存货决策的相关概念

（一）平均存货量

平均存货量是一个企业存货量的平均数，是存货决策中的重要概念。假如，某企业甲材料全年的需用量为 1 200 千克，全年平均耗用，每季订货一次，每次订货 300 千克，其平均库存量可用图 3–2 表示。

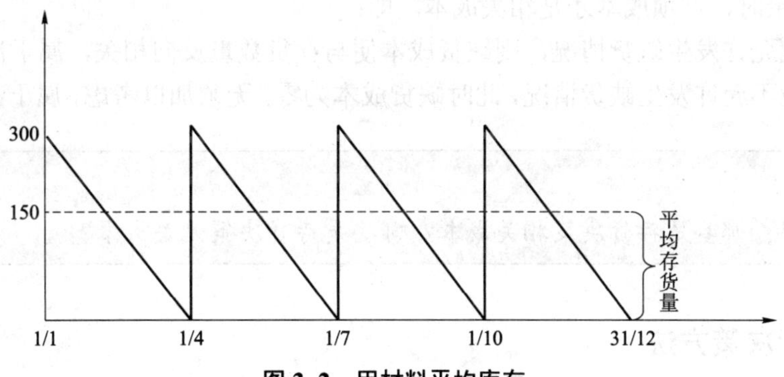

图 3–2　甲材料平均库存

在图 3–2 中，纵轴代表库存量，横轴代表时间，由图可见，平均库存量为 150 千克，即订货量的 1/2，用公式表示为：

$$平均存货量=订货量/2$$

（二）采购成本

采购成本是指为购买存货而发生的买价、运杂费等项支出。它是指货物本身的价值。采购成本的总额等于采购数量与单位采购成本的乘积。在采购总量既定时，采购成本不受采购次数和每次采购量多少的影响（假设物价水平稳定且无数量折扣），是订货批量决策的无关成本；但当供应商为扩大销售而采用数量折扣等优惠方法时，单价会随采购批量和折扣条件的不同而变化，此时，采购成本就成为与决策相关的成本了。

（三）订货成本

订货成本是指订货过程中发生的差旅费、运输费、采购人员工资、采购部门办公费等与存货的取得相关的货款。可分为变动和固定两部分：变动订货成本是在处理每批订货业务而发生的支出，如差旅费、邮资、电话电报费等支出，是决策的相关成本；固定订货成本则是在一定期间维持采购部门开展正常活动所必需的开支，如采购机构的办公费，是决策的无关成本。

（四）储存成本

储存成本是指存货在储存过程中发生的各种费用，包括仓储费、保险费、残损霉变损失、占用资金支付的利息等。

储存成本可以根据是否随储存数额的变化而变化分为两部分：一部分是变动储存成本，如存货资金的应计利息、存货的破损和变质损失、存货的保险费等，是决策的相关成本；另一部分是固定性储存成本，如仓库折旧、仓库职工的固定月工资等，是决策的无关成本。

（五）缺货成本

缺货成本是指由于存货储存不足，不能及时满足生产和销售的需要，而给企业带来的损失，包括停工待料损失、紧急订货追加的成本损失、商品存货不足而失去的创利额与企业信誉等。

缺货成本的计量通常比较困难，一般采用一定的方法估计单位平均缺货成本进行计量。只有在缺货发生时，这项成本才是相关成本。即：

① 若企业允许发生缺货情况，则缺货成本便与存货数量反向相关，属于决策相关成本。

② 若企业不允许发生缺货情况，此时缺货成本为零，无须加以考虑，属于决策无关成本。

【想一想】

举例说明，哪些是存货决策相关成本？哪些是存货决策无关成本？

三、存货决策方法

（一）经济订货批量控制

经济订货批量是指在保证生产或销售顺利进行的前提下，可以使企业全年与存货相关的总成本最低的每批订购数量。它是一种常用的成本权衡模型。根据成本与采购量不同变化关系，求出的最优订货批量的数量。

确定使订货成本和储存成本之和达到最低的经济批量的计算方法有列表法、图示法和公式法。

1. 列表法

列表法是根据提供的数据对订货次数、平均存货量、总成本等指标进行对比分析以确定经济订货批量的方法。

假设：D——年度材料需用量

Q——每次订货量

K——每次订货成本

K_C——单位存货的每年平均储存成本

T_C——存货的全年总成本

则相关指标的计算公式可以表示为：

$$订购次数=D/Q$$

$$平均存货量=Q/2$$

$$全年订货总成本=K\times D/Q$$

$$全年平均储存总成本=K_C\times Q/2$$

$$全年存货总成本K_C=K\times D/Q+K_C\times Q/2$$

【做中学 3–18】安达公司全年耗用甲材料 1 800 千克，该材料外购单位成本为 15 元/千克，除年固定的订货成本和储存成本为 500 元外，每次订货成本为 400 元，储存成本平均每千克每年 4 元，试计算每次订货的最佳数量应为多少，才能使全年存货成本达到最低。

解：用列表法进行计算

根据上述提供的资料及计算公式分别按照不同的订货量计算，如表 3–16 所示。

表 3–16　不同订货量下的成本

每次订货量（Q）/千克	1 800	900	600	450	360	300
订货次数（D/Q）/次	1	2	3	4	5	6
平均存货量（$Q/2$）/千克	900	450	300	225	180	150
储存成本（$K_C\times Q/2$）/元	3 600	1 800	1 200	900	720	600
订货成本（$K\times D/Q$）/元	400	800	1 200	1 600	2 000	2 400
总成本（$K\times D/Q+K_C\times Q/2$）/元	4 000	2 600	2 400	2 500	2 720	3 000

表 3–14 计算表明，甲材料订货量在 600 千克时，全年的订货成本和储存成本的合计 2 400 元为最低，对应的全年的订货次数为 3 次。列表法需要多次计算，才能求出最佳订货量，工作量比较大，但在供应商对购货量有限制要求时，类似的计算又是必不可少的。

根据上述资料，用 Excel 计算不同订货量下的成本，如下：

文件　开始　插入　页面布局　公式　数据　审阅　视图　加载项　告诉我你

I23

	A	B	C	D	E	F	G
1	**已知条件**						
2	单位存货年存储成本	4					
3	一次订货成本	400					
4							
5		**不同订货量下的成本计算**					
6	订货次数/次	1	2	3	4	5	6
7	每次订货量/千克	1800	900	600	450	360	300
8	平均存货量/千克	900	450	300	225	180	150
9	储存成本/元	3600	1800	1200	900	720	600
10	订货成本/元	400	800	1200	1600	2000	2400
11	总成本/元	4000	2600	2400	2500	2720	3000

2. 图示法

图示法是根据提供的数据在直角坐标系中描绘出储存成本线、订货成本线。前者随着订货量的增加而上升，后者随着订货量的增加（订货次数的减少）而减少，经济订货量位于这两条成本线的交点处，这一点正是订货与储存总成本曲线的最低点。

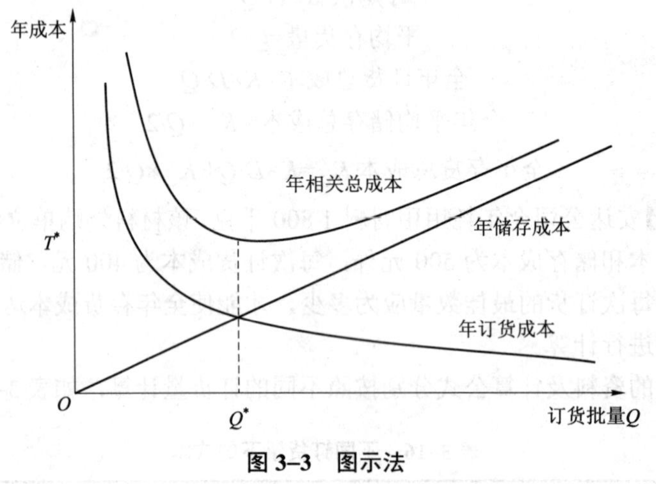

图 3–3　图示法

根据【做中学 3–18】及上表中的数据，确定经济订货量的示意图，如图 3–4 所示。

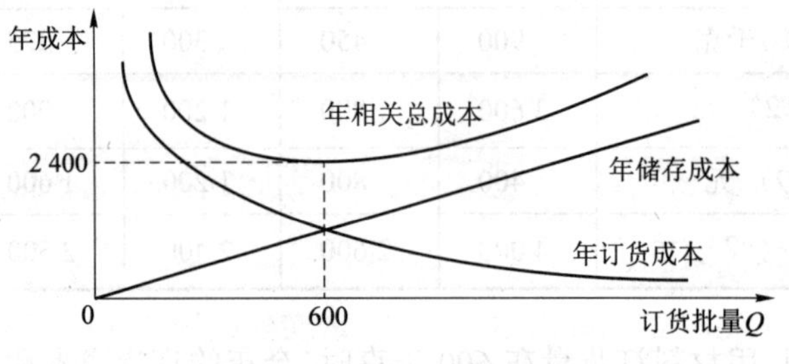

图 3–4　确定经济订货量

根据上述表格数据，用 Excel 插入折线图，描绘出储存成本线、订货成本线和总成本线。

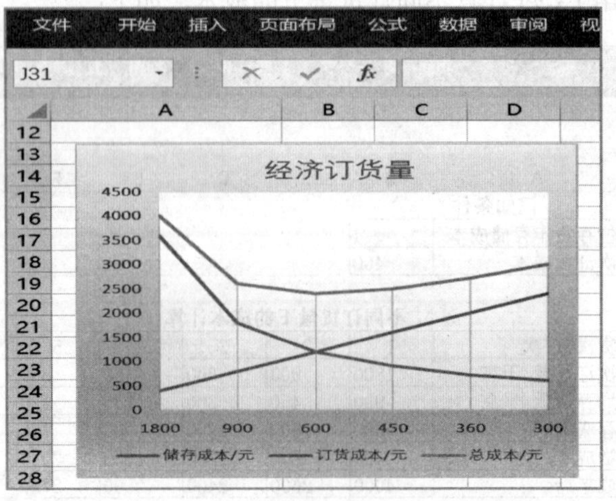

表格中公式如下：

	A	B	C	D	E	F	G
1	已知条件						
2	单位存货年存储成本	4					
3	一次订货成本	400					
4							
5			不同订货量下的成本计算				
6	订货次数/次	1	2	3	4	5	6
7	每次订货量/千克	1800	900	600	450	360	300
8	平均存货量/千克	=B7/2	=C7/2	=D7/2	=E7/2	=F7/2	=G7/2
9	储存成本/元	=B8*$B$2	=C8*$B$2	=D8*$B$2	=E8*$B$2	=F8*$B$2	=G8*$B$2
10	订货成本/元	=$B$3*B6	=$B$3*C6	=$B$3*D6	=$B$3*E6	=$B$3*F6	=$B$3*G6
11	总成本/元	=B9+B10	=C9+C10	=D9+D10	=E9+E10	=F9+F10	=G9+G10

3. 公式法

公式法就是用微分法或者基本不等式法求全年总成本为极小值时的订货量，即经济订货量或者经济批量。

理论假定经济订货批量模型的基本假设：

（1）企业能够及时补充存货，即需要订货时便可立即取得存货；

（2）能集中到货，而不是陆续入库；

（3）不允许缺货，即无缺货成本，*TCs* 为零，这是因为良好的存货管理本来就不应该出现缺货成本；

（4）需求量稳定，并且能预测，即 *D* 为已知常量；

（5）存货单价不变，不考虑现金折扣，即 *U* 为已知常量；

（6）企业现金充足，不会因现金短缺而影响进货；

（7）所需存货市场供应充足，不会因买不到需要的存货而影响其他。

在上述假设下，存货年相关总成本 *TC* 就等于年订货成本加上年储存成本，即

$$全年存货总成本\ T_C = K \times D/Q + K_C \times Q/2 \qquad (1)$$

对式（1）进行求导，并令其导数为零，有：$Q=\sqrt{\frac{2DK}{K_C}}$ （2）

把【做中学 3–18】中的数据代入式（2），

得：$$Q=\sqrt{\frac{2DK}{K_C}}=\sqrt{\frac{2\times1800\times400}{4}}=600\ （千克/次）$$

可见，计算结果与列表法和图示法相同，同时可以求出其他一些参数，如最优订货次数 =1 800/600=3（次）；订购时间间隔=365/3=122（天）；占用在存货上的资金=600×15/2=4 500（元）

（二）订货点控制

为保证企业生产经营连续不断地顺利进行，企业需要不断地补充存货，当存货下降到某一点时，补充活动必须着手进行，否则就要脱货，严重影响企业的正常运营，这个点称

为订货点。

影响订货点的主要因素除了上述的经济订货量之外，还有“正常消耗量”“提前期”“安全储备量”等。“正常消耗量”是指产品在正常生产过程中预计的每天或每周材料的正常消耗量；“提前期”是指从提出订货到收到订货的时间间隔；“安全储备量”是指对预期需求的附加库存，可以根据对库存物资的需求量超过规定数量的概率来确定。

1. 提前期和正常消耗量确定条件下的订货点

订货点=正常提前期×平均每日需用量

【做中学 3–19】承【做中学 3–18】，每日甲材料的需用量为 5 千克，订货提前期为 3 天。

则：订货点=正常提前期×平均每日需用量=3×5=15（千克）

即当甲材料的存货量下降到 15 千克时，应当立即提出订货。

2. 提前期和正常消耗量不确定条件下的订货点

（1）提前期不确定：

先计算正常提前期的正常消耗量=正常提前期×平均每日需用量

再计算超过正常提前期的安全储备量=超过正常提前期天数×平均每日需用量

【做中学 3–20】承【做中学 3–19】，甲材料的提前期在正常情况下为 3 天，但由于某些不确定因素的影响，可能长达 6 天。要求确定订货点。

先计算正常提前期的正常消耗量=3×5=15（千克）

再计算超过正常提前期的安全储备量=（6–3）×5=15（千克）

订货点=15+15=30（千克）

可见，为能在特殊情况下仍能保持正常生产，甲材料的订货点从 15 千克增加到 30 千克，即当存货量下降到 30 千克时，应当提出订货。

（2）提前期和正常消耗量都不确定：

先计算正常提前期的正常消耗量=正常提前期×平均每日需用量

其次计算超过正常提前期的消耗量=超过正常提前期天数×平均每日需用量

再次计算整个提前期增加的消耗量=提前期（最长）×超过正常消耗量

【做中学 3–21】承【做中学 3–20】，甲材料的提前期最长可达 6 天，每日的消耗量最多可能达 10 千克。要求：确定订货点。

先计算正常提前期的正常消耗量=3×5=15（千克）

其次计算超过正常提前期的消耗量=（6–3）×5=15（千克）

再次计算整个提前期增加的消耗量=6×（10–5）=30（千克）

订货点=15+15+30=60（千克）

可见，甲材料的提前期可能从 3 天提前到 6 天，每天的消耗量可能从 5 千克上升到 10 千克，订货点从 15 千克增加到 60 千克，即当甲材料的存货量下降到 60 千克时，应当提出订货。

（三）ABC 分类控制

ABC 分类控制法又称重点管理法，该方法是根据帕累托曲线所揭示的关键的少数和次要的多数，以库存物资单个品种的库存资金占整个库存资金的，累积百分数为基础将存货分类为 A 类、B 类和 C 类，针对不同类型级别的货物进行分别管理和控制。ABC 分类控制法的基本原理包括以下内容，如表 3–17 所示。

表 3–17　ABC 分类控制法的基本原理

库存类型	特点（按货币量占用）	管　理　方　法
A 类	品种数占库存总数的 5%～15%，成本占 60%～80%	进行重点管理，现场管理更加严格，应放在更安全的地方；为了保证库存记录的准确性要进行经常检查和盘点；预测要更加仔细
B 类	品种数占库存总数的 20%～30%，成本占 20%～30%	进行次重点管理：现场管理不必投入比黄河公司类更多的精力；库存检查和盘点的周期可以比黄河公司类要长一些
C 类	品种数占库存总数的 60%～80%，但成本仅占 5%～15%	只进行一般的管理：现场管理可以更粗放一些；但是由于品种多，差错出现的可能性也比较大，因此也必须定期进行库存检查和盘点，周期可以比 B 类长一些

实施步骤如下：

（1）把各种库存物资全年平均耗用量分别乘以它的单价，计算出各种物资耗用总量以及总金额。

（2）按照各品种物资耗费的金额的大小顺序重新排列，并分别计算出各种物资所占领用总数量和总金额的比重，即百分比。

（3）把耗费金额适当分段，计算各段中各项物资领用数占总领用数的百分比，分段累计耗费金额占总金额的百分比，并根据一定标准将它们划分为 ABC 三类。

在进行 ABC 分类时耗用金额不是唯一的分类标准，还需结合企业经营和管理等其他影响因素；有时某项 C 类或 B 类物品的缺少会严重地影响整个生产，于是该项 C 类或 B 类物品必须进行严格的管理，会强制地进入 A 类。所以在分类时不但要依据物品的耗用金额，还要考虑物品的重要程度等。

项目训练

能力训练一　职业判断与选择

一、单项职业选择能力

1. 短期经营决策不包括（　　）。

A. 产品生产决策　　B. 存货决策

C. 定价决策　　D. 固定资产投资决策

2. 在企业有剩余生产能力的情况下，当（　　）时，即可接受客户的追加订货。

A. 对方出价大于产品的单位变动成本　　B. 对方出价小于产品的单位变动成本

C. 对方出价大于产品的完全成本　　D. 以上均错

3. 设一生产电子器件的企业为满足客户追加订货的需要，增加了一些成本开支，其中（　　）是专属固定成本。

A. 为及时完成该批产品的生产，而要购入一台新设备

B. 为及时完成该批追加订货，需要支付职工加班费

C. 生产该批产品机器设备增加的耗电量

D. 该厂为生产该批产品以及以后的生产建造了一间新的厂房

4. 某厂需要零件甲，其外购单价为 10 元，若自行生产，单位变动成本为 6 元，且需要为此每年追加 10 000 元的固定成本，通过计算可知，当该零件的年需要量为（　　）时，两种方案等效。

A. 2 500　　B. 3 000　　C. 2 000　　D. 1 800

5. 在相关范围内，边际成本实际上就是（　　）。

A. 变动成本总额　　B. 固定成本总额

C. 单位变动成本　　D. 单位固定成本

6. 某零件外购单价 10 元，自制单位变动成本 6 元，自制增加专属成本 2 000 元，则该零件的成本平衡点业务量为（　　）。

A. 200 件　　B. 500 件　　C. 400 件　　D. 800 件

7. 在产销平衡的情况下，一个企业同时生产多种产品，其中一种单位边际贡献为正的产品最终变为亏损产品，其根本原因是（　　）。

A. 该产品存在严重积压　　B. 该产品总成本太高

C. 该产品上分担的固定成本相对较高　　D. 该产品的销量太小

8. 属于相关成本的是（　　）。

A. 可避免成本　　B. 共同成本　　C. 联合成本　　D. 沉没成本

9. 属于无关成本的是（　　）。

A. 沉没成本　　B. 专属成本　　C. 可避免成本　　D. 增量成本

10. 如果把不同产量作为不同方案来理解的话，边际成本实际上就是不同方案形成的（　　）。

A. 相关成本　　B. 沉没成本　　C. 差量成本　　D. 付现成本

11. 设某企业生产某种半成品 2 000 件，完成一定加工工序后，可以立即出售，也可以进一步深加工之后再出售，如果立即出售，每件售价 15 元，若深加工后出售，售价为 24 元，但要多付深加工成本 9 500 元，则继续进行深加工的机会成本为（　　）元。

A. 48 000　　B. 30 000　　C. 9 500　　D. 18 000

12. 采用边际贡献分析法进行决策分析时，应从边际贡献中扣除（　　）。

A. 专属成本　　B. 共同成本　　C. 变动成本　　D. 混合成本

13. 某企业全年需要甲材料 240 吨，每次进货费用为 40 元，每吨材料的储存成本为 12 元，则全年最佳进货次数为（　　）次。

A. 3　　B. 4　　C. 6　　D. 9

14. 下列属于固定性进货成本的是（　　）。

A. 差旅费　　B. 生产人员的工资

C. 专设采购机构的基本开支　　D. 邮费

二、多项职业选择能力

1. 下列属于无关成本的有（　　）。

A. 差量成本　　B. 机会成本　　C. 沉没成本　　D. 可避免成本

E. 不可避免成本

2. 按照决策者掌握信息的程度，可将决策划分为以下类型（　　）。

A. 战略决策　　B. 确定型决策　　C. 风险型决策　　D. 不确定型决策

3. 下列各项中，属于生产经营决策中相关成本的是（　　）。

A. 增量成本　　B. 机会成本　　C. 专属成本　　D. 沉没成本

E. 不可避免成本

4. 下列各项中，属于短期经营决策内容的有（　　）。

A. 新产品开发决策　　B. 亏损产品转、停产决策

C. 零部件、配件取得方式的决策　　D. 设备更新改造决策

5. 下列各项中，属于联产品深加工决策方案可能需要考虑的相关成本的有（　　）。

A. 全部加工成本　　B. 可分成本　　C. 机会成本　　D. 联合成本

6. 在是否接受低价追加订货的决策中，如果发生了追加订货冲击正常销售的现象，就意味着（　　）。

A. 会因此而带来机会成本

B. 追加订货量大于正常订货量

C. 追加订货量大于企业剩余生产能力

D. 因追加订货有特殊要求必须追加专属成本

7. 已知某电器公司单位产品成本数据如下所示：

直接材料 100 元

直接人工 60 元

变动制造费用 40 元

变动销售及管理费用 25 元

固定制造费用 125 元

固定销售及管理费用 50 元

根据以上数据，下列指标计算正确的有（　　）。

A. 完全成本法下的单位产品成本为 325 元

B. 变动成本法下的单位产品成本为 200 元

C. 单位的变动成本为 225 元

D. 单位的产品总成本为 400 元

8. 与存货有关的成本包括（　　）。

A. 采购成本　　B. 订货成本　　C. 储存成本　　D. 缺货成本

E. 机会成本

9. 存货 ABC 分类的标准主要有（　　）。

A. 重量　　B. 金额　　C. 品种和数量　　D. 长度

E. 体积

10. 下列对存货 ABC 分类法描述正确的有（　　）。

A. A 类存货金额巨大，但品种数量较少

B. C 类存货金额巨大，但品种数量较少

C. 对 A 类存货应重点控制

D. 对 C 类存货应重点控制

E. C类存货金额较小，但品种数量繁多

三、职业判断能力

1. 固定资产折旧费属于沉没成本，因此在决策中不予考虑。 （ ）
2. 能够明确归属于特定决策方案的变动成本不是专属成本。 （ ）
3. 若企业有剩余生产能力生产零部件，则固定成本属于无关成本。 （ ）
4. 沉没成本都是固定成本。 （ ）
5. 如果进一步加工联产品所增加的收入大于其本身的成本，则进一步加工更为有利。 （ ）
6. 在采用何种加工工艺的决策分析中，确定成本分界点是关键。 （ ）
7. 为了扭亏转盈，凡是亏损的产品都应当停产。 （ ）
8. 生产决策中应用边际贡献分析法，就是通过对比各备选方案所提供的单位边际贡献的大小来确定最优方案。 （ ）
9. 凡是该批订货的单价低于按完全成本法计算的单位成本，均不宜接受。 （ ）
10. 企业存货越多，会增加企业风险或减少利润，因此应力求减少存货，使存货越少越好。 （ ）
11. 存货的保险费用属于决策无关成本。 （ ）
12. 在允许缺货的情况下，存货的缺货成本是一种相关成本。 （ ）

能力训练二 实务操作

实训一：

某厂生产A产品，其中零件下年需18 000个，如外购每个进价60元，如利用车间生产能力进行生产，每个零件的直接材料费30元，直接人工费20元，变动制造费用8元，固定制造费用6元，合计64元，该车间的设备如不接受自制任务，可对外出租，年收益为40 000元，要求：决策下年的零件是自制还是外购。

实训二：

某企业只生产一种产品，全年最大生产能力为1 200件。年初已按100元每件的价格接收正常任务1 000件，该产品的单位完全生产成本为80元每件（其中，单位固定制造费用为25元），现有一客户要求以70元每件的价格追加订货。考虑以下决策的可行性：

（1）剩余生产能力无法转移，追加订货量200件，不增加专属成本；

（2）剩余生产能力无法转移，追加订货量为200件，需追加专属成本1 000元；

（3）同（1），但剩余能力可以出租，租金5 000元；

（4）剩余能力无法转移，追加订货量300件，但需要追加500元专属成本。

实训三：

某企业生产甲半产品，年生产量1 000件，直接对外出售单价为50元/件，单位变动成本为28元/件，若进一步加工为乙产品，每件加工成本为35元/件，乙产品每件售价为100元/件。要求分别就以下情况做出是否进一步加工甲半产品的决策分析。

（1）企业具备深加工1 000件乙产品的生产能力，不需要追加专属成本，生产能力也不可转移。

（2）企业只有深加工800件乙产品的生产能力，该能力也可用于对外承揽加工业务，预计一年可获边际贡献总额 8 000 元，不需要追加专属成本。

实训四：

广茂公司决定生产 A 产品，现有甲、乙、丙三种不同的工艺方案，有关资料如表 3–18 所示。

表 3–18　三种不同工艺方案的相关成本

方案	单位变动成本/（元・件$^{-1}$）	专属固定成本/元
甲	4	650
乙	5	400
丙	6	250

要求：对甲、乙、丙三种不同的工艺方案进行选择。

实训五：

齐鲁制药公司生产新药品若干瓶，销售单价为 18 元/瓶，其正常的单位成本如表 3–19 所示。

表 3–19　新药的单位成本　　单位：元

直接材料	5
直接人工	4
变动制造费用	3
固定制造费用	3
单位成本	15

根据目前生产状况，该企业尚有一定的剩余生产能力。现有外地客户订货 1 000 瓶，但只愿意出价 14 元/瓶。要求做出是否接受该项订货的决策分析。

实训六：

康健制药厂使用同一台机器可生产甲产品，亦可生产乙产品。若机器的最大生产能力为 10 000 机器小时，生产两种产品所需定额工时及各项成本数据如表 3–20 所示。

表 3–20　生产两种产品所需定额工时及各项成本

项　　目	甲产品	乙产品
定额工时/（机器小时・件$^{-1}$）	25	20
销售单价/（元・件$^{-1}$）	28	16
单位变动成本/（元・件$^{-1}$）		
直接材料/元	9	6
直接人工/元	7	4
变动制造费用/元	8	3
固定成本总额/元	14 000	14 000

要求做出该厂生产何种产品较为有利的决策分析。

实训七：

某企业全年需用 A 材料 27 000 千克，每次进货费用为 1 000 元，单位平均储存成本为 1.5 元。要求：

（1）计算经济进货批量；

（2）计算经济进货次数；

（3）计算经济进货批量下的存货相关总成本。

决策分析——长期投资决策

案例导读

在过去的10年里，新华公司一直是无线电市场的龙头企业，其他一些公司在不同程度上效仿该公司的产品，但新华公司仍然在市场中占有绝对支配地位，因为该公司的产品是市场上质量最好的产品。现在，新华公司准备生产一种新的无线电话。这种新型电话不会代替公司现有的产品，但会影响公司现有产品的销售。经过销售部、生产部等各部门的讨论，与这种新型无线电话相关的收入和成本数据如下。

（1）为了生产新产品，需要购买新设备。新设备的购买价格为6万元。预计该设备可使用6年，期末无残值。该设备采用直线法计提折旧。

（2）市场部预测新型无线电话在未来6年内的销售收入分别为8万元、14万元、18万元、28万元、38万元、44万元；

（3）在未来6年内新型无线电话的销售成本分别为4万元、7万元、9万元、14万元、19万元、22万元；

（4）预计现有电话的分销商将倾向于销售新型无线电话，这将导致他们减少对现有产品的销售。估计在未来6年内现有产品的销售收入每年将降低6万元；

（5）为了推广新产品，需增加对产品的宣传力度。预计第一年的广告费为3万元，以后各年的广告费用为1万元；

（6）为了推广新产品，需对销售人员进行培训，每年的支出为1万元；

（7）该公司的所得税率为25%；

（8）公司进行该投资的必要报酬率为10%。

想一想：

如果你是财务经理，公司是否应对该项目进行投资？

学习目标

● **知识目标**

1. 掌握影响长期投资决策分析的基本概念，即现金流量、资金时间价值和投资风险价值；

2. 掌握建设期、经营期和项目终结点现金流量的计算；

3. 掌握长期投资决策所采用的各种评价标准，包括非贴现的投资决策评价指标和贴现的投资决策评价指标；

4. 理解并熟悉几种典型的长期投资决策方法。

● **技能目标**

1. 能够熟练地运用投资决策评价指标对项目进行评价；

2. 能够熟练地运用长期投资决策方法对投资项目进行决策。

任务一　认识长期投资决策

任务情景

永昌公司要开发一种产品，需要引进一条生产线，价值 100 万元。公司领导召集有关人员进行方案的论证，有人认为，该设备投产后每年回收的资金在 10 万元左右，回收期大约 10 年，在这 10 年里，市场会发生意想不到的变化，会出现经营风险，生产线不宜购进。有人认为，生产线购进后可以增强企业的生产能力，节约材料和人工成本，降低废品率，提高产品的质量，进而提高企业的竞争能力，不能放弃开发和生产新产品的机会，况且一些评价方案优劣的指标可以通过决策分析计算出来，足以证明方案的可行性。

想一想：

引进生产线应该考虑哪些问题?

任务描述

长期投资决策又称为资本投资决策，是指企业为适应今后生产经营的长远发展需要，在固定资产增加、扩建、更新、改造，资源的开发、利用等方面的决策。长期投资金额大，影响时间长，投资风险大，对企业的盈亏和财务状况影响深远，为此必须认真做好分析研究工作。本任务要求重点掌握现金流量、资金时间价值和投资风险价值，它们是长期投资决策分析需要考虑的重要因素。

任务实施

一、现金流量

（一）现金流量的概念

现金流量是指投资项目在其计算期内因资本循环而发生的各项现金流入和现金流出的数量。它是评价投资方案是否可行必须事先计算的一个基础性指标。在评价投资项目的可行性时，常常采用现金流量指标而不采用会计利润指标。因为现金流量考虑了资金的时间价值因素，另外其使用的数据是客观合理的原始数据，确认更符合客观实际情况。

这里的“现金”是广义的现金，它不仅包括各种货币资金，而且还包括项目需要投入的企业现有的非货币资源的变现价值。例如，一个项目需要使用原有的厂房、设备和材料等，则相关的现金流量是指它们的变现价值，而不是其账面价值。

知识链接

项目计算期指投资项目从投资建设开始到最终清理结束整个过程的全部时间，通常以年为单位。完整的项目计算期包括建设期和生产经营期。建设期是指从项目资金正式投入开始到项目建成投产为止所需要的时间，建设期的第一年初称为建设起点（记作第0年），建设期的最后一年末称为投产日（记作第 s 年）。项目计算期的最后一年年末称为终结点（记作第 n 年）。生产经营期是指从投产日到终结点之间的时间间隔，一般应根据项目主要设备的经济使用寿命期确定。

$$项目计算期(n)=建设期(s)+生产经营期(p)$$

（二）现金流量的构成内容

1. 现金流量按对企业货币资金的影响划分

（1）现金流入量

现金流入量是指由于投资项目实施而引起的现金收入的增加额，简称现金流入。主要包括：

① 营业收入。营业收入是指投资项目投产后每年实现的全部营业收入。它是构成经营期内现金流入量的主要内容。为简化核算，假定正常经营年度内，每年发生的赊销额与回收的应收账款大致相等。

② 固定资产的余值收入。固定资产的余值收入是指投资项目的固定资产在终结报废清理时的残值收入，或中途变价转让时得到的变价收入。

③ 垫支流动资金回收。垫支流动资金回收是指投资项目使用期限终止时，收回与该项目相联系的投放在各种流动资产上的投资。固定资产的余值收入和垫支流动资金回收统称为回收额。一般假定回收额在投资项目终结时即经营期最后一年发生。

（2）现金流出量

现金流出量是指由于投资项目实施而引起的现金支出的增加额，简称现金流出。主要包括：

① 建设投资。建设投资是指在项目建设期间按一定生产经营规模和建设需要进行的投资，是建设期间发生的主要现金流出量。具体包括：

固定资产投资，包括房屋、建筑物的造价，设备的买价或建造成本，关税、运输费和安装成本等。

无形资产投资，是指用于取得专利权、专有技术、商标权等无形资产而产生的投资。

开办费投资，是指项目筹建期间所发生的，但不能划归固定资产和无形资产的那部分投资。

② 垫支的流动资金。垫支的流动资金是指投资项目建成投产后为开展正常经营活动而投放在流动资产项目上的投资。

【注意】

建设投资与垫支的流动资金之和称为项目的原始投资（又称初始投资）。原始投资不论是一次投入还是分次投入，均假设它们是在建设期内投入的，经营期间不再有新的投资发生。

③ 付现成本。付现成本是指项目投产后生产经营过程中发生的各项用现金支付的成本费用，又称经营成本。它是生产经营期间最主要的现金流出量项目。一般来说，变动成本均为付现成本，固定成本除折旧、摊销以外也均为付现成本。

④ 所得税额。所得税额是指投资项目建成投产后，因应纳税所得额增加而增加的所得税。

（3）现金净流量

现金净流量是指投资项目在整个计算期内现金流入量和现金流出量的差额，记为 NCF。为了便于理解和简化现金净流量的计算，通常假设现金净流量是以年为时间单位发生，并发生于某时点，主要是每年的年初或年末。假设建设投资在建设期内有关年度的年初发生，垫支的流动资金在建设期的最后一年末即经营期的第一年初发生；经营期内各年的营业收入、付现成本、折旧摊销、利润、所得税等项目的确认均在年末发生；固定资产残值回收和流动资金回收均发生在经营期最后一年年末。

现金净流量的计算公式为：

$$年现金净流量（NCF）=年现金流入量-年现金流出量$$

在建设期内只发生现金流出，因此现金净流量一般小于等于零，但在经营期现金净流量一般大于零。

【想一想】

现金流量是指一个项目投资引起的现金流出量和现金流入量。请问折旧是现金流量吗？如果是，则是现金流出量还是现金流入量？

2. 现金流量按资本循环的阶段划分

（1）初始现金流量

初始现金流量是指在建设期投资时产生的现金流量，主要表现为现金流出，净流量为负数。一般有以下几项内容：

① 固定资产购建费用。包括购买机器设备等所支付的费用、运输费用和安装调试等费用，它是初始现金流量的最主要构成部分。

② 流动资金投入。当固定资产投入使用后，企业需要相应增加流动资金，用于原材料等存货储备和应收账款周转等。

③ 更新固定资产净残值收入。只有固定资产更新项目才有该项现金流量。当企业准备用新设备更新现有设备时，需要对现有设备进行清理，所得变现净收入应该作为一项现金流入量，列入初始投资现金流量中。

（2）营业现金流量

营业现金流量是指项目在正常运行过程中因生产经营活动产生的现金流量，包括现金流入量和现金流出量，净流量一般为正。流入量是由销售收入收现引起的，流出量包括日常的付现成本如采购支出、设备维护和人员工资及所得税支出。

【想一想】

现金流量和营业现金流量是两个重要而又不同的概念。请问两者的主要区别是什么？

（3）终结现金流量

终结现金流量，是指项目完结时所发生的现金流量，主要是现金流入项目。

具体包括：

① 固定资产的税后残值收入或变价收入及税赋损益。

② 回收的流动资产投资。

③ 停止使用的土地的变价收入等。

【注意】

在实际分析计算中，终结现金流量往往并不单列，而是将其视为最后一年的营业现金净流量。

（三）现金流量的计算

1. 初始现金净流量的计算

① 如果是新建项目，所得税对初始现金净流量没有影响。

某年现金净流量=–该年原始投资额

② 如果是更新改造项目，固定资产的清理损益就应考虑所得税问题。继续使用旧固定资产的建设期期初现金净流量为：

NCF_0=–（旧固定资产变价净收入+旧固定资产提前报废发生净损失抵税额）

【注意】

建设期不为零时，现金净流量的发生取决于投资额的投入方式是一次投入还是分次投入。

知识链接

工业企业投资项目主要包括新建项目（含单纯固定资产投资项目和完整工业投资项目）和更新改造项目。单纯固定资产投资项目是指只涉及固定资产投资而不涉及无形资产投资、其他资产投资和流动资金投资的建设项目。完整工业投资项目，是以新增工业生产能力为主的投资项目，其投资内容不仅包括固定资产投资，而且还包括流动资金投资。更新改造项目包括两类：一是更新项目，即以全新的固定资产替换原有同型号的旧固定资产，该类项目的目的在于恢复固定资产的生产效率；二是改造项目，即以一种新型号的固定资产替换旧型号的固定资产，目的在于改善生产条件。

2. 营业现金净流量的计算

某年营业现金净流量=营业收入–付现成本–所得税　　（1）

成本中不需要每年支付现金的部分主要是折旧额，所以推出一个重要公式：

营业现金净流量=营业收入–（总成本–折旧）–所得税

=税前利润+折旧+所得税

=净利润+折旧　　（2）

=（营业收入–总成本）×（1–所得税税率）+折旧

=（营业收入–付现成本）×（1–所得税税率）+折旧×所得税税率　　（3）

可以看出，投资项目的年营业现金净流量实际上由两个部分形成：一是企业销售产品所赚取的利润引起的现金流量的增加；二是企业以现金方式收回的固定资产折旧额。

3. 终结现金净流量的计算

该年现金净流量=该年营业现金净流量+回收额

【做中学 4–1】华发股份公司拟购建一项固定资产，需投资 1 000 000 元，按直线法计提折旧，使用寿命 10 年，该设备净残值率为 5%。该项目建设期为 1 年，第一年年初投入 600 000 元，第二年年初投入 400 000 元。预计投产后每年可增加产销量 10 000 件，产品销售单价为 80 元，变动成本率为 60%，全年固定成本总额（包括折旧）为 200 000 元。该公司所得税税率为 25%。

要求：计算该投资项目各年的现金净流量。

解：① 初始现金净流量计算如下：

NCF_0=–600 000（元）

NCF_1=–400 000（元）

② 营业现金净流量计算如下：

年折旧额=1 000 000×（1–5%）÷10=95 000（元）

NCF_{2-10}=［80×10 000×（1–60%）–200 000］×（1–25%）+95 000=185 000（元）

或　NCF_{2-10}=［80×10 000×（1–60%）–（200 000–95 000）］×（1–25%）+95 000×25%

=185 000（元）

③ 终结现金净流量计算如下：

NCF_{11}=185 000+1 000 000×5%=235 000（元）

【做中学 4–2】华发股份公司某项目建设期为 3 年，原始投资总额为 2 000 万元，其中固定资产投资 1 600 万元，建设期第一、二年年初各投入 800 万元；无形资产投资 100 万元，开办费投资 100 万元，均于建设起点投入；流动资金投资 200 万元，于第四年年初开始投产时投入。该项目经营期 10 年，固定资产按直线法计提折旧，期满有 80 万元净残值；无形资产于投产后分 5 年平均摊销；开办费于投产当年一次摊销，流动资金在项目终结时可一次全部收回。另外，预计项目投产后，前 3 年每年可获得税前利润 200 万元；后 7 年每年可获得税前利润 250 万元。该公司所得税税率为 25%。

要求：计算该投资项目各年的现金净流量。

解：① 初始现金净流量计算如下：

$$NCF_0=-800-100-100=-1\ 000\text{（万元）}$$

$$NCF_1=-800\text{（万元）}$$

$$NCF_2=0\text{（万元）}$$

$$NCF_3=-200\text{（万元）}$$

② 营业现金净流量计算如下：

固定资产年折旧额=（1 600–80）/10=152（万元）

无形资产年摊销额=100/5=20（万元）

$$NCF_4=200\times(1-25\%)+152+20+100=422\text{（万元）}$$

$$NCF_{5-6}=200\times(1-25\%)+152+20=322\text{（万元）}$$

$$NCF_{7-8}=250\times(1-25\%)+152+20=359.5\text{（万元）}$$

$$NCF_{9-12}=250\times(1-25\%)+152=339.5\text{（万元）}$$

③ 终结现金净流量计算如下：

$$NCF_{13}=250\times(1-25\%)+152+80+200=619.5\text{（万元）}$$

【做中学 4–3】华发股份公司准备更新一台旧设备，出售旧设备可得变价收入 150 000 元，该设备原值 300 000 元，预计净残值 15 000 元，已使用 3 年，还可使用 5 年。购置一台新设备需价款 400 000 元，使用年限为 5 年，预计净残值为 20 000 元。新旧设备均按直线法计提折旧。使用新设备后公司每年营业收入可从 2 500 000 元增加到 3 300 000 元，旧设备每年付现成本 2 000 000 元，新设备前二年付现成本 2 600 000 元，后三年总成本 2 700 000 元。该公司所得税税率为 25%。

要求：① 分别计算使用新旧设备各年的现金净流量；

② 计算更新设备的各年差量现金净流量。

解：① 继续使用旧设备的各年现金净流量：

旧设备年折旧额=（300 000–15 000）/8=35 625（元）

旧设备账面价值=300 000–35 625×3=193 125（元）

旧设备变现损失=193 125–150 000=43 125（元）

旧设备变现损失应记入“营业外支出”科目，减少了税前利润，起到抵所得税的作用。

旧设备变现损失抵所得税额=43 125×25%=10 781.25（元）

所以 $NCF_0=-[150\ 000+(193\ 125-150\ 000)\times25\%]=-160\ 781.25$（元）

$$NCF_{1-4}=(2\ 500\ 000-2\ 000\ 000)\times(1-25\%)+35\ 625\times25\%=383\ 906.25\text{（元）}$$

$$NCF_5=383\ 906.25+15\ 000=398\ 906.25\text{（元）}$$

使用新设备的各年现金净流量：

新设备年折旧额=（400 000–20 000）/5=76 000（元）

$$NCF_0=-400\ 000\text{（元）}$$

$$NCF_{1-2}=(3\ 300\ 000-2\ 600\ 000)\times(1-25\%)+76\ 000\times25\%=544\ 000\text{（元）}$$

$$NCF_{3-4}=(3\ 300\ 000-2\ 700\ 000)\times(1-25\%)+76\ 000=526\ 000\text{（元）}$$

$$NCF_5=526\ 000+20\ 000=546\ 000\text{（元）}$$

② 更新方案的各年差量现金净流量：

$$\Delta NCF_0=-400\ 000-(-160\ 781.25)=-239\ 218.75\text{（元）}$$
$$\Delta NCF_{1-2}=544\ 000-383\ 906.25=160\ 093.75\text{（元）}$$
$$\Delta NCF_{3-4=}526\ 000-383\ 906.25=142\ 093.75\text{（元）}$$
$$\Delta NCF_5=546\ 000-398\ 906.25=147\ 093.75\text{（元）}$$

二、资金时间价值

（一）资金时间价值的含义

资金时间价值又称货币时间价值，是指货币随时间推移而发生的价值增值。简单地说，就是指同等数量的货币在不同的时间里，其价值是不一样的。比如 1 000 元存入银行，如果按照年利率 10%计算，存满一年后有 1 100 元，其中差额 100 元就是资金时间价值的具体体现。

货币具有时间价值是投资决策者首先要树立的价值观念，是长期投资决策分析过程中需要考虑的重要因素。其意义在于：不同时间单位货币的价值不相等，即同等数量的货币在不同时间上有不同的价值，所以，不同时间的货币收支不宜直接比较，需要换算到同一时间上才能进行比较。因此，资金时间价值的计算也就成为投资决策分析的重要基础。

资金时间价值可以有两种表达形式：用绝对数表示，即资金时间价值额是指资金在生产经营过程中产生的增值额；用相对数表示，即资金时间价值率是指不包括风险价值和通货膨胀因素的平均资金利润率或平均投资报酬率。

（二）资金时间价值的计量

1. 单利

仅对本金计息，利息不计息的增值方式，称为单利。单利终值即现在的资金在将来某一时点按照单利方式计算的本利和。单利终值和单利利息的计算公式为：

$$F=P+P\times i\times n=P\times(1+i\times n)$$
$$I=P\times i\times n$$

其中：

P——本金，又称期初金额或现值；

i——利率；

I——利息；

F——本金与利息之和，又称本利和或终值；

n——时间，可以是年、季或月份。

2. 复利

复利是指不仅本金计息，以前各期所产生的利息也要计息的一种增值形式，俗称“利滚利”。按复利计算的终值为：

$$F=P(1+i)^n$$

其中$(1+i)^n$又称为复利终值系数，用（F/P，i，n）表示。

【做中学 4–4】兴隆股份公司向银行借入 5 年期的长期借款 100 000 元，利息率为 9%，每年计息一次，到期还本付息。按单利和复利计息分别如表 4–1 和表 4–2 所示：

表 4–1　单利计算表

期数	年初计息余额/元	年利率/%	年利息/元	年末借款余额/元
1	100 000	9	9 000	109 000
2	100 000	9	9 000	118 000
3	100 000	9	9 000	127 000
4	100 000	9	9 000	136 000
5	100 000	9	9 000	145 000

表 4–2　复利计算表

期数	年初计息余额/元	年利率/%	年利息/元	年末借款余额/元
1	100 000	9	9 000	109 000
2	109 000	9	9 810	118 810
3	118 810	9	10 692.9	129 502.9
4	129 502.9	9	11 655.26	141 158.16
5	141 158.16	9	12 704.23	153 862.39

以上可以看出，复利计息要比单利计息增值快。如果时间更长，复利的结果会更加惊人。

【想一想】

复利的魅力：那个岛究竟值多少钱?

那个岛是纽约的曼哈顿岛。1624 年，荷兰移民彼得·米尼德（Peter Minuit）以大约$24 的货物（主要是两串玻璃项链）从土著印第安人手中买下了整个曼哈顿岛。

24 美元，听起来似乎很便宜，其实却并不然：关键是看采用何种计息方法。这 24 美元的投资，若以一个合理的利率水平——美国学者举例时推定为 5%，按单利法计算，到 1996 年，即 370 年后的价值大约是：

价值增值仅为 444 美元（468–24），确实是很便宜。

$$F=24\times（1+5\%\times370）=468（美元）$$

但如果是改用复利法来计算呢？结果则完全不一样：

$$F=24\times（P/F，5\%，370）=1\ 660\ 549\ 773（美元）$$

即价值增值额将是 1 660 549 749 美元（1 660 549 773–24），结果将是一天价，根本一点都不便宜。

当然，这只是一个夸张的例子。在 1624 年当时（事实上也包括现在），要找到一个年收益率为 5%，且一直持续 370 年的投资项目绝非易事。

复利现值是复利终值的逆运算。它是指在未来某一时点上的一笔款项，按规定贴现率所计算的货币现值。其计算公式如下：

$$P=F/(1+i)^n$$

公式中的 $1(1+i)^n$ 称为复利现值系数，用（$P/F，i，n$）表示。

【做中学 4–5】 王辉于第4年年末将收到1 000元，按10%的贴现率计算，其现值应为多少？

解：$P=F/(1+i)^n$

$=1\ 000\times(P/F，10\%，4)$

$=1\ 000\times0.683=683$（元）

3. 年金

年金是在一定时期内，每隔相同时间（如一年、半年、季等）就发生相同数额的一系列现金收付。年金在现实经济生活中有广泛的应用，普遍存在的计时工资、养老金、折旧、保险费等都表现为年金的形式。年金分为普通年金、先付年金、递延年金和永续年金四类。其中普通年金应用最为广泛，其他几种年金均可在普通年金的基础上推算出来。凡在每期期末收支相等金额的款项，叫作普通年金，亦称后付年金。

年金与复利相联系，也分终值和现值两种。按一定的利率，若干期普通年金终值之和称为普通年金终值，简称年金终值。若干期普通年金折现到现在的价值总和称为普通年金现值，简称年金现值。

设 A 为年金，F 为年金终值，P 为年金现值，i 为利率，n 为计息期数。年金终值的计算公式为：

$$F=A+A(1+i)^1+A(1+i)^2+\cdots\cdots+A(1+i)^{n-2}+A(1+i)^{n-1}$$
$$=A\bullet\frac{(1+i)-1}{i}$$

其中，$\frac{(1+i)^n-1}{i}$ 称为年金终值系数，用（F/A，i，n）表示。

同理推出年金现值公式：

$$P=A\times\frac{1-(1+i)^{-n}}{i}$$

其中，$\frac{1-(1+i)^{-n}}{i}$ 称为年金现值系数，用（P/A，i，n）表示。

【做中学 4–6】 华发股份公司每年末从税后利润中提取10万元作为积累基金存入银行，用于5年后进行技术改造，年利率10%。问5年后共有多少资金？

解：$F=10\times(F/A，10\%，5)=10\times6.105=61.05$（万元）

【做中学 4–7】 王立出国3年，请你代付房租，每年租金10 000元，设银行存款利率为10%，他现在应该存入银行多少钱？

解：$P=10\ 000\times(P/A，10\%，3)=10\ 000\times2.487=24\ 870$（元）

【想一想】

他究竟能累积多少财富？

我国台湾学者黄培源先生曾举过这样一个例子：假定一位刚踏上工作岗位的年轻人，从现在开始，每年从薪水中定期存下14 000元（即大约每月1 200元），并且都投资到股票或房地产，因而获得平均每年20%的投资报酬率，请大家猜一猜，40年后他能累积多少财富？

600 万元？800 万元？1 000 万元？还是？

准确的数字是：F=14 000×（F/A，20%，40）=102 814 600（元）

1 亿零 281 万元！一个确实会令很多人大吃一惊的数字！原来人人都可以成为亿万富翁！

当然，这只是理论上的结果，实际是有难度的：不是难在每年的 14 000 元的资金上，而是难在寻找到年均报酬率 20%的投资项目上。

三、风险价值

资本投资决策涉及的时间较长，分析信息均为未来的预测资料，具有不确定性，存在着风险。风险同时意味着失败的威胁和成功的可能，它可能给投资者带来超出预期的收益，也可能带来超出预期的损失。由于人们对意外损失更为关切，所以风险主要是指无法达到预期报酬的可能性。风险是客观的，人们无法回避和忽视，但是否去冒风险以及冒多大的风险，是可以选择的。因此，投资决策必须研究风险，并设法控制风险，最大限度地扩大企业的财富。

不同投资项目的风险大小相差很大，在选择投资项目时，有人会选择风险较大的项目进行投资，其原因在于冒险可以获得额外的预期报酬。如企业将一笔钱存入商业银行或购买国债，其风险很小，收益可视为货币时间价值；而将这笔钱投资于股票，风险将很大，但其收益可能大于时间价值，其超出的额外收益就是投资风险价值。

风险价值又叫风险报酬，是指长期投资者因冒风险进行投资而获得的超过时间价值的那部分额外报酬。一项具有风险的投资项目的投资报酬率可以表示为（如图 4–1 所示）。

投资报酬率=无风险报酬率+风险报酬率

=时间价值+风险价值

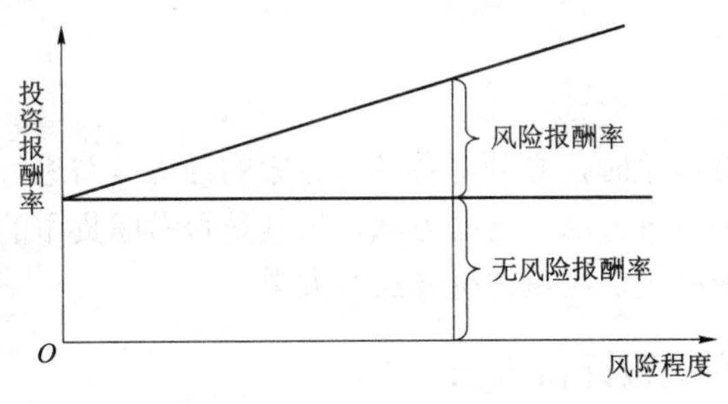

图 4–1　风险与报酬关系

投资的风险价值和资金时间价值一样，在投资活动中是客观存在的。在投资决策分析中，一般都应考虑风险因素，根据投资的风险价值和资金时间价值来确定适当的贴现率，从而对投资方案进行正确的评价和选择，风险越大，要求的报酬率越高。

名人名言

船要行得快，但面对风浪一定要挨得住。

——李嘉诚

任务二　投资项目的评价分析

任务情景

长江公司现在准备改善一种产品的生产线的自动化水平。可供选择的是全自动化或半自动化。公司是按一个5年期的计划运作，每一个选择每年都能制造及销售10 000件产品。全自动化生产线涉及的总投资为3 000 000元，产品的材料成本每件36元，人工及变动间接成本每件54元。半自动化生产线会造成较高的材料损耗，产品的平均材料成本每件42元，而人工及变动间接成本预计每件123元，这个选择的投资总额是750 000元。不论选用哪一种制造方法，成品的售价都是每件225元。5年以后，全自动化生产线的残值将会是300 000元，而半自动化生产线将没有任何残值。管理层使用直线折旧法，而他们对资本投资所要求的投资报酬率是10%。折旧是唯一的增量固定成本，不考虑所得税影响。在分析这类投资机会时，公司需计算每件产品的平均总成本、年净利润、年保本销售量以及净现值。

要求：

1. 请计算应该呈交给长江公司管理层的数据，以协助他们做出投资分析。
2. 评论上述所计算的数据，并对该投资选择做出建议。

任务描述

在学习了长期投资决策需要考虑的主要因素后，本任务重点介绍两种非贴现指标和四种贴现指标。要求学会运用净现值、净现值率、内部收益率、现值指数以及投资回收期等指标进行长期投资决策分析，并理解各种方法的特点和优缺点，重中之重是净现值法。

任务实施

企业在进行长期投资决策时，必须对各备选方案的经济效益进行评价，择其有利者而行之，这就需要采用一定的评价方法。这些方法，按其是否考虑货币的时间价值分为非贴现的投资决策评价方法和贴现的投资决策评价方法两大类。

一、非贴现的投资决策评价方法

非贴现的方法不考虑时间价值，把不同时间的货币收支看成是等效的，又称为静态分析方法。这些方法在进行决策时一般只起辅助作用，主要包括投资回收期法、会计收益率法等。

（一）投资回收期法

投资者通常期望所投入的资金能够在较短的时期内足额收回。用于衡量投资项目初始投资回收速度的评价指标称为投资回收期（Payback Period，PP），它是指收回初始投资所需的年限。一般地，投资回收期越短，风险越小，投资效果越好。

1. 计算方法

投资回收期的计算，根据年现金净流量是否相等，有以下两种计算方法。

① 年现金净流量相等时，投资回收期可按下述公式计算：

投资回收期=投资总额/年现金净流量

② 年现金净流量不相等时，投资回收期可采用列表方式计算累计现金净流量，累计现金净流量与投资总额达到相等时所需要的时间即为投资回收期。

【做中学 4–8】华源公司现有甲、乙两个投资方案，相关资料如表 4–3 所示。

表 4–3　华源公司投资方案资料表　　单位：元

方案	投资额	各年现金净流量				
		第 1 年	第 2 年	第 3 年	第 4 年	第 5 年
甲	120 000	50 000	50 000	50 000	50 000	50 000
乙	120 000	40 000	50 000	60 000	60 000	40 000

要求：确定甲、乙两方案的投资回收期，并选出最优方案。

解：（1）甲方案每年现金净流量相等，均为 50 000 元。

投资回收期=投资总额/年现金净流量

=120 000/50 000

=2.4（年）

（2）乙方案每年现金净流量不相等，采用列表方式按其累计现金净流量计算投资回收期，如表 4–4 所示。

表 4–4　乙投资方案累计现金净流量计算表　　单位：元

项目	1	2	3	4	5
现金净流量	40 000	50 000	60 000	60 000	40 000
累计现金流量	40 000	90 000	150 000	210 000	250 000

从表 4–4 可以看出，回收期应在 2～3 年。乙方案第 2 年年末的累计现金净流量为 90 000 元，尚有 30 000 元没有回收，而第 3 年的现金净流量为 60 000 元。

投资回收期=2+30 000/60 000=2.5（年）

2. 决策原则

利用投资回收期法进行投资决策时，首先要确定一个回收期标准（例如 5 年），当投资方案回收期不超过此标准时则接受该投资方案；当投资方案回收期超过此标准，则拒绝该方案。如果要从多个可接受的互斥方案进行选择时，应该选择回收期最短的方案。

3. 指标评价

投资回收期法的优点在于计算简便，易于理解，可在一定程度上揭示资本投资项目的风险。但投资回收期法也存在一些明显的不足：

① 忽略了资金时间价值。在评价持续时间长、投资额大的投资项目时会低估投资真正回收所需时间，从而也低估了项目的风险；

② 对项目的评价只是基于投资回收前的项目现金流量，而不是基于项目整个寿命期

的现金流量，忽略了项目寿命期内投资收回后的现金流量，会使得其对备选方案评价的准确性下降；

③ 投资回收期法最终无法为企业投资决策提供客观标准。

【想一想】

投资回收期法是一种比较直观的决策方法，但可能导致决策者优先考虑急功近利的项目，请问这是什么原因？

（二）会计收益率法

会计收益率（Accounting Return Rate，ARR）又称平均投资报酬率或投资利润率，是指某一投资方案预计未来每年平均净收益与投资总额之间的比率。

1. 计算方法

计算公式为：会计收益率=年平均净收益/投资总额×100%

【做中学 4–9】华源公司购入不需安装调试设备一台，价值 100 万元，该设备投产后每年可实现净利润 9 万元。要求计算投资该设备的会计收益率。

解：会计收益率=9/100×100%=9%

2. 决策原则

若会计收益率较高，则表明有关投资方案预期经济效益较好；反之，则较差。因此，如果备选方案计算所得会计收益率大于预定的会计收益率，表示该投资方案可行；反之，则不可行。如果两个备选投资方案的会计收益率均大于预定会计收益率，则计算所得会计收益率更高者为最优方案。

3. 指标评价

会计收益率法的优点是：① 计算简便，明了，易于掌握；② 不受建设期长短、投资方式、回收额的有无以及净现金流量的大小等条件的影响，能够说明各投资方案的收益水平。但会计收益率法的缺点也较为明显：① 没有考虑资金时间价值因素，不能正确反映建设期长短、投资方式不同对投资项目的影响；② 会计收益率法对项目的评价只是基于项目产生的会计收益，而不是基于项目的现金流量，因而无法直接利用现金流量信息；③ 该指标分子、分母的时间特征不一致，分子是时期指标，而分母是时点指标，因而在计算口径上可比性较差。

【想一想】

运用会计收益率进行单个项目投资决策时，会计收益率最低不应低于哪个指标？

二、贴现的投资决策评价方法

贴现的投资决策评价方法是指考虑货币时间价值的一类决策评价方法，又称为动态分析方法。主要有净现值法、净现值率法、现值指数法和内部收益率法等。

（一）净现值法

净现值（Net Present Value，NPV）是指将投资项目寿命期内各年现金净流量，按一定的贴现率折算到项目第一年年初的现值之和。净现值法就是根据投资方案的净现值来评价方案是否可行的决策分析方法。

1. 计算方法

其计算步骤如下：

（1）估算投资方案各年的现金流量，包括现金流入量和现金流出量；

（2）选用适当的贴现率，将投资方案各年的复利现值系数通过查表的方式予以确定；

（3）将投资方案各年的现金流量乘以相应的复利现值系数求得现值；

（4）计算投资方案各年现金流量现值的代数和即为该投资方案的净现值。

在具体计算投资方案净现值时分以下两种情况：

第一，各年现金净流量相等：

净现值（NPV）=年现金净流量×年金现值系数−初始投资额

第二，各年现金净流量不相等：

净现值（NPV）=$\sum$（各年的现金净流量×各年的复利现值系数）−初始投资额

【注意】

上述公式中，如果初始投资是分次投入的，也需按一定的贴现率折算成现值。

【做中学 4–10】华源股份公司现有甲、乙两个投资方案，假设贴现率为 12%，相关资料如表 4–5 所示。

表 4–5　华源股份公司投资方案资料表　　单位：元

方案	投资额	各年现金净流量				
		第 1 年	第 2 年	第 3 年	第 4 年	第 5 年
甲	120 000	50 000	50 000	50 000	50 000	50 000
乙	120 000	40 000	50 000	60 000	60 000	40 000

要求确定甲、乙两方案的净现值，并选出最优方案。

解：甲、乙两方案的净现值计算如下：

$$\begin{aligned} NPV_{甲} &= 50\,000\times(P/A,12\%,5)-120\,000 \\ &= 50\,000\times3.605-120\,000 \\ &= 60\,250\text{（元）} \end{aligned}$$

$$\begin{aligned} NPV_{乙} &= 40\,000\times(P/F,12\%,1)+50\,000\times(P/F,12\%,2)+60\,000\times(P/F,12\%,3)+ \\ &\quad 60\,000\times(P/F,12\%,4)+40\,000\times(P/F,12\%,5)-120\,000 \\ &= 40\,000\times0.893+50\,000\times0.797+60\,000\times0.712+60\,000\times0.636+40\,000\times \\ &\quad 0.567-120\,000 \\ &= 59\,130\text{（元）} \end{aligned}$$

由计算结果可知，甲、乙两个投资方案的净现值均大于零。如果这两个投资方案相互独立，则均可接受；如果这两个投资方案互斥，则只有甲投资方案因净现值较大而被接受。

2. 决策原则

（1）对于独立方案，如果净现值为正值，说明贴现后的现金净流量大于初始投资额，则表明该投资项目可行；

（2）对于多个净现值为正且初始投资额相等的互斥方案，选择净现值最大者。

3. 指标评价

净现值是长期投资决策评价指标中最重要的指标之一。其优点在于：① 充分考虑了资金时间价值，能较合理地反映投资项目的真正经济价值；② 考虑了项目计算期的全部现金净流量，体现了流动性与收益性的统一；③ 考虑了投资风险，贴现率选择应与风险大小有关，风险越大，贴现率就可选得越高。但是该指标的缺点也是明显的：① 净现值是一个绝对值指标，无法直接反映投资项目的实际投资收益率水平；当各项目投资额不同时，难以确定投资方案的好坏。② 贴现率的选择比较困难，很难有一个统一标准。

（二）净现值率法

净现值率（Net Present Value Rate，NPVR）是指投资项目的净现值占原始投资现值合计的比率，亦可将其理解为单位原始投资的现值所创造的净现值。

1. 计算方法

计算公式为：净现值率=项目的净现值/原始投资的现值合计×100%

【做中学 4–11】沿用**【做中学 4–10】**资料，要求计算甲、乙两方案的净现值率。

解：

$$NPVR_{甲}=60\ 250/120\ 000\times100\%=50.21\%$$

$$NPVR_{乙}=59\ 130/120\ 000\times100\%=49.28\%$$

2. 决策原则

净现值率是一个相对数指标，只有该指标大于或等于零的投资项目才具有财务可行性。净现值率适用于项目计算期相等且原始投资相同的多个互斥方案的比较决策，净现值率最高的投资方案应优先考虑。

3. 指标评价

净现值率指标的优点：① 可以从动态的角度反映项目投资的资金投入与净产出之间的关系；② 计算过程比较简单。缺点：无法直接反映投资项目的实际收益率。

【想一想】

净现值和净现值率，一个是绝对数，一个是相对数，都是项目投资评判的重要方法。请问净现值和净现值率哪个更优？

（三）现值指数法

现值指数（Profitability Index，PI）又称获利指数，是指投资项目未来现金净流量现值与原始投资额现值之比，现值指数法就是根据投资方案的现值指数来评价方案是否可行的决策分析方法。

1. 计算方法

现值指数（PI）=投产后各年现金净流量的现值合计/原始投资额现值合计

【注意】

1. 现值指数与净现值的关系

① 如果 NPV 大于 0，则 PI 大于 1。

② 如果 NPV 等于 0，则 PI 等于 1。

③ 如果 NPV 小于 0，则 PI 小于 1。

2. 现值指数与净现值率的关系

净现值率=项目的净现值/原始投资现值合计

=(投产后各年现金净流量现值合计–原始投资现值合计)/原始投资现值合计

=现值指数–1

所以，现值指数=1+净现值率

【做中学 4–12】沿用【做中学 4–10】资料，要求采用现值指数法评价甲、乙两投资方案的优劣。

甲、乙两投资方案现值指数计算如下：

$$PI_{甲}=180\ 250/120\ 000=1.50$$

$$PI_{乙}=179\ 130/120\ 000=1.49$$

计算表明，甲、乙两个投资方案的现值指数均大于 1，说明这两个投资方案的收益均超过成本，即实际报酬率超过预定的报酬率。

2. 决策原则

当投资方案的现值指数大于 1 时，该方案可行；当投资方案的现值指数小于 1 时，该方案不可行。当有多个互斥项目并存时，选取现值指数最大的项目。

3. 指标评价

现值指数指标的优点：① 考虑了资金时间价值；② 由于现值指数是相对数指标，能够从动态的角度反映项目投资的资金投入与总产出之间的关系，有利于在初始投资额不同的投资方案之间进行对比。缺点：不能够直接反映投资项目的实际收益水平。

（四）内部收益率法

内部收益率（Internal Rate of Return，IRR）又称为内含报酬率，是指对投资方案未来的每年现金净流量进行贴现，使所得的现值恰好与原始投资额现值相等，从而使净现值等于零时的贴现率。这个贴现率就是投资方案实际可能达到的投资报酬率。

1. 计算方法

（1）简单计算法

若投资方案建设期为零，全部投资均于建设起点一次投入，而且经营期内各年现金净流量为普通年金的形式，可用简单计算法计算内部收益率。

假设建设起点一次投资额为 A_0，每年现金净流量为 A，则有：

$$A(P/A,IRR,n)-A_0=0$$

$$(P/A,IRR,n)=\frac{A_0}{A}$$

然后，通过查年金现值系数表，用内插法计算出内部收益率。

【做中学 4–13】 华源股份公司某投资项目现金流量信息如下：NCF_0=–100（万元），NCF_{1-10}= 20（万元）

要求：计算该项目的内部收益率。

解：（1）因为 NCF_0=–100（万元），NCF_{1-10}=20（万元），所以，可以应用简单计算法计算内部收益率 *IRR*。

（2）令：

$$-100+20\times(P/A,IRR,10)=0$$

$$(P/A,IRR,10)=100/20=5$$

采用内插法：

利　率	年金现值系数
15%	5.108 8
IRR	5
16%	4.833 2

$$(IRR-16\%)/(15\%-16\%)=(5-4.833\,2)/(5.108\,8-4.833\,2)$$

$$IRR=15.39\%$$

【想一想】

某项目计算期为 10 年，无建设期，投资与建设起点一次投入，运营期各年的现金净流量相等。若已知该项目的静态投资回收期为 5 年，则该项目的内部收益率为多少？

（2）一般计算法

若建设期不为零，原始投资额是在建设期内分次投入或投资方案在经营期内各年现金净流量不相等的情况下，无法应用上述的简单方法，则应采用逐次测试法，并结合内插法计算内部收益率，其计算步骤如下：

① 估计一个贴现率，用它来计算净现值。如果净现值为正数，说明方案的实际内部收益率大于预计的贴现率，应提高贴现率再进一步测试；如果净现值为负数，说明方案本身的报酬率小于估计的贴现率，应降低贴现率再进行测算。反复测试，直到寻找出贴现率 i_1 和 i_2，$i_1<i_2$，以 i_1 为贴现率计算的净现值 $NPV_1>0$ 且最接近零；以 i_2 为贴现率计算的净现值 $NPV_2<0$ 且最接近零。

② 用内插法求出该方案的内部收益率 *IRR*。如图 4–2 所示。

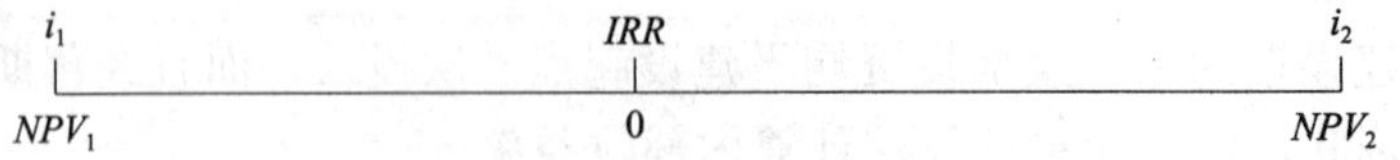

i_1　　　　*IRR*　　　　i_2

NPV_1　　　　0　　　　NPV_2

图 4–2　内插法

根据各指标之间的关系，即可得到计算内部收益率的一般公式：

$$IRR=i_1+\frac{NPV_1}{NPV_1-NPV_2}\times(i_2-i_1)$$

【做中学 4–14】华源股份公司某投资项目的净现金流量为：NCF_0=–1 000 万元，NCF_1=0 万元，NCF_{2-8}=360 万元，NCF_{9-10}=250 万元，NCF_{11}=350 万元。该项目的资金成本为 20%。

要求：计算该项目的内部收益率，并评价项目可行性。

解：$NPV=-1\,000+360\times(P/A,IRR,7)\times(P/F,IRR,1)+250\times(P/F,IRR,9)+250\times(P/F,IRR,10)+350\times(P/F,IRR,11)$

根据逐步测试法的要求，自行设定贴现率并计算净现值，据此判断调整贴现率。经过 5 次测试，得到表 4–6 的数据。

表 4–6　逐步测试表

测试次数	IRR/%	NPV
1	10	918.383 9
2	30	–192.799 1
3	20	217.312 8
4	24	39.317 7
5	26	–30.190 7

利用内插法：

24%	39.317 7
IRR	0
26%	–30.190 7

$$(IRR-26\%)/(24\%-26\%)=[0-(-30.190\,7)]/[39.317\,7-(-30.190\,7)]$$
$$IRR\approx 25.13\%$$

$IRR=25.13\%>20\%$，该项目可行。

根据上述资料，用 Excel 计算投资项目的内部收益率，如下：

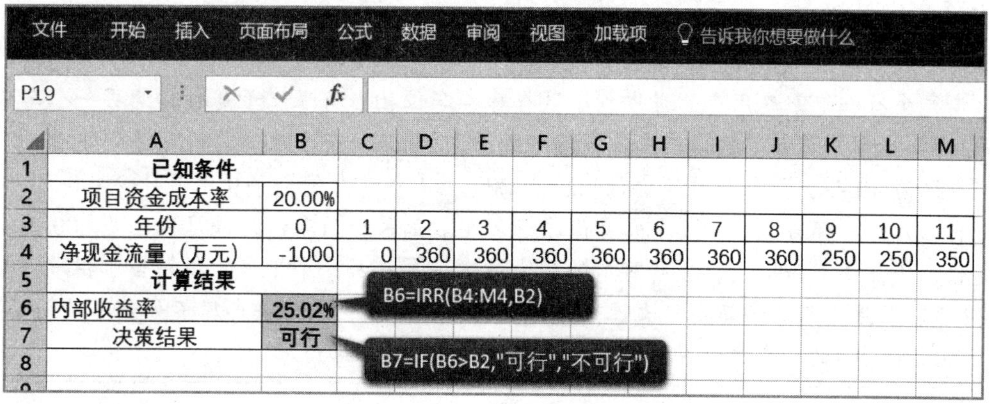

文件　开始　插入　页面布局　公式　数据　审阅　视图　加载项　告诉我你想要做什么

P19

	A	B	C	D	E	F	G	H	I	J	K	L	M
1	已知条件												
2	项目资金成本率	20.00%											
3	年份	0	1	2	3	4	5	6	7	8	9	10	11
4	净现金流量（万元）	-1000	0	360	360	360	360	360	360	360	250	250	350
5	计算结果												
6	内部收益率	25.02%											
7	决策结果	可行											
8													

B6=IRR(B4:M4,B2)

B7=IF(B6>B2,"可行","不可行")

2. 决策原则

只要内部收益率法大于资本成本，投资项目就是可取的。若干个可取的投资项目中，应选择内部收益率较高的投资项目。一个方案 *IRR* 为正值且 *IRR* 越大，取得的盈利越多。同样的利润额，*IRR* 越大，取得的时间越短；*IRR* 越小，取得的时间越长。可见一个投资方案未来的现金流入的数量和时间都可通过 IRR 的变动而显示出来，这正是投资方案经济效益的综合表现。

3. 指标评价

内部收益率指标考虑了资金时间价值，能直接反映投资项目的实际投资收益水平，且不受行业基准收益率的影响，有利于对投资额不同的项目进行决策。但该指标计算过程复杂，尤其当经营期出现大量追加投资时，有可能导致多个内部收益率出现，或偏高或偏低，缺乏实际意义。

【想一想】

计算内部收益率时，如果每年 *NCF* 不相等，需要采用逐步测试法。请问测试区间一般多少为宜？

净现值法、净现值率法、现值指数法和内部收益率法都考虑了资金时间价值，它们分别从不同角度评价投资方案的优劣，并且在进行单一投资方案取舍决策时四种方法会得出相同结论。

在对互斥性投资方案进行评价比较时，四种折现方法或许会得出不一致的结论，主要表现为净现值法与内部收益率法之间的冲突。虽然净现值法与内部收益率法都是衡量投资方案盈利性的指标，但这两种方法所采用的再投资假设有所不同。净现值法在计算中以资本成本作为再投资报酬率，即对不同的投资方案作比较时采用相同的贴现率；而内部收益率法则以投资方案自身的报酬率作为再投资报酬率，即对不同投资方案比较时采用不同的贴现率。由于净现值法的假设更为合理一些，在大多数情况下，净现值法出现误判的可能性要小些。因此，当两种方法得到的结论不同时，通常以净现值法的结论为准。

【想一想】

买车库还是租车位？

李先生有一辆家庭用车，考虑到小区车库、车位相当有限，于是打算购买一个车库。可是，李先生到销售部了解到车库售价后却退缩了，原来一个车库的售价竟达到了 20 万元，使用期限为 40 年，并且每月还要付管理费 200 元（年末支付全年费用共计 2 400 元）。李先生自己开的一部自主品牌汽车的身价才 5 万元。如果租用车位，每月租金是 600 元，年末支付全年费用 7 200 元，按照目前的租金情况计算，买一个车库的钱相当于租赁一个车位 27 年。而且，购买车库要一次性交全款，因此，李先生认为买车库不如租车位划算。

如果按 10%的利息率计算，你认为李先生的决定正确吗？

任务三　长期投资决策方法的应用

任务情景

阿费罗兰德（Avroland）是加利福尼亚州的一个娱乐公园。现在，该公园运用计算机来执行一般的会计职能，包括计算门票收入、工资表处理以及制定雇员及维护时间表等功能。两年前，购入该系统的原始成本为 300 000 美元。此系统已按照税法要求运用直线法计算折旧，预期使用寿命还有 4 年，不计残值。

然而，由于公司最近的经营扩张，该电脑系统的容量已不够大。对系统升级以提高储存能力和处理速度来满足增加的数据处理要求，要花费 65 000 美元，升级后的系统在 4 年后也将淘汰。这一系统新添置部件同样用直线法进行折旧，不计残值。公司的会计师预计公司以后每年由于数据处理、工资处理（包括阿费罗兰德公司的职员）以及每年更新升级后系统的软件而要多支出 28 000 美元的税后经营支出。或者，公司也可将工资表的处理工作外包给当地一家工资表处理公司，每年的税后成本为 40 000 美元。这样减少占用电脑的容量，从而避免对电脑升级的需要。假定该公司的资金成本为 4%，所得税税率为 25%。

想一想：

阿费罗兰德公司应该做出电脑升级还是外包的决策？

任务描述

长期投资决策是涉及企业战略性问题和企业生产经营全面性的决策，决策方法的正确应用，对于企业生产经营长远规划的实现和企业制度的完善具有重要作用。本任务主要介绍三类投资决策问题：固定资产更新决策、固定资产购置付款方式决策、固定资产举债购置还是租赁的决策。要求能熟练地运用长期投资决策方法对投资项目进行决策。

任务实施

一、固定资产更新决策

固定资产更新决策主要研究两个问题：一个是决定是否更新，即继续使用旧资产还是更换新资产；另一个是决定选择什么样的资产来更新。由于旧设备可以通过修理继续使用，所以更新决策是继续使用旧设备与购置新设备的选择。

一般说来，设备更换并不改变企业的生产能力，不增加企业的现金流入。更新决策的现金流量主要是现金流出，即使有少量的残值变价收入，也属于支出抵减，而非实质上的流入增加。由于只有现金流出，而没有现金流入，无论哪个方案都不能计算其净现值和内部收益率。因此，较好的分析方法是比较继续使用和更新的平均年成本，以较低者作为最优方案。

固定资产的平均年成本，是指该资产引起的现金流出的年平均值。它是未来使用年限内现金流出总现值与年金现值系数的比值，即平均每年的现金流出。

平均年成本=未来使用年限内的现金流出总现值/年金现值系数

【**做中学 4–15**】华发股份公司有一旧设备，工程技术人员提出更新要求，有关数据如表 4–7 所示：

表 4–7　华发股份公司相关数据

项　　目	旧设备	新设备
原值/元	2 200	2 400
预计使用年限/年	10	10
已经使用年限/年	4	0
最终残值/元	200	300
变现价值/元	600	2 400
年经营成本/元	700	400

假设该企业要求的最低报酬率为 15%。

解：

$$\text{旧设备平均年成本}=\frac{600+700\times(P/A,15\%,6)-200\times(P/F,15\%,6)}{(P/A,15\%,6)}$$

$$=\frac{600+700\times3.784-200\times0.432}{3.784}$$

=836（元）

$$\text{新设备平均年成本}=\frac{2\,400+400\times(P/A,15\%,10)-300\times(P/F,15\%,10)}{(P/A,15\%,10)}$$

$$=\frac{2\,400+400\times5.019-300\times0.247}{5.019}$$

=863（元）

通过上述计算可知，使用旧设备的平均年成本较低，不宜进行设备更新。

根据上述资料，制作固定资产更新决策模型如下：

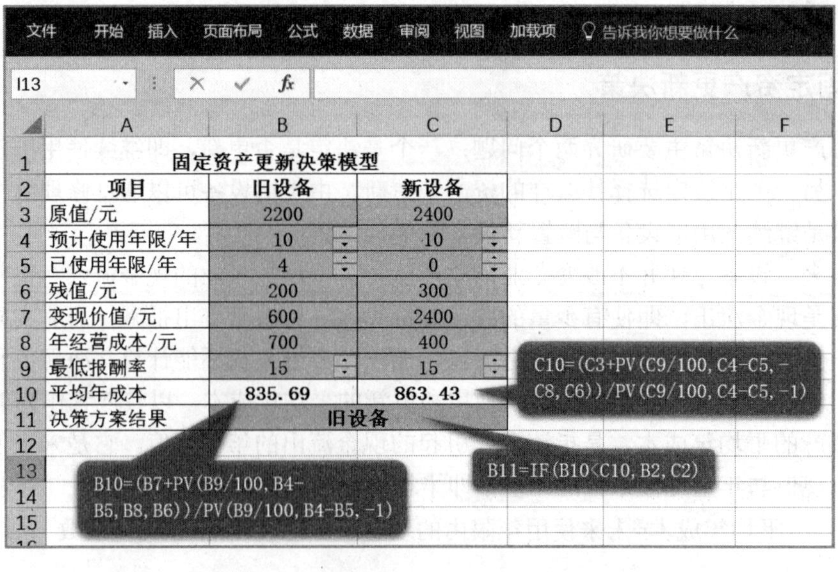

文件　开始　插入　页面布局　公式　数据　审阅　视图　加载项　告诉我你想要做什么

I13

	A	B	C	D	E	F
1	固定资产更新决策模型					
2	项目	旧设备	新设备			
3	原值/元	2200	2400			
4	预计使用年限/年	10	10			
5	已使用年限/年	4	0			
6	残值/元	200	300			
7	变现价值/元	600	2400			
8	年经营成本/元	700	400			
9	最低报酬率	15	15			
10	平均年成本	835.69	863.43			
11	决策方案结果	旧设备				
12						
13						
14						
15						

C10=(C3+PV(C9/100, C4-C5, -C8, C6))/PV(C9/100, C4-C5, -1)

B11=IF(B10<C10, B2, C2)

B10=(B7+PV(B9/100, B4-B5, B8, B6))/PV(B9/100, B4-B5, -1)

二、固定资产购置付款方式决策

企业购置固定资产，经常会遇到是分期付款还是一次性付款两个方案的选择。解决这类问题只需将分期付款折现成现值，然后与一次性付款方案进行比较，择其低者为优。

【做中学 4–16】华发股份公司准备购置一台数控机床，现有两个方案可供选择：一种方案是向华都公司购入，价格 30 万元，每年年末付 5 万元，6 年付清；另一种方案是向锦华公司购入，价格 25 万元，一次性付清；若华发股份公司资金成本率为 8%，请问华发公司购置机床是分期付款还是一次性付现？

解：向华都公司购入，金额总数虽为 30 万元，高于一次性付款，但在不同时点支付，将其折算为现值，其现值总和=5×（P/A，8%，6）=5×4.623=23.12（万元）<25 万元

所以分期付款方案较优。

根据上述资料，制作固定资产购置付款方式决策模型如下所示：

文件　开始　插入　页面布局　公式　数据　审阅　视图　加载项　告

G12　fx

	A	B	C	D
1	固定资产购置付款方式决策模型			
2	分期付款方案		一次性付款方案	
3	设备价款	300000	一次性付款金额	250000
4	每年支付金额	50000		
5	分期付款期限（年）	6		
6	资金成本率%	8		
7	现值	231143.98	决策结果	分期付款方案
8				
9				
10				

B7=PV(B7/100,B6,-B5)

D7=IF(B7<D3,A2,D3)

三、固定资产举债购置还是租赁的决策

固定资产更新通常有两种方式，即购买与租赁。这里的固定资产租赁仅指固定资产经营性租赁，即出租人在一定时期内按一定的条件将固定资产交付给企业使用，企业在规定的期限内分期支付租金，并享有对租赁资产的使用权。在进行固定资产租赁或购买决策时，由于设备的生产能力、运行费用以及生产出的产品销售价格与设备的取得途径（租赁或购买）无关，因而在决策时只需比较两种方案的成本差异及其对所得税的影响差异。

固定资产租赁与购买方案在现金流量模式上存在以下异同。首先，如果企业选择租赁固定资产，则在经营期内每年将额外支付一定的租赁费用；如果企业选择购买固定资产，则除了在投资的建设期内需要支付一笔大额设备款外，在设备报废时还会收到设备残值的变现款。其次，无论是设备的租赁费用还是设备的折旧费用，都作为费用在税前列支，抵减税前利润，从而减少企业应缴纳的所得税额。

【做中学 4–17】华发股份公司需要一台生产设备，若自行购买，需支付价款 50 万元，设备使用期限为 5 年，采用直线法折旧，预计净残值率为 4%；若采用租赁方式，每年将支付租

赁费12万元，租赁期为5年。已知该企业的资金成本为10%，所得税税率为25%，假设固定资产账面折余价值与其变现价值相等。要求分析企业应该购买还是租赁该设备。

（1）计算租赁、购买方案各年现金净流量，如表4-8所示。

表4-8 租赁、购买方案各年现金净流量资料表 单位：元

方案	投资额	各年现金净流量				
		第1年	第2年	第3年	第4年	第5年
租赁	0	–90 000	–90 000	–90 000	–90 000	–90 000
购买	–500 000	24 000	24 000	24 000	24 000	44 000

租赁方案第1～5年税后现金净流量=–120 000×（1–25%）=–90 000（元）

由于设备的租赁费用可作为费用在税前列支，可抵减税前利润，由此每年减少应缴纳所得税为30 000元（120 000×25%）。

所购买设备的每年折旧费用=500 000×（1–4%）÷5=96 000（元）

购买方案第1～4年税后现金净流量=折旧费用×所得税税率

=96 000×25%=24 000（元）

购买方案第5年税后现金净流量=折旧费用的节税额+设备残值的变现收入

=24 000+20 000=44 000（元）

（2）计算租赁、购买方案的净现值：

$$NPV_{租赁}=-90\,000\times(P/A，10\%，5)$$
$$=-90\,000\times3.790\,8$$
$$=-341\,172（元）$$

$$NPV_{购买}=-500\,000+24\,000\times(P/A，10\%，4)+44\,000\times(P/F，10\%，5)$$
$$=-500\,000+24\,000\times3.169\,9+44\,000\times0.620\,9$$
$$=-396\,602.8（元）$$

由于租赁、购买方案中设备的使用期限相等，而租赁方案净现值较大，因此，企业应选择租赁方案。

名人名言

企业的兴衰与其说是依靠其评估各种投资机会的能力，还不如说是取决于创造盈利机会的能力。

——派克和多宾斯

知识链接

所得税和折旧对现金流量的影响

所得税是企业的一种现金流出，它取决于利润大小和税率高低，而利润大小受折旧方法

的影响，因此，讨论所得税问题必然会涉及折旧问题。折旧对投资决策产生影响，实际是由所得税引起的。加大成本会减少利润，从而使所得税减少。如果不计提折旧，企业的所得税将会增加许多。折旧可以起到减少税负的作用，这种作用称之为“折旧抵税”。

假设有甲公司和乙公司，全年销货收入、付现费用均相同，所得税税率为25%。两者的区别是甲公司有一项可计提折旧的资产，每年折旧额相同。两家公司的现金流量见表4–9。

表4–9　折旧对税负的影响　　单位：元

项　　目	甲公司	乙公司
销售收入	20 000	20 000
费用：		
付现营业费用	10 000	10 000
折旧	3 000	0
合计	13 000	10 000
税前净利	7 000	10 000
所得税（25%）	1 750	2 500
税后净利	5 250	7 500
营业现金流入：		
净利	5 250	7 500
折旧	3 000	0
合计	8 250	7 500
甲公司比乙公司拥有较多现金	750	

甲公司利润虽然比乙公司少2 250元，但现金净流入却多出750元，其原因在于有3 000元的折旧计入成本，使应税所得减少3 000元，从而少纳税750元（3 000×25%）。这笔现金保留在企业里，不必缴出。从增量分析的观点来看，由于增加了一笔3 000元折旧，企业获得750元的现金流入。折旧对税负的影响可按下式计算：

税负减少额=折旧额×税率
=3 000×25%
=750（元）

项目训练

能力训练一　职业判断与选择

一、单项职业选择能力

1. 下列各项投资中，通常被认为没有风险的货币时间价值为（　　）。

A. 股利　　B. 长期借款利息　　C. 债券利息　　D. 国库券利息

2. 下列长期投资决策方法中，哪种方法属于静态评价方法？（ ）

A. 内部收益率法　　B. 会计收益率法

C. 现值指数法　　D. 净现值法

3. 采用逐次测试法求内部收益率时，用内插法求值是假定（ ）。

A. 贴现率与净现值之间是成反比例关系

B. 贴现率与复利现值系数是成正比例关系

C. 贴现率与年金现值系数是成反比例关系

D. 贴现率与年金现值系数是成正比例关系

4. 当内部收益率法、净现值率法的决策结论与净现值法的结论相矛盾时，一般应以（ ）的决策结论为准。

A. 内部收益率法　　B. 净现值率法

C. 净现值法　　D. 静态投资回收期法

5. 净现值随贴现率的变动而（ ）。

A. 正比例变动　　B. 反比例变动　　C. 同方向变动　　D. 反方向变动

6. 某投资方案贴现率为 18%时，净现值为–3.17，贴现率为 16%时，净现值为 6.12，则该方案的内部收益率为（ ）。

A. 14.68%　　B. 16.68%　　C. 17.32%　　D. 18.32%

7. 某投资项目的建设期为 2 年，如果在运用回收期指标评价时，不包括建设期的回收期只要小于或等于 5 年，该项目就可行，则该项目的计算期为（ ）。

A. 7　　B. 10　　C. 12　　D. 15

8. 已知某投资项目在建设起点一次投入全部原始投资 2 000 万元，若方案净现值为 200 万元，行业基准折现率为 10%，则该方案的现值指数为（ ）

A. 1.10　　B. 1.15　　C. 1.265　　D. 1.11

9. 净现值法评价投资方案时，在（ ）情况下，方案可行。

A. $NPV>0$　　B. $NPV<0$　　C. $NPV=0$　　D. $NPV>1$

10. 下列指标的计算中，没有直接利用现金净流量的是（ ）。

A. 内部收益率　　B. 会计收益率　　C. 投资回收期　　D. 现值指数

二、多项职业选择能力

1. 在长期投资决策评价指标中，属于正指标的有（ ）。

A. 会计收益率　　B. 净现值　　C. 内部收益率　　D. 投资回收期

2. 内部收益率实际上就是（ ）。

A. 使投资方案净现值等于 0 的贴现率　　B. 投资方案的实际会计收益率

C. 资金成本　　D. 使投资方案现值指数等于 1 的贴现率

3. 下列方法中考虑现金流量的有（ ）。

A. 现值指数法　　B. 内部收益率法　　C. 净现值法　　D. 净现值率法

4. 下列表述中不正确的是（ ）。

A. 净现值等于 0，说明此时的贴现率为内部收益率

B. 净现值大于 0，该投资方案可行

C. 净现值大于 0，净现值率小于 1

D. 净现值是未来报酬的总现值与初始投资额现值之差

5. 某投资项目设定折现率为10%，投资均发生在建设期，投资现值为100万元，投产后各年净现金流量现值之和为150万元，则下列各选项正确的是（　　）。

A. 净现值为50万元　　B. 净现值率为50%

C. 现值指数为1.5　　D. 内部收益率大于10%

6. 净现值指标的优点主要有（　　）。

A. 考虑了资金时间价值

B. 考虑了整个项目计算期的全部现金净流量

C. 考虑了投资的风险

D. 从动态的角度反映了项目的实际收益率水平

7. 下列长期投资决策方法中，属于折现的现金流量法的有（　　）。

A. 投资回收期法　　B. 净现值法

C. 现值指数法　　D. 内部收益率法

8. 投资项目的现金流入量的内容主要包括（　　）。

A. 营业收入　　B. 回收固定资产残余值

C. 回收流动资金　　D. 固定资产折旧额

9. 影响内部收益率的因素有（　　）。

A. 投资项目的有效年限　　B. 投资项目的现金流量

C. 企业要求的最低报酬率　　D. 银行贷款利率

10.（　　）会影响动态指标的高低。

A. 投资方式　　B. 建设期　　C. 回收额　　D. 现金净流量

三、职业判断能力

1. 现值指数是指投资方案的未来现金流入量的现值和原始投资额的差额。（　　）

2. 普通年金是指各期期末收付的年金。（　　）

3. 在评价两个互斥的投资方案时，应当着重比较其各自的内部收益率，而把净现值放在次要位置。（　　）

4. 内部收益率就是一种能使投资方案的净现值等于零的贴现率。（　　）

5. 在用内部收益率法进行投资方案评价时，只有内部收益率大于零，方案方可行。（　　）

6. 投资回收期法在实际工作中，往往与净现值法、内部收益率法结合起来加以利用。（　　）

7. 一般情况下，使投资方案的净现值小于0的折现率，一定高于该投资方案的内部收益率。（　　）

8. 一般说来，投资回收期越长，表明该项投资的效果越好，所冒的风险也越小。（　　）

9. 现金流量是按照收付实现制计算的，而在做出投资决策时，应以权责发生制计算，计算出的营业利润为评价项目经济效益的基础。（　　）

10. 在更新改造项目中，旧设备的投资额等于旧设备的变现价值，与旧设备的账面价值无关。（　　）

能力训练二　实务操作

实训一：

新华股份公司希望 3 年后能有 200 000 元的款项用来购买一个新厂。假设目前 3 年期的定期存款利率为 8%的话，该企业需要存入多少款项，才能保证 3 年后获得足够款项？

实训二：

华星股份公司批准购置一设备以扩充生产能力，现有甲、乙两个方案可供选择。

甲方案：需一次性投资 100 万元，使用寿命 5 年，采用平均年限法计提折旧，报废时无残值。5 年中每年销售收入 80 万元，每年的付现成本为 40 万元。

乙方案：需一次性投资 140 万元。此外，在第一年年初需垫支流动资金 40 万元，采用平均年限法计提折旧，使用寿命也为 5 年，报废时有残值收入 20 万元。5 年中每年的销售收入为 100 万元，付现成本第一年为 30 万元，以后随着设备陈旧，将逐年增加修理费 8 万元。

假设所得税率为 25%。

要求：计算这两个方案的现金流量。

实训三：

新兴公司有两个投资项目，均使用自有资金，甲项目投资 100 万元，无建设期，项目计算期为 5 年，期末假设无残值。乙项目投资 350 万元，于建设起点一次投入，建设期为 1 年，项目计算期为 5 年，期末假设无残值。企业的资金成本为 10%，所得税税率为 25%。有关项目的营业收入和付现成本资料如表 4–10 所示。

表 4–10　资料表　　单位：万元

时间	甲项目		乙项目	
	营业收入	付现成本	营业收入	付现成本
1	80	20	60	30
2	80	20	85	42
3	80	20	90	43
4	80	20	130	50
5	80	20	190	60

要求：分别计算甲、乙两个项目的净现值。

实训四：

长远公司准备新建一条生产流水线，预计建设期为一年，所需原始投资 250 万元在建设起点一次投入。该流水线预计使用期为 5 年，期满不计残值。采用直线法计提折旧。该流水线投产后每年可增加净利润 60 万元，该企业的基准投资利润率为 25%。

要求：

（1）计算该项目计算期内各年现金净流量。

（2）计算该项目的投资回收期。

（3）计算该项目的会计收益率。

（4）假定使用的行业基准折现率为 10%，计算该项目的净现值、净现值率。

（5）计算该项目的内部收益率。

（6）评价其财务可行性。

实训五：

兴安公司准备更新一台旧设备，有关资料如表 4–11 所示。

表 4–11　设备相关资料

项　目	旧设备	新设备
原值/元	11 000	15 000
使用期满净残值/元	1 000	3 000
税法规定使用年限/年	10	10
已经使用年限/年	5	0
每年经营成本/元	6 000	5 000
目前变现价值/元	3 000	15 000

要求：如果该企业资金成本为 12%，做出设备是否需要更新的决策。

项目五

全面预算

案例导读

仪征化纤股份有限公司是我国最大的现代化化纤和化纤原料生产基地，主要从事生产及销售聚酯切片和涤纶纤维业务。为了提高管理水平，根据公司的财务管理基础与实际情况，仪征化纤提出了“企业管理以资金管理为中心，牢牢牵住成本这个牛鼻子，开源节流、生财聚财”的理财观念。坚持以资金集中为前提，以现金流量为中心，对资金流入流出实行全过程的监控。

首先，加强资金收支预算管理，财务部要求各二级单位在年度生产计划和成本费用预算的基础上，编制年度资金收支预算，在年度资金预算计划确定后，编制季度、月度的资金使用计划，做到年计划、月平衡、周安排；其次，实行现金流量周报制度，及时反映企业的运营、投资和融资状况；再次，完善成本核算体制，强化目标成本管理，以目标利润倒推成本，对成本发生要做到心中有数，事前有预算、事中有控制、事后有考核；最后，在建立预算管理体制的同时，建立各项费用的授权管理制度。通过全面实施财务预算制度，该公司成本大大降低，收到了较好效果。

想一想：

1. 什么是预算？
2. 实施企业预算管理对企业有什么意义？

学习目标

- **知识目标**

1. 了解全面预算的含义、作用和原则；
2. 了解全面预算编制程序及全面预算体系的构成；
3. 掌握全面预算的编制方法。

- **技能目标**

1. 会编制业务预算；

2. 会编制财务预算；

3. 会编制专门决策预算。

任务一　认识全面预算

任务情景

华通股份有限公司为扎实开展全面预算工作，切实使全面预算成为工作的助手，从三方面做好2017年全面预算工作。一是各部门提高了对全面预算编制工作重要性的认识，多方面各环节考虑本部门全年将要发生的各项费用及资金使用情况；二是把全面预算工作与中心工作相结合，以此进一步促进基础工作的提升，加强预算工作的刚性；三是实行月度预算工作会议，并将此纳入行政办公会议，涉及费用的项目通过办公会后按程序开展相关工作，并对预算执行实行月度考核，纳入部门绩效；四是严格控制费用支出，重点做好办公费、维修费、差旅费的控制，同时，为增强员工素质，打造学习型组织，提高员工知识文化程度，合理增加职工教育经费支出；五是全面加强项目建设费用的核算、控制、跟踪和受控管理，确保项目建设圆满完成。

想一想：

如果你是公司管理会计人员，如何设计全面预算编制方案？应遵循哪些原则？

任务描述

全面预算是一种全要素、全过程、全方位的管理体系，是几个能把组织的所有关键问题融合于一个体系的管理控制方法之一，是实现战略目标，提升经营绩效，实现企业内部控制的有力工具。本任务要求我们应对全面预算进行充分了解并能依据原则编制全面预算。

任务实施

《礼记・中庸》：“凡事预则立，不预则废。”预算最早出现于20世纪20年代，是杜邦、通用汽车和西门子等西方大型企业用来管理成本和控制现金流的一种管理控制工具。至20世纪六七十年代，预算日益风行，且逐渐演化为业绩考评工具，进而与企业激励措施相结合。全面预算管理是一种全新的管理理念，是一种公司整体规划和动态控制的管理方法，是对公司整体经营活动的一系列量化的计划安排。

名人名言

创办一个公司就像建立一座大厦，没有蓝图，就不可能顺利施工，谁都不能在没有蓝图的情况下施工。

——〔美〕比尔・盖茨

一、全面预算概述

（一）全面预算的概念

企业在经营管理的过程中，不仅要对未来的经营目标进行预测和决策，还要通过决策的具体化，使未来的经营目标便于实施，这一决策具体化的过程就是预算。

全面预算又称“企业预算”和“总预算”，是在预测与决策基础上，按企业既定的经营目标，规划与反映企业未来销售、生产、成本、现金收支等方面的经营活动，以便对企业未来计划期内全部生产经营活动进行有效组织、协调；它主要以货币作为计量单位，通过一系列预计财务报表及附表表示其资源配置情况及有关企业总体计划的数量说明。概括来讲，全面预算就是指企业以货币为主要计量单位，对企业的全部生产经营活动的数量说明。简言之，全面预算是企业以货币为主要计量单位对企业的全部经营活动的计划和资源配置。

（二）全面预算的内容

全面预算是由一系列预算按其经济内容及相互关系有序排列组成的有机体，主要包括业务预算、财务预算和专门决策预算三部分。

1. 业务预算

业务预算是以企业计划期间日常发生的基本生产经营活动为对象而编制的预算，主要包括销售预算、生产预算、直接材料预算、直接人工预算、制造费用预算、产品成本预算、期末存货预算、销售和管理费用预算等。这些预算以实物量指标和价值量指标分别反映企业收入与费用的构成情况。

2. 财务预算

财务预算是以企业在计划期内预计现金收支、经营成果和财务状况为对象而编制的预算，主要包括现金预算、预计利润表、预计资产负债表等。这些预算以价值量指标总括反映经营预算和资本支出预算的结果。

3. 专门决策预算

专门决策预算是以企业在计划期内不经常发生的长期投资决策项目或一次性专门业务活动为对象而编制的预算，主要包括资本支出预算和一次性专门业务预算，如企业固定资产的购置、扩建、改建、更新等都必须在投资项目可行性研究的基础上编制预算，具体反映投资的时间、规模、收益及资金的筹措方式等。

企业的全面预算是在预测决策的基础上，以销售预算为起点，根据企业的未来总体规划编制的。在三类预算中，业务预算是全面预算的基础，财务预算的综合性最强，业务预算和专门决策预算最终都可以折合成金额反映在财务预算中内，所以人们有时称财务预算为总预算，称业务预算和专门决策预算为分预算，它们共同构成一个完整的前后衔接、互相勾稽的全面预算体系。

它们之间的关系如图5–1所示。

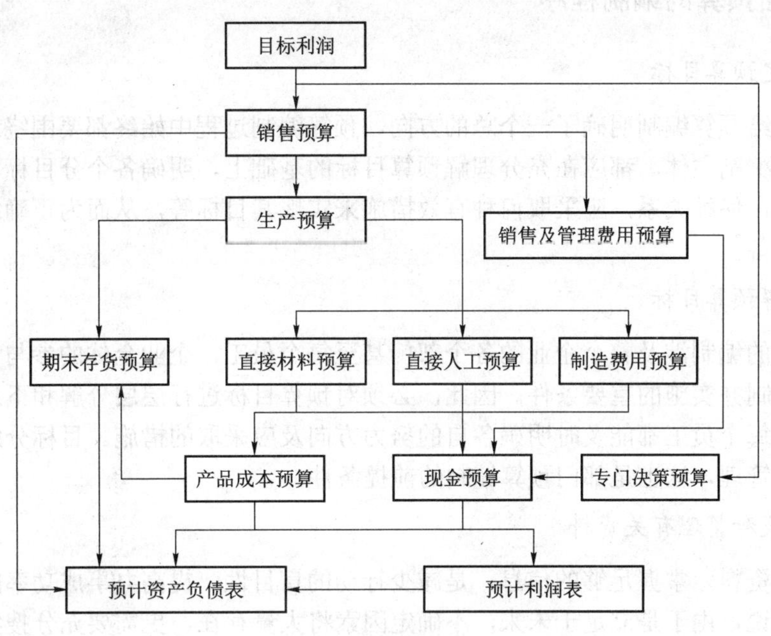

图 5–1 全面预算体系

二、全面预算的作用

编制全面预算，可以有效地调节和控制企业的生产经营活动，促使企业达到经营管理目标，其作用主要表现在以下几方面。

1. 明确各责任部门的工作目标

企业本身是一个整体，但其各职能部门是相对独立的，通过编制全面预算，各级职能部门可以认清本部门的具体目标，各部门的管理人员可以认清在计划期间的具体工作，明确工作职责，有效避免因本位主义而产生忽视企业的现象。

2. 协调各部门之间的关系，控制各责任部门的日常经济活动

全面预算把企业各方面的工作纳入了统一的计划之中，促使企业内部各部门的预算相互协调，在保证企业总体目标最优的前提下，组织各自的生产经营活动。这样减少了各部门之间由于对企业总体目标的理解不同，或由于部门利益冲突造成的各部门之间的不协调而影响企业整体利益的现象。

编制预算是企业经营管理的起点，也是控制日常经济活动的依据。企业各职能部门在预算执行过程中，通过计量对比，及时发现实际脱离预算的问题，分析偏离预算的程度和原因，以便采取措施，发掘潜力，保障预算正常执行。

3. 定期考核各责任部门的工作业绩

全面预算确定的各项指标，也是考核各部门工作业绩的标准。在评定各部门工作业绩时，要根据预算的完成情况，定期对各职能部门的工作进行考核，明确责任，找出差距，制定措施，促使各部门为完成预算规定的目标而努力工作。

三、全面预算的编制程序

（一）确定预算目标

预算目标给预算编制明确了一个总的方向，预算编制过程中始终都要围绕这个目标来进行。任何预算编制主体，都应在充分理解预算目标的基础上，明确各个分目标与总目标及各分目标之间存在何种关系，应采取何种有效措施来实现其目标等，从而为正确编制预算做好充分的思想准备。

（二）分解预算目标

全面预算的编制涉及整个企业的各个部门甚至每个员工，企业全体的参与，是保证预算正确、顺利编制并实施的重要条件。因此，必须对预算目标进行层层分解和下达，以便使各职能部门直至每个员工都能及时明确各自的努力方向及应采取的措施。目标分解的原则是能够对其控制和管理，这也是部门预算编制的前提条件。

（三）搜集和整理有关资料

充分占有资料，掌握足够的信息，是减少行动的盲目性，提高办事成功率的必要前提。对预算编制来说，由于是立足于未来，不确定因素将大量存在，更需要充分搜集历史的、现在的和未来发展要求的各种与预算编制有关的有用信息，并围绕预算目标和内容，对其进行系统加工整理，为编制预算做好充分的资料准备。

（四）编制部门预算方案

在大量占有资料的基础上，围绕各自的预算目标，选择合适的编制方法，拟定各种预算草案，并反复测试论证，明确各种变量的变化对预算值的影响程度和可能出现的种种效应，分析预算草案的可行程度，以及未来执行中可能出现的问题，最后形成初步预算方案，提交预算委员会等进行审查。

（五）协调和平衡部门预算方案

初步预算方案是由各部门分别编制的。在预算编制过程中将涉及和处理许多经济关系，并且可能发生种种经济利益上的冲突和矛盾。因此，对各部门提交的预算方案，预算委员会应从整体观念出发，逐个审查，并寻找出可能存在的矛盾和问题，确定出合理的解决办法和协调措施，反馈给各预算编制单位进行修正，求得平衡一致。

（六）归集汇总并审议评价形成总预算

各部门根据预算委员会反馈的初步预算修正要求，进行认真修正后，再提交预算委员会加以归集汇总，由其围绕预算整体目标进行全面审查、测算和分析，最后由预算委员会审议评价，形成正式预算文件下达执行。

任务二　全面预算的编制方法

任务情景

ABI（百威啤酒）公司所属的行业为快速消费品行业，与可口可乐、百事可乐等快速消费品行业的“新贵”不同，ABI 公司所处的啤酒行业产品拥有四百年以上历史，产品就其本身而言，没有太多可乐那样的知识产权，生产制造工艺经过上百年的传承，无论在世界哪个角落，差异不会太大。这些决定了产品的价格、毛利率水平相对稳定，难以在生产技术上有更多的创新。可是只有夕阳产业，没有夕阳公司。ABI 通过在全球推广零基预算，为企业发展从自身内部找到增长的源泉。

想一想：

零基预算对企业真的这么有效吗？

任务描述

预算在企业管理中扮演着重要的角色，但如果使用不当，也可能对企业经营造成不良影响产生内部冲突，因此，企业在预算编制过程中一定要重视编制的方法和编制过程的组织工作。本任务要求理解固定预算、弹性预算、零基预算和滚动预算的特点，掌握弹性预算和零基预算的编制方法，并能熟练灵活运用这些方法解决企业实务中的问题。

任务实施

企业全面预算的构成内容比较复杂，编制预算需要采用适当的方法。常见的预算方法主要包括固定预算与弹性预算、增量预算和零基预算、定期预算与滚动预算，这些方法广泛应用于营业活动有关预算的编制。

一、固定预算与弹性预算

固定预算是全面预算编制方法中最基本、最传统的一种方法。它是根据未来既定业务量水平，不考虑计划期内生产经营活动可能发生的变动而编制的预算。其主要特点是计划期所涉及的各项预定指标均为固定数据，预算编制后，具有相对固定性，在计划期内一般不予修改或更正。这种预算方法也称静态预算。固定预算作为一种传统方法，它包含了预算编制的基本原理，是学习和掌握其他编制方法的基础。这种方法的最大弊端是当计划期实际发生的业务量与编制预算所依据的业务量发生差异时，各项指标的实际数与预算数缺乏可比性。现举例说明如下。

【做中学 5-1】 宏光公司业务量水平相对稳定，在预算期内预计销售 X 产品 20 000 件，单位售价 50 元，单位产品变动成本结构如下：

直接材料	15
直接人工	5
变动性制造费用	3
变动性销售及管理费用	1

年固定性制造费用为 200 000 元，固定性销售及管理费用 150 000 元。但实际生产并销售产品为 15 000 件，固定预算编制如表 5-1 所示。

表 5–1　固定预算表　　单位：元

项　　目	固定预算	实际	差异
销售量/件	20 000	15 000	5 000（不利）
销售收入	1 000 000	750 000	250 000（不利）
减：变动成本			
直接材料	300 000	225 000	75 000（有利）
直接人工	100 000	75 000	25 000（有利）
变动性制造费用	60 000	45 000	15 000（有利）
变动性销售及管理费用	20 000	15 000	5 000（有利）
变动成本合计	480 000	360 000	120 000（有利）
边际贡献	520 000	390 000	130 000（不利）
减：固定成本			
固定制造费用	200 000	200 000	
固定销售及管理费用	150 000	150 000	
固定成本合计	350 000	350 000	
营业利润	170 000	40 000	130 000（不利）

由表 5–1 可见，由于预算和实际产量基础不一致，二者所形成的差异不能恰当地说明企业成本控制的情况如何。也就是说，表中所列示变动成本实际比预算节约 120 000 元，究竟是由于产量减少而引起成本的减少，还是由于成本控制有利而引起的节约？很难通过固定预算与实际结果的对比正确地反映出来。又如营业利润实际比预算少了 130 000 元，更难于判断是否与销售量的减少相适应。这说明固定预算在实际执行中难以与业务水平相衔接，预算灵敏反应程度也大为降低，预算的考核评价作用有时将会减弱或丧失。

为弥补这一弊端，增强预算的适应能力，产生了一种相对较先进的多水平表现的预算编制方法——弹性预算。

弹性预算是在事先估计未来业务量可能发生变动的基础上，编制出一套能适应各种业务量水平的预算，以便分别反映在各该业务量情况下的各项预定指标值。其主要特点是计划期所涉及的各项预定指标随着业务量的变化而变化，具有一定的伸缩性，这种预算方法也称动态预算。

采用弹性预算编制的预算内容，一般应与业务量存在内在依存关系。如制造费用预算、预计利润表、直接材料预算、直接人工预算等。弹性预算的具体编制步骤如下。

（1）确定计划期间业务量的变动范围。在编制弹性预算前，首先要估计到计划期间业务量可能发生的变动，通常把业务量的变动范围确定在正常业务量的 70%～110%，并将业务量按每间隔 5%或 10%或某一固定数值的差距分成若干个区间段。

（2）分析并明确各个预算内容与业务量的依存关系。预算内容与业务量之间的依存关系大体可以分为两类：一类是对业务量变动反应迟钝甚至毫无反应，它们在不同业务量水平下基本保持固定不变；另一类则与业务量变动关系密切，预算指标随着业务量的变化基本上成正比例变化关系。

（3）确定各种业务量水平下的预定指标值。由于对业务量变动反应迟钝的预算指标部分不会随着业务量的增减而变动，所以编制弹性预算时，只需将与业务量关系密切的预算指标按业务量的变动加以调整即可。

【做中学 5–2】某公司计划年度只产销甲产品，其销售单价预计为 280 元，单位变动成本为 100 元，固定成本总额为 128 000 元，销售量范围为 1 000～1 400 件，以每 100 件销售量作为间隔的弹性利润预算如表 5–2 所示。

表 5–2 弹性利润预算

2017 年度　　单位：元

项　目	业务量范围				
	1 000 件	1 100 件	1 200 件	1 300 件	1 400 件
销售收入（单价 280 元）	280 000	308 000	336 000	364 000	392 000
减：变动成本（单变 100 元）	100 000	110 000	120 000	130 000	140 000
边际贡献总额	180 000	198 000	216 000	234 000	252 000
减：固定成本	128 000	128 000	128 000	128 000	128 000
息税前利润	52 000	70 000	88 000	106 000	124 000

二、增量预算与零基预算

上述固定预算和弹性预算，一般都是在过去实际数值的基础上，结合计划期间的有关影响因素，来确定计划期的各种预算值。即通过在基期实际数的基础上增加或减少一定的数额来确定预算值，称为增量预算。增量预算的最大缺陷是受基期实际值的约束，预算人员的思维很难超脱过去的框框，从而影响预算编制的创造性和开拓性，往往造成极大的浪费。为克服这些缺陷，20 世纪 60 年代美国德州仪器公司的彼得 • 派尔（Peter Pyhrr）在该公司首次创造并运用零基预算，随后在美国相继推广并在世界各国广为流传。

零基预算的全称是“以零为基础编制的计划和预算”，其基本思路是在编制预算时，对过去的内容全然不予考虑，视同为一切从零开始。即根本不考虑基期各项指标的实际数，而是一切以零为起点对预算项目根据计划期的实际需要进行逐个分析和计量，进而确定预算值，它是一种编制费用预算时常用的先进方法。这种方法的具体做法如下：

（1）由企业提出总体目标，然后各职能部门根据企业的总目标和本部门的责任目标，对每一项业务进行具体分析，说明费用开支的性质、目的、作用及所需的数额，据此编写各项费用的开支方案；

（2）对计划期各项费用的支出方案进行“成本—效益分析”，并做出综合评价，然后根据各项费用开支方案的轻重缓急，分层次排出开支的先后顺序；

（3）根据费用开支的层次和顺序，结合企业计划期可动用的资金数额，分配资金，落实预算。

【做中学 5–3】鸿翔制衣厂采用零基预算法编制下年度销售及管理费用预算，该厂销售及管理部门的全体职工，根据计划年度本厂的战略目标和销售及管理部门的具体任务，经过充分讨论，反复协商，确定计划期间应该发生的费用项目及其预计数额如下：

（1）工资　　13 000 元
（2）差旅费　　6 000 元
（3）房租　　8 000 元
（4）广告费　　12 000 元
（5）培训费　　10 000 元
合计　　49 000 元

此外，该厂销售及管理部门在计划期内预计可动用的资金为 44 000 元。

经过仔细分析，认为工资、房租费用属于约束性固定成本，属于下年度必不可少的费用开支，必须全额保证。广告费、差旅费和培训费属于酌量性固定成本，可以根据下年度企业资金供应情况酌情增减，它们的成本—效益分析如表 5–3 所示。

表 5–3　成本—效益分析表　　单位：元

项　目	所费（成本）	所得（收益额）
广告费	1	50
培训费	1	30
差旅费	1	20

把上述费用项目按其与本部门及业务的关系，用“成本—效益”分析法进行分层和排序。

第一层次：工资和房租，是计划期内必不可少的，需要全额加以保证。

工资　　13 000 元
房租　　8 000 元
合计　　21 000 元

第二层次：根据成本效益率和计划期间的财力情况，按照从重到轻排列的顺序是广告费、培训费和差旅费。

由于销售部门在计划期内实际可动用的资金只有 44 000 元，可分配用于第二层次各费用项目的预算资金还有 23 000 元，再按照成本效益率的比例进行分配，即：

广告费应分配的资金=23 000×［50/（50+30+20）］=11 500（元）

培训费应分配的资金=23 000×［30/（50+30+20）］=6 900（元）

差旅费应分配的资金=23 000×［20/（50+30+20）］=4 600（元）

根据上述资料，销售及管理费用预算如表 5–4 所示。

表 5–4　销售及管理费用预算　　单位：元

项目	预算额	项目	预算额
工资	13 000	广告费	11 500
差旅费	4 600	培训费	6 900
房租	8 000	合计	44 000

三、定期预算和滚动预算

为便于会计年度的实际数与预算数进行对比，上面介绍的预算编制方法往往以年度作为固定的预算期间，这种以固定的预算期作为编制期间的预算编制方法，称之为定期预算。这种方法的突出特点是预算工作一次性完成，但不足之处在于：① 预算通常在计划年度开始前二三个月进行编制，由于对计划年度特别是后半年的经济业务不够明确，降低了预算的准确性；② 预算执行过程中遇到实际情况发生变化时，使原预算数无法适应新的变动情况；③ 当预算执行到后期时，预算执行者往往只考虑剩余期间的预算控制，缺乏长远打算。为弥补这些缺陷，西方一些国家开始推出新的预算编制方法——滚动预算。

滚动预算也称永续预算或连续预算，是一种使预算期始终保持在某一特定期限（通常为12 个月）的连续性预算。也即预算期随着时间的推移而向后延伸，预算每执行一个月，就立即在期末增列一个月的预算，逐期向后滚动，使任何时期的预算都保持 12 个月的时间跨度。滚动预算的主要特点是预算期具有连续性。其编制一般采用长计划、短安排的办法，即在具体编制时，先按年度分季，并将第一季度按月划分，编制各月的明细预算，其他三季的预算则可以笼统一些，只需列示各季总数。当第一季度即将结束时，将实际执行数与预算数进行对比分析并修正预算；再将第二季度的预算按月细分，编制各月的明细预算，同时补上下一年度第一季度的预算总数；如此逐期滚动。如图 5–2 所示。

第一期预算

2017 年度

第一季度			第二季度总数	第三季度总数	第四季度总数
1 月份明细数	2 月份明细数	3 月份明细数			

第二期预算

2017 年度　　　　2018 年度

第二季度			第三季度总数	第四季度总数	第一季度总数
4 月份明细数	5 月份明细数	6 月份明细数			

图 5–2　滚动预算

滚动预算与定期预算相比，其优越之处主要表现在：① 滚动预算不断地对预算进行调整，避免了由于预算期过长而导致的预算脱离实际，使预算贴近实际；② 预算期逐期滚动，便于对预算资料作经常性分析，根据差异分析及时修订预算；③ 预算期始终固定在一定的期限，使管理人员始终保持整体观念，确立长远打算，有助于生产经营活动的稳定持续发展。

任务三　全面预算的编制

任务情景

1. 企业概况：江南机械厂属机械制造业，主要产品是起重设备60 T，企业在职员工1 800多人，年产值2 000万元左右，利税400万元左右。生产类型是装配式复杂生产，生产周期长，所耗原材料较多。企业机构设置实行“一厂三师”制，在总会计师的领导下，财务部门内部实行厂部和车间二级核算制度，车间设核算员，厂部设财务处。企业会计核算采用科目汇总表形式，记账方法是借贷记账法，成本核算采用分批法，根据订单组织生产。

2. 企业主要核算内容：企业固定资产的核算由厂部财务科进行总分类和明细分类核算，按每台设备设固定资产卡片，并与实物管理部门的实物账相对照。固定资产实行单项折旧，年折旧额100万元左右。企业材料的核算采用计划价格核算，定期分摊材料成本差异，在产品成本中材料成本占50%左右。仓库设每种材料卡片，每个月一般结3次，材料核算员定期到仓库进行核对，材料的计划价格一年内不变。企业的工资核算由车间根据职工考勤记录编制工资结算单，厂部进行全厂工资汇总，实行计时工资制，每月支付一次，工资总额150万左右。企业的期间费用由厂部集中控制，管理费用实行归口管理，严格按部门实行预算控制，销售费用由销售部门直接管理，财务费用由财务部门进行核算和控制。

3. 其他财务情况：计划工业总产值1 700万元，实际完成1 900万元；流动资金计划周转天数为423天，实际周转天数为395天；实际完成销售收入1 800万元，计划销售收入1 600万元；管理费用预算240万元，实际325万元；制造费用计划242万元，实际227万元；全部商品产品成本计划1 160万元，实际1 334万元；计划实现利润370万元，实际406万元。

想一想：

1. 企业是否应编制全面预算？
2. 企业应按照怎样的流程编制全面预算？

任务描述

全面预算是以实现企业的战略目标和阶段目标利润为目的，以销售预算为起点，对生产、成本、现金收支等活动进行预测，并形成企业一定期间的全部生产经营活动的财务计划。通过本任务学习，要求掌握销售预算、生产预算、直接材料预算、直接人工预算、制造费用预算、期末存货预算、销售及管理费用预算、现金预算与预计财务报表的编制。

任务实施

一、业务预算的编制

（一）销售预算

销售预算是整个预算的编制起点，其他预算的编制都以销售预算为基础。

销售预算的主要内容是销量、单价和销售收入。销量根据市场预测或购销合同并结合企业实际生产能力确定。单价根据市场供求关系并通过价格决策确定。销售收入是销量和单价的乘积，在销售预算中计算得出。

销售预算主要由销售部门负责编制，通常按年分季或分月编制。

【做中学 5–4】假定恒顺公司计划年度（2017 年）只生产并销售一种产品甲，产品销售数量、单位产品销售价格和销售收入如表 5–5 所示。

表 5–5 2017 年度销售预算表

项目	第一季度	第二季度	第三季度	第四季度	全年合计
预计销售量/件	1 000	1 500	2 000	1 800	6 300
销售单价/（元·件$^{-1}$）	150	150	150	150	150
预计销售额/元	150 000	225 000	300 000	270 000	945 000

销售预算中通常还包括预计现金收入的计算。其目的是编制现金预算提供必要的资料。第一季度的现金收入包括两部分，即上年应收账款在本年第一季度收到的货款，以及本季度销售中可能收到的货款部分。

假设按合同规定，恒顺公司每季销售收入的 60%可于当季收回现金，其余 40%于下季度收到，2016 年年末的应收账款余额为 45 000 元。恒顺公司 2017 年度现金收入预算如表 5–6 所示。

表 5–6 2017 年度与销售收入有关的预计现金收入计算表 单位：元

项　　目	第一季度	第二季度	第三季度	第四季度	全年合计
期初应收账款	45 000				45 000
第一季度销售收入	90 000	60 000			150 000
第二季度销售收入		135 000	90 000		225 000
第三季度销售收入			180 000	120 000	300 000
第四季度销售收入				162 000	162 000
现金收入合计	135 000	195 000	270 000	282 000	882 000

（二）生产预算

生产预算是在销售预算的基础上编制的，其主要内容有销售量、期初和期末产成品存货及预计的生产量。生产预算是安排预算期生产规模的计划，并为进一步编制成本和费用预算提供依据。

生产预算是对企业预算期内各种产品的生产数量进行规划与测算而编制的预算。生产预算的编制要以预计销售量和预计产成品存货为基础。产品的预计生产量可根据预计销售量和产成品期初、期末的预计库存量确定。公式如下：

预计生产量=预计销售量+预计期末库存量–预计期初库存量

生产预算主要由生产部门负责编制。与销售预算相对应，生产预算的编制期间一般也为一年，年内按产品类别（或品种）进行分季或分月安排。在编制预算时，应注意生产量、销售量、存货量之间合理的比例关系，以避免储备不足、产销脱节或超储积压等现象发生。

【做中学 5–5】仍按【做中学 5–4】的资料，假定恒顺公司各季末的产品存货按下一季度销售量的 10%计算，根据会计历史资料推断，预计 2017 年年初产品存货为 110 件，2017 年年末产品存货为 130 件。则生产预算编制的主要步骤如表 5–7 所示。

表 5–7　2017 年度生产预算　　单位：件

项　　目	第一季度	第二季度	第三季度	第四季度	全年合计
1. 预计销售量	1 000	1 500	2 000	1 800	6 300
2. 加：预计期末存货	150	200	180	130	130
3. 预计需要量合计	1 150	1 700	2 180	1 930	6 430
4. 减：期初存货	110	150	200	180	110
5. 预计生产量	1 040	1 550	1 980	1 750	6 320

（三）直接材料预算

直接材料预算主要是用来确定预算期材料采购数量和采购成本，它是在生产预算的基础上，对预算期内的材料耗用量以及所需的材料采购量和采购成本进行规划与测算而编制的预算。编制直接材料预算与编制生产预算一样，也要考虑计划期间的期初与期末的库存材料水平，以避免材料的供应不足造成停工待料或超储而造成的积压。直接材料预算主要包括单位产品直接材料用量、生产需要量、期初期末存量、预计材料采购量和预计采购金额。预计材料采购金额可按下列公式计算：

预计材料采购金额=预计材料采购量×材料单价

预计材料采购量=预计材料耗用量+预计期末库存材料–预计期初库存材料

预计材料耗用量=单位产品材料标准耗用量×预计生产量

直接材料预算主要由物资供应部门负责编制。为了便于以后编制现金预算，通常在编制直接材料预算的同时编制与直接材料采购有关的现金支出计算表，表中每个季度的现金支出包括本季现购支付的现金和偿还上季应付账款所支付的现金两个部分。

【做中学 5–6】恒顺公司生产产品需耗用 A 直接材料，单位产品材料标准耗用量为 5 千克/件，材料单价为 15 元/千克。每季末的材料库存按下季度生产需要量的 20%计算，各季期初存料与上季度期末存货量相等。根据有关资料，2017 年年初 A 材料存货量为 1 050 千克，预计期末存量 2 000 千克。恒顺公司 2017 年度直接材料预算如表 5–8 所示。

表 5–8　2017 年度直接材料预算

项　　目	第一季度	第二季度	第三季度	第四季度	全年合计
预计生产量/件	1 040	1 550	1 980	1 750	6 320
单位产品材料用量/（千克·件$^{-1}$）	5	5	5	5	5
生产需用量/千克	5 200	7 750	9 900	8 750	31 600

续表

项　　目	第一季度	第二季度	第三季度	第四季度	全年合计
加：预计期末存量/千克	1 550	1 980	1 750	2 000	2 000
合计	6 750	9 730	11 650	10 750	33 600
减：预计期初存量/千克	1 050	1 550	1 980	1 750	1 050
预计材料采购量/千克	5 700	8 180	9 670	9 000	32 550
单价/（元·千克$^{-1}$）	15	15	15	15	15
预计采购金额/元	85 500	122 700	145 050	135 000	488 250

预计本例每季度材料采购金额中，有 50%在当季支付，其余在下季度支付。2017 年年初，A 材料应付采购账款为 50 400 元。恒顺公司 2017 年度现金支出预算如表 5–9 所示。

表 5–9 2017 年度与直接材料有关的预计现金支出预算表 单位：元

项目	第一季度	第二季度	第三季度	第四季度	全年合计
上年应付账款	50 400				50 400
预计采购金额	85 500	122 700	145 050	135 000	488 250
第一季度采购金额	42 750	42 750			85 500
第二季度采购金额		61 350	61 350		122 700
第三季度采购金额			72 525	72 525	145 050
第四季度采购金额				67 500	67 500
现金支出合计	93 150	104 100	133 875	140 025	471 150

根据上述资料，用 Excel 做直接材料预算表和现金支出预算表如下：

文件 开始 插入 页面布局 公式 数据 审阅 视图 加载项 告诉我你想要做什么

H29

	A	B	C	D	E	F
1	已知条件					
2	单位产品材料耗用量	5	材料款当季度支付比例		0.5	
3	材料单价	15	材料款二季度支付比例		0.5	
4	季末材料库存占下季度生产量比例	0.2	年初应付账款		50400	
5	A材料年初存量	1050				
6	A材料年末存量	2000				
7						
8	2017年度直接材料预算					
9	项　目	第一季度	第二季度	第三季度	第四季度	全年合计
10	预计生产量（件）	1040	1550	1980	1750	6320
11	单位产品材料用量（千克/件）	5	5	5	5	5
12	生产需用量（千克）	5200	7750	9900	8750	31600
13	加：预计期末存量（千克）	1550	1980	1750	2000	2000
14	合计	6750	9730	11650	10750	33600
15	减：预计期初存量（千克）	1050	1550	1980	1750	1050
16	预计材料采购量（千克）	5700	8180	9670	9000	32550
17	单价（元/千克）	15	15	15	15	15
18	预计采购金额（元）	85500	122700	145050	135000	488250

	A	B	C	D	E	F
20	2017年度与直接材料有关的预计现金支出预算表					
21	项　目	第一季度	第二季度	第三季度	第四季度	全年合计
22	上年应付账款	50400				50400
23	预计采购金额	85500	122700	145050	135000	488250
24	第一季度采购金额	42750	42750			85500
25	第二季度采购金额		61350	61350		122700
26	第三季度采购金额			72525	72525	145050
27	第四季度采购金额				67500	67500
28	现金支出合计	93150	104100	133875	140025	471150

表中公式如下图：

	A	B	C	D	E	F
1	已知条件					
2	单位产品材料耗用量	5	材料款当季度支付比例		0.5	
3	材料单价	15	材料款二季度支付比例		0.5	
4	季末材料库存占下季度生产量比例	0.2	年初应付账款		50400	
5	A材料年初存量	1050				
6	A材料年末存量	2000				
7						
8	2017年度直接材料预算					
9	项　目	第一季度	第二季度	第三季度	第四季度	全年合计
10	预计生产量（件）	=生产预算!B7	=生产预算!C7	=生产预算!D7	=生产预算!E7	=SUM(B10:E10)
11	单位产品材料用量（千克/件）	=$B$2	=$B$2	=$B$2	=$B$2	=$B$2
12	生产需用量（千克）	=B10*B11	=C10*C11	=D10*D11	=E10*E11	=SUM(B12:E12)
13	加：预计期末存量（千克）	=C12*$B$4	=D12*$B$4	=E12*$B$4	=B6	=E13
14	合计	=B12+B13	=C12+C13	=D12+D13	=E12+E13	=F12+F13
15	减：预计期初存量（千克）	=B5	=B13	=C13	=D13	=B5
16	预计材料采购量（千克）	=B14-B15	=C14-C15	=D14-D15	=E14-E15	=SUM(B16:E16)
17	单价（元/千克）	=$B$3	=$B$3	=$B$3	=$B$3	=$B$3
18	预计采购金额（元）	=B16*B17	=C16*C17	=D16*D17	=E16*E17	=SUM(B18:E18)

	A	B	C	D	E	F
20	2017年度与直接材料有关的预计现金支出预算表					
21	项　目	第一季度	第二季度	第三季度	第四季度	全年合计
22	上年应付账款	=E4				=SUM(B22:E22)
23	预计采购金额	=B18	=C18	=D18	=E18	=SUM(B23:E23)
24	第一季度采购金额	=B23*E2	=B23*E3			=SUM(B24:E24)
25	第二季度采购金额		=C23*E2	=C23*E3		=SUM(B25:E25)
26	第三季度采购金额			=D23*E2	=D23*E3	=SUM(B26:E26)
27	第四季度采购金额				=E23*E2	=SUM(B27:E27)
28	现金支出合计	=B22+B24+B25+B26+B27	=C22+C24+C25+C26+C27	=D22+D24+D25+D26+D27	=E22+E24+E25+E26+E27	=SUM(B28:E28)

（四）直接人工预算

直接人工预算也是以生产预算为基础编制的。其主要内容包括单位产品工时、人工总工时、每小时人工成本和人工总成本。直接人工预算主要由生产部门和人力资源部门负责编制。“预计产量”来自企业的生产预算，单位产品人工工时和每小时人工成本数据，来自标准成本资料。人工总工时和人工总成本通过计算取得：

人工总工时=预计产量×单位产品工时

人工总成本=人工总工时×每小时人工成本

【做中学 5–7】假定恒顺公司预算期内单位产品直接人工的工时定额为 2 小时/件，单位工时的工资率为 10 元。根据资料恒顺公司 2017 年度直接人工预算如表 5–10 所示。

表 5–10 2017 年度直接人工预算

项 目	第一季度	第二季度	第三季度	第四季度	全年合计
预计产量/件	1 040	1 550	1 980	1 750	6 320
单位产品工时/（小时·件$^{-1}$）	2	2	2	2	2
人工总工时/小时	2 080	3 100	3 960	3 500	12 640
每小时人工成本/（元·小时$^{-1}$）	10	10	10	10	10
人工总成本/元	20 800	31 000	39 600	35 000	126 400

【注意】

由于人工工资都需要使用现金支付，不需要另外预计现金支出，可直接参加现金预算的汇总。

（五）制造费用预算

制造费用预算是在生产预算或直接人工预算的基础上，对预算期内完成预计生产任务发生的除直接材料和直接人工以外的其他一切生产费用（即制造费用）进行规划和测算而编制的预算。

在编制制造费用预算时，通常按成本习性将制造费用划分为变动制造费用和固定制造费用两大类变动制造费用以生产预算为基础编制。如果有完善的标准成本资料，用单位产品的标准成本与产量相乘，即可得到相应的预算金额。如果没有标准成本资料，就需要逐项预计计划产量需要的各项制造费用。固定制造费用，需要逐项进行预计，通常与本期产量无关，按每季度实际需要的支付额预计，然后求出全年数。

制造费用预算的编制主要由生产部门负责。

【做中学 5–8】假定恒顺公司在编制制造费用预算时采用变动成本法，变动性制造费用按各种产品直接人工工时比例分配，除折旧费以外的各项制造费用均在当季支付现金。恒顺公司 2017 年度制造费用预算如表 5–11、表 5–12 所示。

为了便于编制现金预算，在编制制造费用预算的同时，还要计算现金支出。在制造费用预算中，除了折旧费以外都需支付现金，将制造费用数额扣除折旧费后，调整为“现金支出”。

表 5–11 2017 年度制造费用预算

变动性制造费用		固定性制造费用	
间接材料/元	12 640	管理人员工资/元	16 040
间接人工/元	12 640	折旧费/元	8 440
维修费/元	2 000	保险费/元	800
水电费/元	4 320		
合计/元	31 600	合计/元	25 280
直接人工工时总数/小时	12 640	减：折旧	8 440
分配率=31 600÷12 640=2.5		现金支出合计 各季度支出额=16 840÷4=4 210	16 840

为了便于编制财务预算，在编制制造费用预算的同时，还要编制现金支出计算表。在制造费用预算中，除了折旧费以外都需支付现金。为了便于编制现金预算，需要预计现金支出，将制造费用数额扣除折旧费后，调整为“现金支出”。

【注意】

非付现成本指的是企业在经营期不以现金支付的成本费用。一般包括固定资产折旧、无形资产摊销、开办费的摊销等。

表5–12 2017年度与制造费用有关的预计现金支出表

项 目	第一季度	第二季度	第三季度	第四季度	全年合计
（1）直接人工工时/小时	2 080	3 100	3 960	3 500	12 640
（2）变动性制造费用/元	5 200	7 750	9 900	8 750	31 600
（3）固定性制造费用/元	4 210	4 210	4 210	4 210	16 840
现金支出合计（2）+（3）	9 410	11 960	14 110	12 960	48 440

（六）产品成本预算

为了计算产品的销售成本，必须首先确定产品的生产总成本和单位成本。产品成本预算是在生产预算、直接材料预算、直接人工预算和制造费用预算的基础上，对预算期内的单位产品成本和生产总成本进行规划与测算而编制的预算，也是编制预计利润表、预计资产负债表的主要依据之一。

产品成本预算一般由生产部门负责，也可汇总到财会部门编制。编制时，将料、工、费三大项目的价格标准与用量标准分别相乘，然后加以汇总即可。

知识链接

标准成本

1. 标准成本的概念

作为与历史成本或实际成本对称的标准成本，是指按照成本项目事先制定的，在已经达到的生产技术水平和有效经营管理条件下应当达到的单位产品成本目标。它可以作为控制成本开支、评价实际成本、衡量工作效率的依据和标尺。

标准成本是一种预先制定的成本目标，制定后一般不做调整和改变，实际生产费用与标准成本的偏差，通过成本差异来反映。

2. 标准成本的制定

制定成本标准，主要包括两个方面的内容：一是数量标准；二是价格标准。这两个标准确定后，其乘积为某项成本项目的标准成本。即

$$\text{每一成本项目标准成本}=\text{价格标准}\times\text{用量标准}$$

$$\text{单位产品的标准成本}=\sum\text{各成本项目标准成本}$$

（1）直接材料标准成本的制定。

直接材料的标准成本可表示为以下公式：

直接材料的标准成本=材料价格标准×材料用量标准

上式中直接材料的价格标准是指事先预计的购买各种材料的标准价格，包括买价、运费、检验和正常损耗等成本。直接材料的用量标准是指现有技术条件下生产单位产品所需的各种直接材料数量，通常也称为材料消耗定额，包括构成产品实体的材料、生产中不可避免的损耗和废品耗用的材料等。

（2）直接人工标准成本的确定。

直接人工标准成本可表示为以下公式：

直接人工标准成本=直接人工标准工时×直接人工标准工资率

如果产品加工需要不同工艺而由不同工人进行加工，公式为：

直接人工标准成本=$\sum$（各项作业标准工时×相应的标准工资率）

上式中标准工时是指现有生产技术条件下，生产单位产品所需要的标准工时，包括对产品的直接加工工时，必要的间歇和停工事件以及不可避免的废品上所用的工时等。标准工资率是指生产工人每一标准工时所应分配的工资。

（3）制造费用标准成本的制定。

制造费用的标准成本可表示为以下公式：

制造费用标准成本=制造费用分配率×标准工时

上式中标准工时是指生产单位产品所需的直接人工工时或者机器工时。而制造费用分配率是指制造费用预算总数与生产量标准的比值，其计算公式为：

制造费用分配率=制造费用预算总数/生产量标准

上式中生产量标准是指企业充分利用现有的生产能力可能达到的最高生产量。它通常用直接人工工时或者机器工时来表示。

制造费用预算一般按固定费用和变动费用分别编制。变动制造费用是按不同的生产水平分别确定，固定制造费用是按固定制造费用预算来确定。

【做中学 5-9】假定恒顺公司采用变动成本计算法，即单位产品成本只包括直接材料费用、直接人工费用和变动制造费用，而固定制造费用则全部直接列入利润表内，作为边际贡献总额的减项。且期初、期末均没有在产品，产成品期初单位变动成本为 107 元，其他有关资料见以上各表。恒顺公司 2017 年度产品成本预算如表 5-13 所示。

表 5-13　2017 年度产品成本预算

成本项目	单位用量	单位价格	单位成本	总成本
直接材料				
A 材料	5 千克	15 元/千克	75	474 000
直接人工	2 工时	10 元/工时	20	126 400
变动性制造费用	2 工时	2.5 元/工时	5	31 600
合　计			100	632 000

续表

成本项目	单位用量	单位价格	单位成本	总成本
预计产品生产成本				632 000
加：产成品期初余额（1）				11 770
减：产成品期末余额（2）				13 000
预计产品销售成本（3）			100.12	630 770

（1）11 770=107×110

（2）13 000=100×130

（3）100.12=630 770÷6 300（6 300 为销售量）

（七）销售及管理费用预算

销售及管理费用预算是对预算期内企业在产品销售过程中发生的各种费用，以及为组织和管理整个企业的生产经营活动而发生的管理费用进行规划与测算而编制的预算。

销售费用预算以销售预算为基础，分析销售收入、销售利润和销售费用的关系，力求实现销售费用的最有效使用。在安排销售费用时，要利用本量利分析方法，费用的支出应能获取更多的收益。在草拟销售费用预算时，要对过去的销售费用进行分析，考察过去销售费用支出的必要性和效果。销售费用预算应和销售预算相配合，应有按品种、按地区、按用途的具体预算数额。

管理费用是企业搞好一般管理业务所必要的费用。在编制管理预算时，要分析企业的业务成绩和一般经济状况，务必做到费用合理化。

【做中学 5–10】假定恒顺公司根据预算期的销售量及有关标准耗用量和标准价格分别编制销售和管理费用预算，其中，变动性销售费用为各项变动费用的单位标准费用乘以销售量计算。固定性销售及管理费用在一定时期内固定不变的。根据资料恒顺公司 2017 年度销售及管理费用预算如表 5–14、表 5–15、表 5–16 所示。

表 5–14　2017 年度销售费用预算　　单位：元

变动性销售费用			固定性销售费用	
项目	单位产品标准费用额	全年费用额	项目	全年费用额
销售佣金 运输费 其他	0.7 0.5 0.2	4 410 3 150 1 260	管理人员工资 广告费 保险费 其他	5 000 8 000 4 000 2 580
合计	1.4	8 820	合计 平均每季度	19 580 19 580÷4=4 895

预计销售量：6 300 件

表 5–15 2017 年度预计现金支出计算表

项 目	第一季度	第二季度	第三季度	第四季度	全年合计
（1）预计销售量/件	1 000	1 500	2 000	1 800	6 300
（2）变动性销售费用/元	1 400	2 100	2 800	2 520	8 820
（3）固定性销售费用/元	4 895	4 895	4 895	4 895	19 580
现金支出合计/元	6 295	6 995	7 695	7 415	28 400

表 5–16 2016 年度管理费用预算 单位：元

费用项目	金 额
管理人员工资	12 000
工会经费	3 000
董事会费	2 000
职工培训	3 000
办公费	4 000
其他	2 000
合 计	26 000
平均每季度支付数	26 000÷4=6 500

二、专门决策预算的编制

专门决策预算是对企业计划期间不经常发生的长期投资项目或一次性专门业务活动编制的预算，通常包括资本支出预算和一次性专门业务预算，企业可根据实际情况和管理需要自行设计表式进行编制。

（一）资本支出预算

资本支出预算也称投资支出预算或专门预算，是关于购置设备等重大资本支出项目的预算。资本支出预算的预算期往往比较长，有的甚至长达十几年，因此资本支出预算考察的重点是固定资产的投资计划及预期费用的支付安排。资本支出预算和业务预算通常是分开来编制的。因为涉及的金额大、影响的期间较长，在大中型企业中多设置专门投资委员会负责资本支出决策，因此，资本支出预算更适宜视作计划工作的组成，而不是年度预算的一部分。

【做中学 5–11】假定恒顺公司 2017 年购买仪器设备 84 000 元。其中第一季度 22 000 元，第二季度 10 000 元，第三季度 4 000 元，第四季度 48 000 元。其固定资产购置预算如表 5–17 所示。

表 5–17 2017 年度固定资产购置预算表 单位：元

固定资产项目	第一季度	第二季度	第三季度	第四季度	全年合计
仪器设备	22 000	10 000	4 000	48 000	84 000
合计	22 000	10 000	4 000	48 000	84 000

（二）一次性专门业务预算

一次性专门业务预算是为财务部门在日常理财活动中发生的一次性业务而编制的预算，主要用于筹措资金、投放资金、发放股利等方面。通过编制一次性专门业务预算，使企业的支付能力与正常业务经营和资本支出对现金的需求相适应。

【做中学 5–12】假定恒顺公司根据现金收支情况，预计第一季度从银行借入半年期借款 50 000 元，到期一次偿还本金，利息按季度计提，年利率 10%计算付息，借入本金为季初，还本付息为季末。预计全年缴纳所得税 40 000 元，发放股利 40 000 元。根据此编制一次性专门业务预算，如表 5–18、表 5–19 所示。

表 5–18　2017 年度融资预算表　　单位：元

项　　目	第一季度	第二季度	第三季度	第四季度	全年合计
借入现金	50 000				
归还本金			50 000		50 000
支付短期贷款利息（10%）		1 250	1 250		2 500

表 5–19　2017 年度缴纳税金、发放股利预算表　　单位：元

项　　目	第一季度	第二季度	第三季度	第四季度	全年合计
缴纳税金	14 000	14 000	14 000	14 000	56 000
发放股利	10 000	10 000	10 000	10 000	40 000

三、财务预算的编制

（一）现金预算

现金预算也称现金收支预算，是在经营预算和专门决策预算的基础上，对企业预算期内的现金收支、余绌及资金融通等情况进行规划与测算而编制的预算。通常包括以下几个部分：

1. 现金收入

现金收入部分包括期初的现金余额和预算期内发生的现金收入，如现销收入、收回的应收账款、应收票据到期兑现和票据贴现收入等。

2. 现金支出

现金支出包括预算期预计的各项现金支出，包括采购材料支付货款、支付工资、支付部分制造费用、支付销售费用、管理费用、财务费用、偿还应付款项、缴纳税费、支付利润及资本性支出的有关费用（设备购置费）等。

3. 现金结余或不足

现金结余或不足部分列示现金收入合计与现金支出合计之间的差额，差额为正数，说明收大于支，现金有结余；差额为负数，说明支大于收，现金不足。

4. 资金的筹集和运用

根据预算期现金收支的差额和企业有关资金管理的各项政策，确定筹集或运用资金的数

额。如果现金不足，可向银行取得借款，或发放短期商业票据以筹集资金，并预计还本付息的期限和数额。如果现金多余，除了可用于偿还借款外，还可用于购买作为短期投资的有价证券。

现金预算实际上是其他预算有关现金收支部分的汇总，以及收支差额平衡措施的具体计划。它的编制，要以其他各项预算为基础，或者说其他预算在编制时要为现金预算做好数据准备。现金预算一般由财会部门负责编制。

【做中学 5–13】根据恒顺公司 2017 年度各项预算所提供的资料，并假设恒顺公司每季度末应保持现金余额最低 5 000 元，最高 25 000 元。预计恒顺公司期初现金余额为 17 000 元，若余额不足，则向银行借款，银行借款金额的要求是 10 000 的倍数，借款年利率 10%。

根据上述资料编制恒顺公司 2017 年度现金预算表，如表 5–20 所示。

表 5–20 2017 年度现金预算 单位：元

项 目	第一季度	第二季度	第三季度	第四季度	全年
期初现金余额	17 000	19 845	19 040	8 010	17 000
加：销售现金收入	135 000	195 000	270 000	282 000	882 000
可运用现金合计	152 000	214 845	289 040	290 010	899 000
减：现金支出					
采购直接材料	93 150	104 100	133 875	140 025	471 150
支付直接人工	20 800	31 000	39 600	35 000	126 400
支付制造费用	9 410	11 960	14 110	12 960	48 440
支付销售费用	6 295	6 995	7 695	7 415	28 400
支付管理费用	6 500	6 500	6 500	6 500	26 000
支付所得税	14 000	14 000	14 000	14 000	56 000
购置设备	22 000	10 000	4 000	48 000	84 000
支付股利	100 00	10 000	10 000	10 000	40 000
现金支出合计	182 155	194 555	229 780	273 900	880 390
现金余缺	（30 155）	20 290	59 260	16 110	18 610
通融资金					
银行短期借款	50 000				50 000
偿还银行借款			（50 000）		（50 000）
支付借款利息		（1 250）	（1 250）		（2 500）
期末现金余额	19 845	19 040	8 010	16 110	16 110

（二）预计利润表

预计利润表是在业务预算、专门决策预算和现金预算的基础上，对企业预算期内的生产经营活动及其成果按照贡献式利润表的格式和计算方法进行汇总测算而编制的预算。编制预计利润表的依据主要是销售预算、年末产成品存货预算、销售及管理费用预算、制造费用预算和专门决策预算等有关资料。

预计利润表一般由财会部门负责编制，除企业管理需要外，通常按年不分季度编制。

【做中学 5–14】按【做中学 5–4】至【做中学 5–13】所提供的资料，按变动成本法编制恒顺公司的预计利润表，如表 5–21 所示。

表 5–21　2017 年度预计利润表　　单位：元

项　目	金　额
销售收入	945 000
减：变动销售成本	630 770
变动性销售费用	8 820
边际贡献	305 410
减：固定性制造费用	25 280
固定性销售费用	19 580
管理费用	26 000
财务费用	2 500
利润总额	232 050
减：所得税（25%）	58 012.5
净利润	174 037.50

（三）预计资产负债表

预计资产负债表是在基期期末资产负债表的基础上，根据预算期销售、生产、资本等预算的有关数据资料，对预算期末的财务状况进行规划和测算而编制的预算。

预计资产负债表一般由财会部门负责编制，通常按照正常资产负债表的格式和各项内容的填列方法按年编制。

【做中学 5–15】接前述各预算资料，编制恒顺公司 2017 年资产负债表。如表 5–22 所示。

表 5–22　预计资产负债表（2017 年 12 月 31 日）　　单位：元

资产	期初余额	期末余额	负债及所有者权益	期初余额	期末余额
流动资产			流动负债		
货币资金	17 000	16 110	应付账款	50 400	67 500
应收账款	45 000	108 000	应付福利费	2 920	2 073
存货	27 520	43 000	流动负债合计	53 320	69 573
其他流动资产	—	3 100	长期负债		
流动资产合计	89 520	170 210	长期借款	35 000	35 000
固定资产			长期负债合计	35 000	35 000
固定资产原值	170 800	254 800	负债合计	88 320	104 573
减：累计折旧	42 600	57 000	所有者权益		
固定资产净值	128 200	197 800	实收资本	98 000	98 000
固定资产合计	128 200	197 800	资本公积	5 050	5 050
无形资产	5 000	5 000	盈余公积	1 150	3 650
长期资产合计	133 200	202 800	未分配利润	30 200	161 737
			所有者权益合计	134 400	268 437
资产总计	222 720	373 010	权益合计	222 720	373 010

编表说明：

（1）现金：见表 5–21，期末余额为 16 110 元。

（2）应收账款，见表 5–6，预算期初应收账款 45 000 元，期末应收账款余额为 108 000 元。

（3）存货：分表见表 5–6 和表 5–9，预算期初材料余额 15 750 元（1 050×15），预算期末材料余额为 30 000 元（2 000×15）；预算期初产成品余额为 11 770 元（107×110），预算期末产成品余额为 13 000 元（100×130）。

（4）固定资产原值：见表 5–18，期初固定资产原值为 210 800 元，预算期末固定资产原值为 294 800 元（210 800+84 000）。

（5）累计折旧：见表 5–11，预算期初累计折旧余额为 42 600 元，预算期末累计折旧余额为 57 000 元。

（6）应付账款：见表 5–9，预算期初应付账款余额为 50 400 元，预算期末应付账款余额为 67 500 元。

（7）留存收益：期末留存收益=期初留存收益+本期净利润–本期分配的股利

=1 150+30 200+174 037.5–40 000=165 387.5（元）

【想一想】

理想公司 2016 年现金预算部分数据如表 5–23 所示。假定该企业各季末的现金余额不得低于 6 000 元。

表 5–23 2016 年度现金预算 单位：万元

摘要	第一季度	第二季度	第三季度	第四季度	全年
期初现金余额	9 000				
加：现金收入		94 000	120 000		406 500
可动用现金合计	89 000			119 500	
减：现金支出					
直接材料		55 000	60 000	45 000	
制造费用	34 000	30 000			130 000
销售费用	2 000	3 000		4 500	13 500
购置设备	10 000	12 000	10 000		45 000
支付股利	3 000	3 000	3 000	3 000	
现金支出合计					
现金余缺	（6 000）		13 000		
现金筹集与运用					
银行借款（期初）			—	—	
归还本息（期末）	—	—			
现金筹集与运用合计					
期末现金合计				8 000	

项目训练

能力训练一　职业判断与选择

一、单项职业选择能力

1. 编制全面预算的期间通常为（　　）。

A. 1 个月　　B. 1 个季度　　C. 1 年　　D. 半年

2. 下列与生产预算编制没有直接联系的预算是（　　）。

A. 直接材料采购预算　　B. 变动制造费用预算

C. 销售及管理费用预算　　D. 直接人工预算

3. 在编制（　　）时，需按成本习性分析的方法将企业的成本分为变动成本和固定成本。

A. 固定预算　　B. 弹性预算　　C. 零基预算　　D. 滚动预算

4. 在全面预算编制体系中，唯一不设价值量计算的预算是（　　）。

A. 销售预算　　B. 生产预算　　C. 成本预算　　D. 现金预算

5. 直接材料采购、直接人工和制造费用预算是依据（　　）来确定的。

A. 销售预算　　B. 成本预算　　C. 现金预算　　D. 生产预算

6. 某企业编制“直接材料采购预算”，预计第四季度其期初存量 456 千克，季度生产需用量 2 120 千克，预计期末存量 350 千克，材料单价为 10 元，若材料采购货款有 50% 在本季度内付清，另外 50%在下季度付清，则企业预计资产负债表年末“应付账款”项目为（　　）元。

A. 10 070　　B. 14 630　　C. 11 130　　D. 13 560

7. 下列各项中，其预算期可以不与会计年度挂钩的是（　　）。

A. 固定预算　　B. 弹性预算　　C. 零基预算　　D. 滚动预算

8. 某企业编制“生产预算”，预计第一季度期初存货为 120 件，预计销售量第一季度为 1 500 件，第二季度为 1 600 件，预计期末存货 150 件。该企业存货数量通常按下期销售量的 10%比例安排期末存货，则“生产预算”中第一季度的预计生产量为（　　）件。

A. 1 540　　B. 1 460　　C. 1 810　　D. 1 530

9. 为克服传统的固定预算的缺点，人们设计了一种具有适用面广、机动性强、可适用于多种情况的预算方法，即（　　）。

A. 固定预算　　B. 弹性预算　　C. 零基预算　　D. 滚动预算

10. 能够同时以实物量指标和价值量指标分别反映企业经营收入和相关现金收入的预算是（　　）。

A. 现金预算　　B. 销售预算　　C. 生产预算　　D. 预计资产负债表

二、多项职业选择能力

1. 产品成本预算，是（　　）预算的汇总。

A. 生产　　B. 直接材料采购

C. 直接人工　　D. 制造费用

2. 现金预算的组成部分不包括（　　）。

A. 现金收入预算　　B. 销售预算

C. 生产预算　　D. 预计利润表

3. 全面预算的作用主要有（　　）。

A. 明确工作目标　　B. 协调部门关系

C. 制定未来企业经济活动的目标　　D. 评价业绩

4. 编制生产预算中的“预计生产量”项目时，需要考虑的因素有（　　）。

A. 预计销售量　　B. 预计期初存货

C. 预计期末存货　　D. 生产需要量

5. 财务预算的主要内容包括（　　）。

A. 现金预算　　B. 预计利润表

C. 预计资产负债表　　D. 销售预算

6. 在管理会计中，构成全面预算的内容有（　　）。

A. 业务预算　　B. 财务预算　　C. 专门决策预算　　D. 零基预算

7. 滚动预算的基本特点是（　　）。

A. 预算期是相对固定的　　B. 预算期是连续不断的

C. 预算期与会计年度不一定一致　　D. 预算期不可随意变动

8. 下列各项中，能够为编制预计利润表提供信息来源的有（　　）。

A. 销售预算　　B. 产品成本预算

C. 销售及管理费用预算　　D. 制造费用预算

9. 属于零基预算编制程序的有（　　）。

A. 对方案进行成本—效益分析

B. 提出预算期内各种活动内容及费用开支方案

C. 搜集历史资料

D. 择优安排项目，分配预算资金

10. 在生产经营单一产品企业里，销售预算及其附表应反映与销售产品有关的（　　）。

A. 销售数量　　B. 销售价格　　C. 销售额　　D. 现金收入

三、职业判断能力

1. 生产预算是整个预算编制的起点，其他预算的编制都以生产预算为基础。（　　）

2. 现金预算以实物量指标总括反映经营活动和资本支出的结果。（　　）

3. 由于弹性预算是按预期可预见的不同业务量水平编制的，因而总可以在弹性预算中找到与实践业务量相同的业务量水平与其预算金额，便于对预算执行情况进行控制和考核。（　　）

4. 在现金预算中，必须反映在预算期内企业规划筹措用于抵补收支差额的现金，确保一定数额的现金余额，以及通过买入、卖出有价证券来调剂现金余缺等内容。（　　）

5. 预计财务报表的编制程序是先编制预计资产负债表，然后编制预计利润表。（　　）

6. 财务预算是指反映企业预算期现金支出的预算。（　　）

7. 弹性预算只是一种用于特殊的编制费用预算的方法。（　　）

8. 零基预算特别适用于产生较难辨认的服务性部门预算的编制和控制。（　　）

9. 从三大类预算的关系看，财务预算是其他预算的基础。（　　）

10. 滚动预算具有透明度高、灵活性强和连续性突出等优点。（　　）

能力训练二　实务操作

实训一：

鼎盛公司 2016 年计划生产并销售甲产品，其有关数据见表 5–24～表 5–31。

要求：据以编制鼎盛公司的业务预算、现金预算和预计利润表（计算结果直接填入给定的表格中）。

表 5–24　销售预算

季度	1	2	3	4	全年
单价	50	50	50	50	
销量	100	200	200	100	
销售额					
销售现金收入预算					
季度	1	2	3	4	全年
期初应收账款	2 000				
1					
2					
3					
4					
合计					

注：当期销售当期收回 50%，余数下期收回。

表 5–25　生产预算

季度	1	2	3	4	全年
销量					
加：期末	200	200	200	200	
减：期初	190				
产量					

表 5–26　直接材料预算

季度	1	2	3	4	全年
产量					
消耗定量	2	2	2	2	2
需用量					
加：期末	600	600	600	580	

续表

季度	1	2	3	4	全年
减：期初	580				
购买量					
单价	5	5	5	5	
购买额					
购买材料现金支出预算					
季度	1	2	3	4	全年
期初应付账款	500				
1					
2					
3					
4					
合计					

注：当期货款付现 50%，其余下期付清。

表 5–27 直接人工预算

季度	1	2	3	4	全年
产量					
标准工时	10	10	10	10	10
总工时					
单位工资率	1	1	1	1	1
工资总额					

表 5–28 制造费用预算

季度	1	2	3	4	全年
总工时					
工时分配率	0.8	0.8	0.8	0.8	0.8
变动制造费用					
固定制造费用	500	500	500	500	
合计					
折旧	200	200	200	200	
付现制造费用					

表 5–29　销售和管理费用预算

季度	1	2	3	4	全年
销量					
标准成本	1	1	1	1	1
变动销管费用					
固定销管费用	200	200	200	200	
合计					
折旧	50	50	50	50	
付现费用					

表 5–30　现金预算

项目	1	2	3	4	全年
期初现金余额	1 000				
加：现金收入					
合计					
减：现金支出					
直接材料					
直接人工					
制造费用					
销售及管理费用					
所得税	300	400	400	400	
付股利		3 000			
购买设备		2 800			
合计					
现金余缺					
银行借款		5 000			
归还借款			3 000	2 000	
利息支出			50	30	
期末余额					

表 5–31　利润表

项　　目	金　　额
销售收入	
销售成本（每件 32.28 元）	

续表

项　　目	金　　额
销售及管理费用	
营业利润	
利息支出	
税前利润	
所得税费用	
净利润	

实训二：

宏大公司生产某种产品，2016 年正常生产能力为 10 000 直接人工小时，该产品制造费用的有关资料如下：

项　　目	正常生产能力下的费用额/元
间接材料	2 500
间接人工	2 100
维修费	1 860
水电费	1 340
管理人员工资	2 000
折旧费	6 500
保险费	3 550
办公费	1 050

要求：根据上述资料，以 10 个百分点为间隔，编制生产能力利用程度在 80%～110%的弹性制造费用预算。

项目六 责任会计

案例导读

中国民生银行股份有限公司于1996年2月7日由中华全国工商联负责组建，注册资本金为13.802 48亿元。中国民生银行股份有限公司于2000年11月27日在上海证券交易所公开上市，公开发行人民币普通股35 000万股，每股发行价格为11.80元。

为了顺应金融机构与利率市场化的大趋势，民生银行率先进行了具有战略性意义的事业部制改革。首先经过4年的时间，民生银行初步形成了行业规划、市场定位、专业化团队、专业化营销和专业化评审。公司设立了近十个事业部，各事业部均有利润、业务指标，事业部之间实行内部计价法。2008年改革进一步深化，重点是推进零售金融业务改革，成立了工商企业金融部、金融市场部、投资银行部。把分行40%左右的资产上收到各事业部，由事业部进行专业化经营。事业部设计和建立了一套不同于大公司业务的激励约束机制，分别制定了各类人员和各级团队的考核评价办法（内部中心、内部转移价格、责任利润等）。为充分体现出事业部的优势，用有效的绩效考核制度，平衡事业部与分支行的利益关系以及事业部间的利益关系，同时也达到激励各事业部，达到1+1>2的效果。

从民生银行2007—2011年的财务数据看，营业收入、营业利润均呈上升趋势。特别是2011年，民生银行实现营业收入823.68亿元，同比增加276亿元，增幅50.39%。由于净息差的提升和生息资产规模的扩大，该行实现利息净收入648.21亿元，同比增长41.31%。由于理财业务、顾问咨询、信用卡和贸易金融等手续费收入的增幅较大，非利息净收入175.47亿元，同比增长97.27%。

实践证明，民生银行组织管理改革与创新的功效正在逐渐发挥作用，对民生银行的经营管理带来了许多积极的变化。民生银行事业部正式运营以来，面对金融危机影响下复杂多变的经营环境，通过细分行业业务结构及客户结构、灵活配置业务资源、专业评审、分级监控、专业贷后管理等多层次防控风险，表现出了良好的专业运作优势，可以说改革已经取得了预期的好效果。

想一想：

民生银行为什么进行事业部制改革？事业部制是否能够有效地发挥责任会计的作用？

学习目标

● 知识目标

1. 了解责任会计的产生、发展及基本内容；
2. 掌握责任中心的含义；
3. 掌握成本中心、利润中心、投资中心的区别与联系。

● 技能目标

1. 能运用责任会计的基本原理，进行各种责任中心的设置；
2. 能计算和分析不同责任中心考核指标；
3. 能编制责任报告。

任务一 认识责任会计

任务情景

随着全国各省广电集团的挂牌成立，股份公司、多级公司的大量涌现，广电集团总公司的组织结构日趋复杂。母公司位于顶端，并以资本为联系纽带，依据产权关系形成全资控股、参股等多种形式的子公司。这种“金字塔”式的组织结构是多个法人的联合体。母公司凭借产权所赋予的控制权，对于公司的经济活动要加以管理和控制；但子公司又是独立的法人实体，对外有一定的独立处置权，为此，母子公司之间在经济利益关系上既相互依赖，又往往存在着较大的矛盾。在这种情况下，广电集团的高层领导不可能对下属单位的所有经营活动做出决策，集中管理已是鞭长莫及。集团领导要保证集团整体目标的实现。如果你是集团的一名管理者，你对此有何思考？

任务描述

责任会计是以企业内部责任单位为主体进行会计管理，把经济责任与会计结合起来的会计管理制度。通过学习，了解责任会计的产生、发展及其基本内容，了解建立责任会计的基本原则。

任务实施

一、责任会计的含义

“责任会计”一词来源于西方，是20世纪40年代以后才发展起来的，为评价与考核企业各责任中心的经营业绩而实行的一种会计制度，是现代分权管理模式的产物。责任会计是指以企业内部的各责任中心为会计主体、以责任中心可控的资金运动为对象、对责任中心进行控制和考核的一种会计制度。这种使责、权、利有机结合起来的办法是保证实现企业总体目标的有效措施，能够最大限度地提高企业效益和企业竞争力。

任何企业的生产经营管理系统都是由若干部分组成的，并形成若干个层次。每个部门、层次之间通过各种业务活动紧密联系在一起，不论哪个部门出现问题，都会影响整个企业生产经营活动的顺利进行。责任会计要求企业以可控责任为目标划分责任中心，然后编制每个责任中心的责任预算，并以责任中心为单位组织核算工作，最后通过预算与实际执行结果的比较，考核各个责任中心的业绩并予以奖惩。可见，责任会计制度实质上就是把企业的会计资料同各个责任中心紧密联系起来的信息系统。

责任会计是以分权管理思想为背景，以行为科学、管理科学理论为指导而产生和发展的，它作为企业内部管理会计控制的子系统得到了理论界和实务界的普遍重视，并在企业的管理实践上得到了广泛的应用。

知识链接

责任会计的发展过程

责任会计最早产生于 19 世纪末 20 世纪初。在这个时期，随着工业革命及资本主义经济的迅速发展，生产活动日益复杂，企业组织规模不断扩大，促使成本会计取得了引人瞩目的进展。成本会计的发展，尤其是以泰罗“科学管理理论”为基础的标准成本制度的出现，使人们认识到，为控制成本必须将其作为各种责任赋予业务执行人员，充分地调动他们的积极性和创造性。与此同时，预算管理的出现使责任制度从成本控制领域扩展到利润和资金管理等领域，明确了对各部门预算建立责任制度的重要性。这些发展表明，会计数据与经济责任开始结合，责任会计的萌芽已经产生，尽管还不成熟，但为后来责任会计向业绩评价的发展奠定了基础。

责任会计真正地在实践中发挥作用，并且从理论和方法上成熟，是 20 世纪 40 年代以后的事情。第二次世界大战以后，科学进步推动了生产力的发展，竞争日益加剧，强烈要求企业内部管理合理化。在这种形势下，许多大公司推行分权化管理，采用事业部制的公司组织体系。对事业部制的管理制度，需要建立一套可以确定各责任层次工作成绩的考核和核算制度，以期达到控制成本、利润和资金的效果。这使责任会计受到普遍重视，并对各种方法进行了改进和新的应用，最终形成现代会计中的责任会计。

二、责任会计的基本内容

企业实施责任会计制度必须具备一定的基础与条件，具体包括以下内容。

（一）合理划分责任中心，确定权责范围

为了实现企业的总体目标和有效地进行内部控制，根据企业管理需要，可以将企业各级、各部门、各单位划分为若干责任领域，即责任中心。责任中心按其授权范围的大小分为成本中心、利润中心和投资中心等三种形式，由于各责任中心所承担的责任都不一样，因此，必须首先依据各个责任中心生产经营的具体特点，明确规定其权责范围，使其能在权限范围内，独立自主地履行职责。

（二）正确编制责任预算，制定业绩考核标准

企业应根据全面预算所确定的生产经营总目标和任务，按责任中心进行分解、落实和具

体化，并为每一个责任中心编制具体的责任预算，作为各责任中心今后开展生产经营活动的依据，同时也作为考核、评价其经营业绩的基础标准。业绩考核标准应当具有可控性、可计量性和协调性等特征，即其考核的内容只能是责任中心能够控制的因素；考核指标的实际执行情况，要能比较准确地计量和报告；并能使各个责任中心在为完成企业总经营目标的过程中，明确各自的目标和任务，以实现部门利益和企业整体目标的统一。

（三）合理制定内部转移价格

为明确区分经济责任，便于正确评价各责任中心的工作业绩，各责任中心之间相互提供的产品和劳务应按合理制定的内部转移价格进行计价、结算。这就需要根据各责任中心的特点，对企业内所转移的各种产品和劳务合理地制定内部转移价格。由于内部转移价格的合理与否直接关系到与之相关的各责任中心的利益，因此，内部转移价格的确定要讲究科学性和合理性，既有助于调动各责任中心生产经营的主动性、积极性，又有助于实现各责任中心和企业整体之间的经营目标一致性。

（四）建立健全信息跟踪与报告系统，考评责任业绩

责任预算一经确定，就要为各责任中心建立一套健全的跟踪系统和反馈系统，以便为计量和考核各责任中心的实际经营业绩提供可靠的依据。因此，责任会计的信息系统应当具有相关性、适时性和准确性等特征，即报告的内容要能满足各级主管人员的不同需要，只列示其可控范围内的有关信息；报告的时间要适应报告使用者的需要；报告的信息要有足够的准确性，保证评价和考核的正确合理。此外，为了鼓励先进，鞭策落后，企业应制定一套合理、有效的奖惩制度，以便根据各责任中心实际工作业绩的好坏进行奖惩，如果一个责任中心的工作业绩因其他责任单位的过失而受到损害，应由责任单位赔偿，从而实现权、责、利的统一。

三、建立责任会计制度的原则

为了更好地发挥责任会计的作用，在具体实施责任会计制度时，应当遵循以下原则。

（一）目标一致性原则

为了保证企业整体目标的实现，在为各责任中心确定责任目标或编制责任预算时，应始终注意与企业的整体目标保持一致。在进行责任控制时，同样应注意各责任中心的业绩与企业整体目标的一致性，以避免因片面追求局部利益而影响整体利益。

（二）可控性原则

各责任中心只对其权力可以控制的经济活动负责，对于其权力不及的、无法控制的经济活动，则不承担经济责任。在评价和考核责任中心的经营业绩时，要排除其不可控因素。只有这样，才能做到责任分明，奖惩合理。

（三）责权利相结合原则

拥有与责任相当的权力和相应的经济利益是责任落实及其目标完成的保证。企业在落实责任目标的同时必须明确相应的权力和利益。责、权、利三者关系中，“责”是核心，“权”是落实完成责任的前提条件，“利”则是为了最大限度地调动企业职工积极性和创造性的激励

因素。

（四）反馈原则

各责任中心在执行预算过程中，对各项经济活动的信息，要及时、可靠地进行计量、记录、计算和反馈，以便发现问题，迅速采取有效措施加以控制，达到强化管理的目的。责任预算执行情况的信息反馈，既是一个经济信息的运用过程，也是责任会计真正发挥其管理作用的重要步骤，通过层层控制而形成的一个反馈控制网络，保证整个企业的生产经营活动正常而有序地进行。

（五）例外原则

例外原则也称重要性原则，就是在分析评价各责任中心的责任执行情况和编制责任报告时，应重点分析和报告对各责任中心和企业有重大影响的事项或重大的差异，只有这样，才能集中精力和节省时间解决重大的问题，达到事半功倍的效果。

任务二 责任中心的业绩评价

任务情景

东方药业股份有限公司的主要产品为蜂王浆和人参素，市场旺销，特别在春节前后，供不应求。今年春节，销售部门要求突击生产，加班加点，以增加利润。然而生产部门却反对，认为会打乱全年生产计划。另外，节假日加班要支付双倍甚至三倍的工资，生产成本很高，在成本指标考核时，对生产部门很不利。销售部门提出，生产部门是否愿意承担失去大量顾客的责任，是否考虑收入和利润指标。生产部门不愿承担责任。双方互争不休，最后找到总经理，总经理请财务部门提出意见，是否接受加班加点的生产建议？如何处理生产部门和销售部门之间的矛盾？

请问：假如你是财务部经理，应该怎样回答这个问题？

任务描述

为了有效地进行企业内部控制，有必要将整个企业逐级划分为许多责任领域，即责任中心。本任务要求掌握责任中心的含义，掌握成本中心、利润中心、投资中心的区别与联系以及其业绩评价指标。

任务实施

所谓责任中心是指具有一定的管理权限并承担相应经济责任的企业内部单位。其基本特征是责、权、利相结合，并应具备如下条件：

一是有承担经济责任的主体——责任者；

二是有确定经济责任的客体——资金运动；

三是有考核经济责任的标准——经营绩效；

四是有承担经济责任的条件——职责权限。

不具备以上条件的单位或个人，不能构成责任实体，因此也就不能作为责任会计的基本单位。

正确划分责任中心是实施责任会计制度的基础。企业内部怎样设置责任中心，应设置多少责任中心，取决于企业内部控制、考核的需要。因企业生产经营特点和相应的控制范围不同，不同的内部单位，可以成为不同的责任中心。对较大的责任中心还可按照责任区域和控制对象大小进一步划分成若干不同层次的较小的责任中心，也就是说，凡是可以独立管理、辨认责任、单独考核业绩的，都可以划分为责任中心，它可以是个人、班组、车间、部门，也可以是分公司、事业部，甚至是整个企业。根据企业内部责任单位的权限范围以及生产经营活动的特点，责任中心通常分为成本（费用）中心、利润中心和投资中心（如图 6–1 所示）。

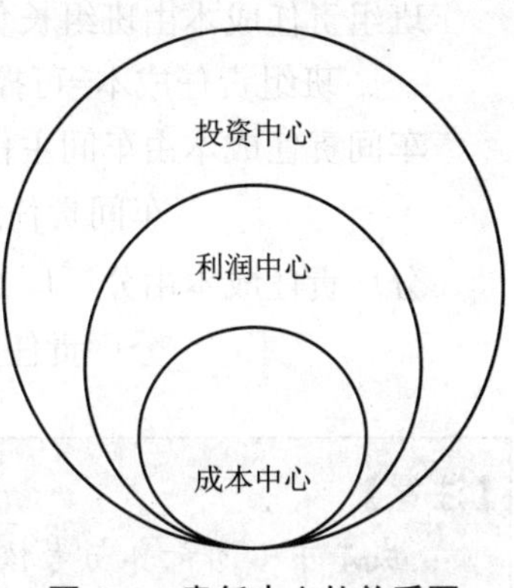

图 6–1 责任中心的关系图

一、成本中心

（一）成本中心的含义、特点及分类

1. 成本中心的含义

成本中心是责任人只对其责任区域内发生的成本负责的一种责任中心。这类责任中心一般不形成或不考核其收入，故该中心既不计量和考核收入、利润、资金，也不对收入、利润或资金负责。

成本中心是企业最基础、最直接的责任中心，凡是发生成本并能控制成本的责任单位，都有可能成为成本中心。这些层级不同、规模不一的成本中心共同构成了逐级控制、层层负责的企业成本中心体系。

2. 成本中心的特点

与其他责任中心相比，成本中心有如下特点。

第一，只衡量成本费用，不衡量收益。成本中心只以货币形式衡量投入，而不以货币形式衡量产出。一般来说，成本中心没有经营权和销售权，其工作成果不会形成可以用货币计量的收入。如一个生产车间所生产的产品仅为下一个生产过程的加工对象，不能单独出售，因此也就不会有货币收入。企业中绝大多数生产部门和职能部门均属于成本（费用）中心，它们仅提供成本费用信息，而不提供收入信息。

第二，成本中心只对可控成本负责。可控成本是相对不可控成本而言的。凡是责任中心能控制的各种耗费，称为可控成本。可控成本具备如下条件：责任中心能够通过一定的方式了解将要发生的成本，能够对发生的成本进行正确计量，并且能够通过自己的行为对成本加以调节和控制。反之，凡是责任中心无法计量和控制的各种耗费则称为不可控成本。

第三，成本中心控制和考核的内容是责任成本。责任中心当期发生的各项可控成本之和就是它的责任成本，通过将责任中心实际发生的责任成本与责任预算相比较，就可对成本中心进行业绩评价。在进行责任成本核算时，某一责任层次的责任成本是由其所属的下一责任层次的责任成本和本层次的责任成本逐级汇总计算的。例如某企业的成本中心共设置三个责任层次，即班组、车间和分厂，它们的责任成本由下而上逐级汇总计算的具体做法如下：

班组责任成本由班组长负责，计算公式为：

班组责任成本=可控直接材料成本+可控直接人工成本+班组可控间接成本

车间责任成本由车间主任负责，计算公式为：

车间责任成本=$\sum$各班组责任成本+车间可控间接成本

分厂责任成本由分厂厂长负责，计算公式为：

分厂责任成本=$\sum$各车间责任成本+分厂可控间接成本

【注意】

成本中心所计算与考核的是“责任成本”，而不是“产品成本”。为了计算责任成本，就必须先把成本按其可控性分为“可控成本”与“不可控成本”两类。成本中心只对可控成本负责。但应该指出的是，一个成本中心的不可控成本往往是另一个成本中心的可控成本。例如，在材料供应正常的情况下，由于材料质量不好而造成的超过消耗定额使用的材料成本，就生产车间来说就是不可控成本，而在供应部门则是可控成本。

3. 成本中心分类

成本中心分为标准成本中心和费用中心两类。

（1）标准成本中心

标准成本中心是指那些有明确、稳定的产品，且对生产所需各种要素的投入量能够合理预计的成本中心。通常，其产出数量可以明确计量，其生产的零件或产品可以确定原材料、直接人工、间接制造费用等相应数量标准和价格标准。标准成本中心的典型代表是制造业的工厂、车间、工段、班组等。实际上，只要是重复性活动，只要这种活动能够计量产出的实际数量，并且能够说明投入与产出之间可望达到的函数关系，就可以建立标准成本中心。因此，各行各业都可能建立标准成本中心，如银行业根据经手支票的多少，医院根据接受检查的人数，快餐业根据售出的盒饭多少，都可以建立标准成本中心。

（2）费用中心

费用中心也称酌量性成本中心，是指不进行生产而提供一定专业性服务的单位，即那些工作成果不是明确的实物、无法有效计量，或者投入与产出之间没有密切联系的成本中心。费用中心的实际成本可以准确计算，但却难以根据其投入与产出的数量来判定其支出是否有效，工作成绩是优是劣，因此也就不容易对无效开支进行有效控制。一般来说，行政管理、科研开发、广告宣传等服务性部门应列为费用中心。

（二）成本中心的评价指标

成本中心是企业发生成本的部门或单位，由于它只对成本负责，因而对成本中心的考核重点是成本。对成本中心评价的主要指标是“成本差异”，也就是实际成本与按标准成本制定的责任预算之间的差额。

标准成本中心的业绩考核指标是既定产品质量和数量条件下的标准成本。在进行考核时，应根据实际发生的责任成本及预算成本，计算成本变动额及变动率。其计算公式如下：

成本变动额=实际成本–预算成本

成本变动率=（成本变动额/预算成本）×100%

【注意】

对标准成本中心进行考核时，如果预算产量与实际产量不一致，首先要按弹性预算的方法调整预算指标，然后再按上述公式计算。

【做中学 6–1】恒顺公司生产车间为一成本中心，生产产品甲，2017 年的预算产量为 6 320 件，标准单位成本 100 元；实际产量也为 6 320 件，实际单位成本 108.61 元。

计算该成本中心的成本变动额和成本节约率分别如下：

成本变动额=6 320×108.61–6 320×100=54 415.2（元）

成本变动率=54 415.2/（6 320×100）×100%=8.61%

根据计算可知，该成本中心的成本超支额是 54 415.2 元，成本超支率是 8.61%。

（三）成本差异的计算与分析

标准成本是一种目标成本，由于种种原因，产品的实际成本会与目标不符。实际成本与标准成本之间的差额，称为标准成本差异。计算分析成本差异的目的是查明差异的产生原因，有针对性地制定调整和消除差异的措施，以进一步加强成本管理，降低产品成本，提高经济效益。事实上，对成本差异计算与分析，也是标准成本制度的重要内容和基本特征。

1. 成本差异的种类

成本差异是指实际成本与标准成本之间的差额，其中，实际成本低于标准成本所形成的差额为顺差，这是有利差异，用 F 表示；实际成本高于标准成本所形成的差异为逆差，这是不利差异，用 U 表示。

按照成本差异的特征不同，成本差异分为数量差异与价格差异。

（1）数量差异是指由于特定成本项目的实际耗用量与标准耗用量不一致而导致的成本差异，其计算公式如下：

数量差异=（实际耗用量–标准耗用量）×标准价格

=实际产量下的用量差×标准价格

对于直接材料成本项目来说，式中的“标准耗用量”就是按材料消耗定额和实际产量计算的直接材料定额消耗量；“实际产量下的用量差”表现为在实际产量下直接材料的实际消耗量与标准消耗量之差；“数量差异”是指由于材料耗用量发生差异而导致的成本差异，又称耗用量差异。

对于直接人工项目来说，式中的“标准耗用量”就是按工时消耗定额和实际产量计算的直接工时定额消耗量；“实际产量下的用量差”表现为在实际产量下的实际耗用的直接工时与标准耗用的直接工时之差；“数量差异”是指由于工时耗用量发生了差异而导致的成本差异，工时用量的多少意味着劳动生产率的高低，所以又称为人工效率差异。

对于变动性制造费用项目来说，式中的“标准耗用量”就是按工时消耗定额和实际产量计算的工时定额消耗量；“实际产量下的用量差”表现为在实际产量下的实际耗用与标准耗用的工时之差。“数量差异”是指由于工时耗用量发生了差异而导致的成本差异，同样是由于劳动生产率变动而引起的差异，所以又称为变动性制造费用效率差异。

（2）价格差异是指由于特定成本项目的实际价格水平与标准价格不一致而导致的成本差异。其计算公式如下：

价格差异=（实际价格–标准价格）×实际产量下的实际耗用量

=价格差×实际产量下的实际耗用量

对于直接材料项目来说，式中“价格差”表现为材料的实际单价与标准单价之差；“价格差异”是指由于材料单价的不同而形成的成本差异。

对于直接人工项目来说，式中“价格差”表现为实际小时工资率与标准小时工资率之差；“价格差异”是指由于小时工资率的不同而形成的成本差异，又称为小时工资率差异或工资水平差异。

对于变动性制造费用项目来说，式中“价格差”表现为变动性制造费用实际分配率与标准分配率之差；“价格差异”是指由于分配率的不同而形成的成本差异，又称为变动性制造费用耗费差异。

【注意】

价格差与价格差异不是同一个概念，注意区分。

2. 直接材料成本差异的计算分析

直接材料成本差异是指在实际产量下直接材料实际总成本与标准成本之间的差额。直接材料成本差异的计算公式如下：

材料价格差异=实际数量×（实际价格–标准价格）

材料数量差异=（实际数量–标准数量）×标准价格

【做中学 6–2】 恒顺公司本月生产产品 6 320 件，使用材料 32 864 千克，材料单价为 16 元/千克。直接材料的单位产品标准成本为 75 元，即每件产品耗用 5 千克直接材料，材料的标准价格为 15 元/千克（据项目五全面预算）。根据上述公式计算：

直接材料成本差异=实际成本–标准成本

=32 864×16–6 320×5×15=525 824–474 000=51 824（元）

直接材料价格差异=32 864×（16–15）=32 864（元）

直接材料数量差异=（32 864–6 320×5）×15=18 960（元）

直接材料价格差异与数量差异之和，应当等于直接材料成本的总差异。

直接材料成本差异=价格差异+数量差异=32 864+18 960=51 824（元）

直接材料价格差异的责任归属一般是采购部门，但决定价格的因素很多，诸如采购批量、供应者、交货方式、运输工具和运输距离、材料规格和质量、市场供求关系、是否紧急订购、有无购货折扣等，故需进行具体地调查分析以判明责任。

材料数量差异是在材料耗用过程中形成的，若超定额消耗，大多是由于操作疏忽造成废品、废料增加、工人粗心大意而用料过多、新工人上岗而造成用料浪费等，所有这些均由生产部门负责；但也可能由于采购部门片面为了压低进料价格而购进质量低劣的材料造成废品增加，或因材料规格不符合要求而大材小用，以致造成用料过多，则应由采购部门负责；又如机器或工具不适用或工艺变更等导致用料增加，则应由设备、工艺技术等部门负责等。

3. 直接人工成本差异的计算与分析

直接人工成本差异是指直接人工实际成本与标准成本之间的差额。它也被区分为“价差”和“量差”两部分。价差是指实际工资率脱离标准工资率，其差额按实际工时计算确定的金额，又称为工资率差异；量差是指实际工时脱离标准工时，其差额按标准工资率计算确定的金额，又称人工效率差异。计算公式如下：

工资率差异=实际工时×（实际工资率–标准工资率）

人工效率差异=（实际工时–标准工时）×标准工资率

【做中学 6–3】恒顺公司本月生产产品 6 320 件，实际使用 13 272 工时，实际支付工资 126 084 元；假设直接人工的标准成本是 20 元/件，即每件产品标准工时为 2 工时，标准工资率为 10 元/工时，按上述公式计算：

直接人工成本差异=实际人工成本–标准人工成本=126 084–6 320×20

=12 084–126 400=–316（元）

工资率差异=13 272×（126 084/13 272–10）=13 272×（9.5–10）=–6 636（元）

人工效率差异=（13 272–6 320×2）×10=（13 272–12 640）×10=6 320（元）

工资率差异与人工效率差异之和，应当等于人工成本总差异。

人工成本差异=工资率差异+人工效率差异=–6 636+6 320=–316（元）

直接人工工资率差异，通常应由人力资源部门负责。工资率差异形成的原因，涉及直接生产工人职级调整、加班或使用临时工、出勤率变化等，也涉及人力资源部门以外的生产部门或其他部门，应进行详细调查分析以判明责任。

直接人工效率差异的形成原因，包括工作环境、工作经验、劳动情绪欠佳，机器设备或工具选用及作业计划安排不当，产量太少无法发挥批量节约优势等。它主要是生产部门的责任，但也可能受如材料质量不好等因素影响。

4. 变动制造费用成本差异的计算与分析

变动制造费用成本差异是指实际变动制造费用与标准变动制造费用之间的差额。它也可以分解为“价差”和“量差”两部分。价差是指变动制造费用的实际小时分配率脱离标准按实际工时计算的金额，反映耗费水平的高低，故称为耗费差异；量差是指实际工时脱离标准工时，按标准的小时费用率计算确定的金额，反映工作效率变化引起的费用节约或超支，故称为变动制造费用效率差异。计算公式为：

变动制造费用耗费差异=实际工时×（变动制造费用实际分配率–
变动制造费用标准分配率）

变动制造费用效率差异=（实际工时–标准工时）×变动费用标准分配率

【做中学 6–4】鸿顺公司本月实际产量 6 320 件，实际使用 13 272 工时，实际发生变动制造费用 34 507.2 元；变动制造费用标准成本为 5 元/件，即每件产品的标准工时为 2 工时，标准的变动制造费用分配率为 2.5 元/工时。按上述公式计算：

变动制造费用成本差异=实际变动制造费用–标准变动制造费用

=34 507.2–6 320×5=2 907.2（元）

变动制造费用耗费差异=13 272×（34 507.2/13 272–2.5）

=13 272×（2.6–2.5）=1 327.2（元）

变动制造费用效率差异=（13 272–6 320×2）×2.5=1 580（元）

变动制造费用耗费差异与变动制造费用效率差异之和应当等于变动制造费用成本总差异：

变动制造费用成本差异=变动制造费用耗费差异+变动制造费用效率差异

=1 327.2+1 580=2 907.2（元）

变动制造费用耗费差异，是实际支出与按实际工时和标准分配率计算的预算数之间的差额，反映耗费水平即每小时业务量支出的变动制造费用脱离标准的程度。消除耗费差异，即将变动制造费用控制在弹性预算限额之内，是部门经理的责任。

变动制造费用效率差异，是由于实际工时脱离了标准，即多用工时导致的费用增加，因此其形成原因与人工效率差异相同。

5. 固定制造费用差异的计算与分析

固定制造费用成本差异是指一定期间的实际固定制造费用与标准固定制造费用之间的差额。固定制造费用不同，在一定相关范围内，固定制造费用不会随着业务量的变化而变化。这就决定了对其控制的方法也与变动制造费用不同。对固定制造费用成本差异的分解可采取两种方法；两差异法和三差异法。

（1）两差异分析法是将固定制造费用差异分为支出差异和能量差异。支出差异是指固定制造费用的实际发生额与固定制造费用预算额之间的差额。固定费用与变动费用不同，它不因业务量的变化而变化，故差异分析有别于变动费用，在考核时不考虑业务量的变动影响，而是以原来的预算数作为标准，实际数超过预算数即视为耗费过多，其计算公式为：

固定制造费用支出差异=固定制造费用实际额–固定制造费用预算额

能量差异是指固定制造费用预算与固定制造费用标准成本的差额，或者说是实际业务量的标准工时与生产能量的差额用标准分配率计算的金额。它反映未能充分使用现有生产能量而造成的损失，其计算公式如下：

固定制造费用能量差异

=固定制造费用预算数–固定制造费用标准成本

=固定制造费用标准分配率×生产能量–固定制造费用标准分配率×实际产量标准工时

=（生产能量–实际产量标准工时）×固定制造费用标准分配率

【做中学 6–5】 宇顺公司本月实际产量 20 件。发生固定制造费用 2 850 元，实际工时为 950 工时，企业生产能量为 22 件，即 990 工时。每件产品固定制造费用标准成本为 90 元/件，即每件产品标准工时为 45 工时，标准固定制造费用分配率为 2 元/工时。依上述公式计算：

固定制造费用成本差异=实际固定制造费用–标准固定制造费用=2 850–20×90=1 050（元）

固定制造费用支出差异=2 850–990×2=870（元）

固定制造费用能量差异=（990–20×45）×2=180（元）

固定制造费用耗费差异与固定制造费用能量差异之和应当等于固定制造费用成本总差异：

固定制造费用成本差异=耗费差异+能量差异=870+180=1 050（元）

（2）三差异分析法。三差异分析法是将固定制造费用成本差异分为耗费差异、效率差异和闲置能量差异三部分。耗费差异的计算与两差异分析法相同，不同的是要将两差异分析法中的“能量差异”进一步分为实际工时未达到标准能量而形成的“生产能力利用差异”和实际工时脱离标准工时而形成的“效率差异”两部分。其计算公式如下：

固定制造费用生产能力利用差异

=固定制造费用预算数−实际工时×固定制造费用标准分配率

=（生产能量−实际工时）×固定制造费用标准分配率

固定制造费用效率差异

=实际工时×固定制造费用标准分配率−实际产量标准工时×固定制造费用标准分配率

=（实际工时−实际产量标准工时）×固定制造费用标准分配率

【做中学 6–6】 依据【做中学 6–5】资料计算如下：

固定制造费用闲置能量差异=（990−950）×2=80（元）

固定制造费用效率差异=（950−20×45）×2=100（元）

两差异分析法的生产能力利用差异（80 元）与效率差异（100 元）之和 180 元，与两差异分析法中的“能量差异”数额相同。

固定制造费用预算的性质决定其分析与控制往往通过编制固定制造费用预算与实际发生数对比来进行的。而预算差异产生的原因可能是资源价格的变动（如固定材料价格的增减、工资率的增减等），某些固定成本（如职工培训费、折旧费等）因管理上的新决定而有所增减，资源的数量比预算有所增减等。就生产能力利用差异来说，它只反映计划生产能力的利用程度，可能是由于产销量达不到一定规模造成的，一般不能说明固定制造费用的超支或节约。所有这些都应分不同情况具体进行分析和控制。

【想一想】

东方印刷厂公司在生产上存在问题，其生产成本失去了控制，生产成本严重超标。主管生产的副总每到月底就会拿着成本报表同车间主任、班组长激烈讨论。公司刚好招入一名会计专业的大学生，生产副总立即找到他：“这个是上个月印刷好的一批教材的成本计算清单，你来分析是哪道环节出现了问题。”清单上显示，S 书城的订单上订购该书 4 000 册，车间实际完工 5 000 册（车间主任要求要超产奖金）；印刷教材的纸张标准用量 100 张，每张标准价格 6 元，实际耗用了 120 张，实际价格 5 元（班组长表示纸张质量太差）；其他加工费用没有明显变化。

试思考：如果你作为该名大学生，应该怎样找出生产成本超支的原因及责任人，怎样编制成本差异分析报告？

二、利润中心

（一）利润中心的含义

利润中心是在责任区域内责任人既对收入负责又对成本负责的责任中心。利润中心的责任人既能控制成本，也能控制收入，但不能控制投资。这类责任中心往往属于企业中的较高层次，一般是有产品或劳务生产经营决策权的部门，如分厂、分公司、有独立经营权的事业部等，这些单位可以决定生产什么产品、生产多少，生产资源在不同产品之间如何分配，也可决定产品销售价格，制定销售政策。因此，利润中心的权利和责任都大于成本中心。

利润中心分为自然利润中心和人为利润中心两类。

1. 自然利润中心

自然利润中心是指既可向企业内部其他责任单位提供产品和劳务，又可直接向市场销售产品和劳务的利润中心。例如，一个具有产品销售权，能够直接对外销售产品的分厂就是一个自然利润中心。自然利润中心的显著特点是：产品实际对外销售，全部购销活动以市场价格进行计价，通常具有独立的产品定价权、材料采购权和生产决策权。一般来说，只有独立核算的企业才能具备自然利润中心的条件。

2. 人为利润中心

人为利润中心是指产品和劳务不能对外销售，只能按照确认的“内部转移价格”提供给企业内部其他责任单位以获取收入、实现利润的利润中心。根据这一定义，一个成本中心只要通过对其产品或劳务确定一个合理的内部转移价格，就可以转化为人为利润中心。例如，某车间生产出的中间产品以厂内价格转移到后续车间继续加工，则该车间就可被视为人为利润中心；企业的供水、供电部门按企业内部转移价格向其他部门供水、供电，也可作为人为利润中心。在人为利润中心之间，制定合理的内部转移价格非常关键，而且根据可控性原则，人为利润中心通常不分摊或不应分摊其不能控制的共同成本，收入减去可控成本后的差额，就只是边际贡献，而不是利润或净利，因此，这样的利润中心实质上应该是“贡献毛益中心”。

（二）利润中心的评价指标

利润中心对利润负责，其实质是对收入和成本负责。即利润中心既对其发生的成本负责，又对其发生的收入和实现的利润负责，所以利润中心业绩评价和考核的重点是边际贡献和税前利润，但对于不同范围的利润中心来说，其指标的表现形式有所不同，一般包括如下几种形式：

① 边际贡献=销售收入总额–变动成本总额

② 可控边际贡献=边际贡献–可控专属固定成本

③ 部门边际贡献=可控边际贡献–不可控专属固定成本

④ 部门税前利润=部门边际贡献–公司管理费用

【做中学 6–7】 东方公司的某一部门的数据如表 6–1 所示。

表 6–1　数据表　　单位：元

项　目	金　额
部门销售收入	300 000
已销商品变动成本和变动销售费用	200 000
部门可控固定间接费用	10 000
部门不可控固定间接费用	15 000
分配的公司管理费用	9 000

则该部门的利润表计算如表 6–2 所示。

表 6-2　利润表　　单位：元

项　　目	金　额
销售收入	300 000
减：变动成本	200 000
① 边际贡献	100 000
减：可控固定成本	10 000
② 部门可控边际贡献	90 000
减：不可控固定成本	15 000
③ 部门边际贡献	75 000
减：公司管理费用	9 000
④ 部门税前利润	66 000

（三）内部转移价格

1. 内部转移价格的含义

内部转移价格又称内部结算价格，是指企业内部各责任中心之间相互提供产品或劳务而引起的相互结算、相互转账所需要的一种计价标准。内部转移价格与市场价格有着许多不同之处：内部转移价格仅仅是企业内部计价的一种管理工具，可由企业自行制定和进行调整，同时由于交易发生在企业内部，也不会影响纳税。内部转移价格所影响的买卖双方存在于同一企业主体范围内，因此，无论内部转移价格怎样变化，企业的总利润是不会变的，变化的只是利润在各责任中心之间的分配情况。

2. 内部转移价格的作用

内部转移价格采取了“价格”的形式，它的作用主要有：

（1）有助于合理确定各责任中心的经济责任。内部转移价格为“买卖”双方确定了一个计量标准，它不仅可以用来衡量“卖”方提供产品或劳务的经营成果，而且还可以用来反映“买”方接受产品和劳务的成本费用。所以，正确制定内部转移价格，可以合理确定各责任中心应承担的经济责任，调节各责任中心的收入，维护各责任中心的经营业绩，同时也便于内部绩效考评。

（2）有利于客观、公正地评价和考核各责任中心的经营业绩。合理的内部价格，能够为企业各责任中心的经营业绩提供一个客观的标准，进行统一的比较和综合的评价，使绩效考核公平有效。

（3）有利于发挥企业各责任中心工作的积极性。合理的内部转移价格，一方面使各责任中心的责任明确合理；另一方面又使各责任中心的利益公平有效。这样，各责任中心的努力与得到的物质利益相适应，在一定程度上起到了鼓励先进和鞭策后进的作用。

（4）为制定正确的经营决策提供依据。内部转移价格，可以把有关责任中心的经济责任和经营业绩加以量化，为企业管理者制定产品价格和调整产品外部销售价格等经营决策提供必要的会计信息。

3. 内部转移价格的种类

为适应各个利润中心之间内部交易的需要，保证内部转移价格制定对各个利润中心的公平合理，企业内部各责任中心应从实际出发选择交易双方都可以接受的内部转移价格。内部转移价格按照制定依据不同，分为以下几种。

（1）以成本为基础制定内部转移价格

用产品或劳务成本作为转让价格是制定转移价格最简单的方法，它主要包括完全成本法、成本加成法、变动成本加固定费用等方法。这种方法以现成的成本数据为基础，应用简单，责任清楚，不会把供应单位的浪费或无效劳动转给耗用单位负担，有利于调动双方降低成本的积极性。但这种方法也存在一定的缺陷：不能促进企业控制生产成本，容易忽视竞争性的供需关系。

【注意】

这里的成本，不是采取公司的实际成本而是标准成本，以避免把转出部门经营管理中的低效率和浪费转嫁给转入部门。

① 标准成本法。该法是以各中间产品标准成本作为内部转移价格的方法。这种方法可以将管理和核算工作结合起来，并能避免上游责任中心将其工作业绩或缺陷转嫁给下游中心的现象。能明确供需双方的责任，有利于责任中心的管理和考核，而且可以及时办理内部转移手续，减少相互等待时间。

② 标准成本加成法。该法是在标准成本基础上，加上一定利润作为内部转移价格的方法。使用这种内部转移价格不仅能避免成绩不足的转嫁现象，便于分清双方责任，且能调动供应部门的积极性，但利润的确定仍是一个问题。

③ 变动成本法。该法是以变动成本作为内部转移价格的一种方法，它明确指出成本与产量的依存关系，便于考核各责任中心的工作业绩，有利于各责任中心调控可控成本。

（2）市场价格法

市场价格是直接根据市场上的商品价格来制定企业内部转移价格。将外部市场竞争机制引入到企业内部，给买卖双方提供主动权。

市场价格广泛应用于利润中心或投资中心之间的内部结算。通常认为市场价格是内部转移价格的最好依据，因为市价比较客观，对买卖双方均无偏袒，而且特别能促使卖方努力改善经营管理，同时，市场价格也最能满足责任中心的基本要求。

【注意】

市场价格作为内部转移价格时，应注意以下两个问题：一是在中间产品有外部市场，可向外部出售或从外部购进时，可以市场价格作为内部转移价格，但并不等于直接是市场价格用于内部结算，而应在此基础上，对外部价格做必要的调整；二是以市场价格为依据制定内部转移价格，一般假设中间产品有完全竞争市场，或产品提供部门无闲置生产力。

一般来说，内部转移价格不能高于外部市场价格，对于“卖”方来说少付出销售费用、运输费用等。这样，“买”方在同等条件下，也乐于接受“卖”方提供的产品，因为内部转移价格低于外部市场价格，降低了采购成本。当然以市场价格作为内部转移价格也有局限性，如果中间产品无市场可循或市价不合理波动，则难以实施。应采取协商价作为内部转移价格。

（3）协商价格法

协商价格，也称议价，是企业内部各责任中心以正常的市价为基础，共同协商确定的“买卖”双方所接收的价格。

一般情况下，协商价格低于市价，高于单位产品的变动成本。对于“卖”方来说节约了销售费用，减少了税金，将经营风险降低了。对于“买”方来说，“内购”的诱惑力强于“外购”，成本得到有效的控制。但也存在一定的缺陷：协商定价的过程要花费人力、物力和时间，且协商价格容易使双方相持下去，造成各责任中心的矛盾，需要更高层领导裁决，从而弱化了分权管理的作用。

（4）双重定价法。

所谓双重定价法就是指企业内部各责任中心分别采用不同的价格作为内部转移价格。如“卖方”可采用较高价计算，“买方”可采用较低价计算，其差额由企业集团财务部门处理。这样“买卖”双方都按自己可接受的价格来确定成本与收入，有利于“买卖”双方维持长久的买卖关系。这种方法一般适用于中间产品有外市场、“卖方”的生产力不受限制，且变动成本低于市场价格的责任中心。

【注意】

企业要充分发挥内部转移价格的作用，应注意以下几点：

（1）目标一致性

采用内部转移价格的各责任中心同属一个企业，总的利益是一致的。制定内部转移价格，只是为了分清各自的经济责任，有效地考核评价各自的业绩，根本目的仍是为了企业的整体利益。因此，各责任中心管理人员应选择能使公司总体利润最大的行为。

（2）准确的业绩评价

没有任何一个责任中心的经理可以牺牲其他部门的利益为代价而获利。内部转移价格的制定应避免主观随意性，客观公正地反映各部门的业绩，进行准确的考核和相应的激励，调动各责任中心的工作积极性，促使各责任中心服从整体利益，并以最大努力来完成目标。

（3）保持各责任中心一定程度的自主性

高层管理者不应过多地干预各责任中心经理的决策自由。在整体利益最大化的前提下，各责任中心有一定的决策自主权，这样才能更有效地调动其工作积极性和创造性，为企业利益服务。

三、投资中心

（一）投资中心的含义

投资中心是指责任人对其责任区域内的成本、收入、利润、投资均要负责的责任中心。投资中心是分权管理模式的最突出表现，是处于企业最高层次的责任中心。投资中心的责任人既能控制责任中心的成本、收入和利润，也能控制所占用的全部投资或资产（包括流动资产和固定资产），因此，它也应该承担最大的责任，既要对成本和利润负责，又要对资金的合理运用负责。在组织形式上，成本中心不是独立的法人，利润中心可以是也可以不是独立的法人，但投资中心基本上都是独立的法人。

投资中心的主要目标是确保投资的安全回收和收益率，以保证企业的经营规模不断发展壮大。由于投资中心需要对利润负责，因而投资中心同时也是利润中心。但两者又有区别：投资中心拥有投资决策权，即能够相对独立地运用其所掌握的资金，有权购置和处理固定资产，扩大或缩小生产能力；而利润中心则没有投资决策权，它是在企业确定投资方向后进行的具体经营。

（二）投资中心的业绩评价

对于一些新投资项目或新投资中心常常需要首先对投资项目本身的投资效果进行评价分析，以反映投资决策的正确程度。

对投资中心的业绩评价，主要有投资报酬率和剩余收益两个考核指标。

1. 投资报酬率

投资报酬率也称投资利润率，是指投资所获得的利润与投资额的比率，是全面反映投资中心各项经营活动的质量指标。其计算公式为：

投资报酬率=营业利润/经营资产
=销售利润率×资产周转率
=（营业利润/销售收入）×（销售收入/经营资产）

营业利润是指不扣除利息费用和所得税之前的净收益，即息税前利润（EBIT）。

【做中学 6–8】 江泉公司投资中心 2017 年的销售收入 1 800 万元，营业利润 252 万元，经营资产年初余额 860 万元，年末余额 940 万元。则该投资中心的投资报酬率计算如下：

投资报酬率=252/（860+940）÷2
=［1 800/（860+940）÷2］×［252/1 800×100%］=2×14%=28%

投资报酬率是目前许多公司十分偏爱的评价投资中心业绩的指标，优点主要是能反映投资中心的综合盈利能力；是相对指标，有利于各投资中心的横向对比；可以促使企业管理当局讲究投资策略、有效地利用资金、重视投资效果；作为评价投资中心经营业绩的尺度，有利于正确引导投资中心的管理行为，避免短期行为。

但投资报酬率也存在缺陷，单纯依靠该指标来控制和考核各投资中心的工作，可能会使各投资中心管理人员只关注自身利益而忽视企业整体利益，缺乏全局观念。如某投资中心的投资报酬率为 18%，现有一个项目的投资报酬率预计是 12%，该企业的资金成本率为 8%。该投资中心为了自身利益就不愿意接受这个项目，则显然违背了企业的整体利益。也就是说，由于该投资中心的选择会使企业失去不是最有利但可以扩大整体利益的投资机会。而且，从控制的角度来说，由于管理当局固定费用的存在，投资报酬率的计量不全是投资中心所能控制的，从而削弱了投资报酬率指标的作用。

（三）剩余收益

为了克服使用投资报酬率指标衡量部门业绩带来的问题，评价投资中心时，可以同时采用绝对数指标来实现利润与投资之间的联系，这个指标就是剩余收益。剩余收益是指投资中心的营业利润扣除其经营资产（或投资额）按规定的最低报酬率计算的投资报酬（即使用经营资产的机会成本）后的余额。其计算公式如下：

剩余收益=营业利润−经营资产×规定的最低报酬率

所谓规定的最低报酬率，通常是投资中心规定的预期报酬率，一般为整个企业各投资中心的平均报酬率，也就是说，从投资中心营业利润中扣除的是机会成本，而不是真正的资金成本。

【做中学 6–9】 华丰公司投资中心预计投资 500 万元，投资后年营业利润增加 160 万元，该公司各投资中心的平均报酬率为 20%，该投资中心的剩余收益计算如下：

剩余收益=160−500×20%=60（万元）

剩余收益的主要优点是可以使部门的业绩评价与企业的总体目标协调一致，引导部门经理正确采纳高于企业资本成本的决策。

当然，剩余收益作为一个绝对数指标也存在着不便于不同部门间横向比较的缺陷，如规模大的部门容易获得较大的剩余收益，而它们的投资报酬率并不一定很高。

任务三　责任报告的编制

任务情景

企业要建立责任会计制度，必须将其内部各生产经营单位划分为不同种类、不同等级的责任层次，即责任中心，以便开展责任会计工作。为衡量责任会计工作的效果，就需要对各责任中心进行业绩评价，而责任中心的业绩评价是通过编制责任报告来完成的。如表 6–3 所示。

表 6–3　SD 公司 2016 年度责任报告　　单位：万元

项　　目	实际	预算	差异
S 分公司利润	4 580	4 000	580
D 分公司利润	3 200	3 000	200
SD 公司利润合计	7 780	7 000	780
所得税	1 945	1 750	195
SD 公司净利润	5 835	5 250	585
净资产平均占用额	22 448	22 448	0
投资报酬率	34.66%	31.12%	
行业平均最低报酬率	19%	17%	2%
剩余收益	3 514.88	3 183.84	331.04

想一想：编制各责任中心责任报告时，相关的会计数据从哪里获取？是否需要以责任中心为主体组织会计核算呢？

任务描述

企业内部的每一责任中心都应将定期执行业务的情况逐级上报，一则用以沟通情况，再则用以衡量业绩。责任中心的业绩评价应通过编制责任报告来完成，即责任报告是对各责任中心责任履行情况所作的专门报告。通过学习，要求熟练掌握责任中心的考核及绩效报告的编制。

任务实施

一、成本中心的责任报告

由于成本中心只对成本负责，因而对成本中心评价与考核的重点是责任成本，即以可控成本为考评的主要内容。成本中心编制的责任报告如表6–4所示。

表6–4 某成本中心责任报告

2016年12月　　　　金额单位：元

项　　目	预算	实际	差异
下属单位转来的责任成本：			
一工段	14 000	14 500	500（U）
二工段	15 000	16 000	1 000（U）
小计	29 000	30 500	1 500（U）
本车间的可控成本：			
直接材料	1 800	1 820	20（U）
直接人工	3 200	3 160	40（F）
管理人员工资	2 000	2 000	0
设备折旧费	1 500	1 460	40（F）
设备维修费	900	1 050	150（U）
物料费			
小计	9 400	9 490	90（U）
本车间的责任成本合计	38 400	39 990	1 590（U）

成本中心责任报告的编制程序是：首先在最低层的各成本中心进行归集、核算责任成本，继而编制责任报告；低层次的责任报告按照企业的责任层次逐级上报，高层次的责任中心将上报的责任成本汇总后加上本部门的可控成本再编制本中心的责任报告。依次类推，直至最高层次的责任中心编制出责任报告。

成本中心责任报告的项目只包括责任成本，凡本责任中心可以控制并负责的成本，无论在什么地方发生都应计入本中心的账户。相反，虽然成本（费用）在本中心发生，却无法控制其支出，则不应计入本中心账户而应转给有关责任中心，但可以作为参考资料在责任报告中列出，以便管理当局全面了解该成本中心在一定期间消耗的全貌。责任成本的数额包括预算数、实际数和差异三项内容，指标可以用时间、金额或实物量。如果需要，可以增设“差异原因分析”栏，使报告更一目了然。绩效中的预算数根据责任预算填列，实际数从产品成本的计算资料取得，或成本中心设立的账户记录、归集的可控成本取得。需要注意的是，各级责任中心责任报告（最低层次除外）均应包括下级责任中心转来的责任成本和本身的可控成本，从而形成一条“责任链”。

二、利润中心的责任报告

对利润中心的考核是以税前净利和边际贡献为重点，考核的指标是利润差异或边际贡献差异，根据差异的有利或不利进行评价。考核的方法与考核成本中心的方法在形式上相似，只是包括的具体内容不同。利润中心的责任报告也称为“成果报告”（如表 6–5 所示）。按照与利润表相似的内容和顺序填列预算数、实际数和差异数三项内容。若利润和边际贡献的实际数大于预算数为有利差异，用 F 表示；若实际数小于预算数则为不利差异，用 U 表示。

利润中心业绩考核所涉及的公式为：

边际贡献=销售收入–（变动生产成本+变动销售和管理费用）

税前利润=边际贡献–（利润中心发生的固定成本+从上级分来的间接固定成本）

表 6–5 某利润中心责任报告

2016 年 12 月　　金额单位：元

项　目	预算	实际	差异
销售收入	145 000	144 000	1 000（U）
变动成本：			
变动生产成本	40 000	42 000	2 000（U）
变动销售和管理费用	30 000	27 000	3 000（F）
变动成本小计	70 000	69 000	1 000（F）
边际贡献毛利	75 000	75 000	0
减：期间费用			
直接发生的固定成本	8 000	7 000	1 000（F）
上级分配来的管理费用	6 000	5 200	800（F）
期间费用小计	14 000	12 200	1 800（F）
税前利润	61 000	62 800	1 800（F）

【注意】

在表 6–5 中“变动销售和管理费用”及“直接发生的固定成本”项目都属于该利润中心的可控成本；“上级分配来的管理费用”项目是该利润中心的不可控成本。利润中心实际获利高于预算 1 800 元，而上级分配来的管理费用比预算少 800 元，若扣除这一因素，则该利润中心的成绩是超额 1 000 元。

三、投资中心的责任报告

如前所述，投资中心不仅对成本、利润负责，而且还要对企业占用的全部投资负责。因而对投资中心的考核除包括利润中心考核的内容外，还应包括对投资效果的考核。主要通过编制投资中心责任报告考核。

投资中心的责任报告，亦称为“成果报告”，与利润中心责任报告相比，除需列出销售收入、销售成本、营业利润的预算数、实际数和差异数以外，还要列出营业资产、投资报酬率、剩余收益等指标，并从预算和实际的比较中找出差异，判断是有利差异还是不利差异，以便对投资中心的业绩进行全面评价和考核。投资中心责任报告的基本形式如表 6–6 所示。

表 6–6　某投资中心责任报告

2016 年 12 月　　金额单位：元

项　目		预算	实际	差异
销售收入		2 000 000	2 750 000	750 000（F）
销售成本		1 805 000	2 525 000	720 000（U）
营业利润		195 000	225 000	30 000（F）
营业资产平均占用额		750 000	900 000	+150 000
投资报酬率	销售利润率	9.75%	8.18%	1.75%（U）
	投资周转率	2.67 次	3.06 次	0.39 次（F）
	投资报酬率	26%	25%	1%（U）
剩余收益	营业利润	195 000	225 000	+30 000
	营业资产×最低报酬率（10%）	75 000	90 000	15 000
	剩余收益	120 000	135 000	15 000（F）

【想一想】

东方集团在责任中心的划分比较有特色，具体做法是将 20 多人经营单位确定为利润中心，后勤部门确定为费用中心，内部银行为资金供应中心。在考核评价指标的处理上将经营利润层层分解细化为 13 个分指标，费用指标则落实到各科室。各责任单位在业务经营、资金使用、人事调动、奖金分配等诸多方面具有较大的决策权。按月编制业绩预算，将其同职工报酬联系，较好地完成了全面预算规定的各项指标。

1. 试为东方集团设计一个完整的责任会计体系，要充分体现公司的特色。
2. 该公司的责任报告应体现哪些内容？

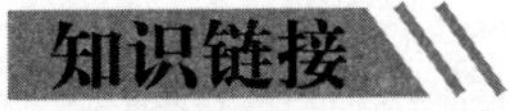

平衡计分卡

一、平衡计分卡的概念

平衡计分卡由 Robert S.KAplAn 和 DAvid P.Norton 于 1992 年首先提出，是基于企业战略规划，从财务、客户、内部业务流程、学习与成长四个维度，将战略规划目标逐层分解转化为具体的、相互平衡的业绩指标体系，并据此进行绩效管理的方法。

平衡计分卡是企业进行绩效管理的重要方法之一。平衡计分卡具有战略规划与实施的功能，通常与战略地图等其他工具结合使用。平衡计分卡适用于战略规划目标明确、管理制度比较完善、管理水平相对较高的企业。应用对象可为企业、部门和员工。

二、平衡计分卡解析（如图 6–2 所示）

平衡计分卡把公司的长期战略与公司的短期行动联系起来，把远景目标转化为一套系统的业绩考核指标。平衡计分卡建议从四个方面来考查企业，通过对财务、顾客、流程、学习和创新等指标对公司绩效进行综合全面评价，着眼于企业持续发展及核心竞争力培养。一个观察者通过 15 个到 20 个平衡计分指标，可以理解该公司的竞争战略。

1. 财务角度

财务角度反映了企业在财务健康水平方面的情况，它说明了企业已采取的行动所产生的结果。典型的财务目标涉及赢利、增长和股东价值，包括了收入、成本、利润、现金、资产、负债、销售增长额、细分市场份额上升额、股权报酬率等多个方面的关键指标。对绝大多数企业来说，财务指标的内容都很相似。事实上，企业一直把财务指标放在一个重要的位置上。

2. 客户角度

客户角度反映了企业在获得客户、保留客户和提高客户价值方面的能力。顾客所关心的事情有四类：时间、质量、性能和服务、成本。间隔期可用来衡量公司满足顾客所需时间。间隔期通常指从收到订单到交付产品或服务之间的时间，或对新产品来说的产品上市时间。

3. 内部流程

内部流程角度反映了企业在内部营运的资源和效率。内部营运直接影响到客户角度的关键指标，进而间接影响财务方向。内部流程测量指标，应当关注对客户满意度有最大影响的业务流程，包括影响循环期、质量、雇员技能和生产率的各种因素。公司还应努力确定和测量自己的核心竞争力，应当清楚自己必须擅长哪些流程和技能，并规定具体量化测评指标。

4. 学习与成长角度

学习与成长角度反映了企业在最根本的层次上的发展动力方面的成绩。学习与成长角度包括的内容有员工的素质、员工满意度、客户信息的准确度等等。事实上，只有通过持续不断地开发新产品，公司才能打入新市场，才能发展壮大，从而最终增加股东价值。应该看到，这个方向指标的改善过程，也是四个角度中最漫长的。

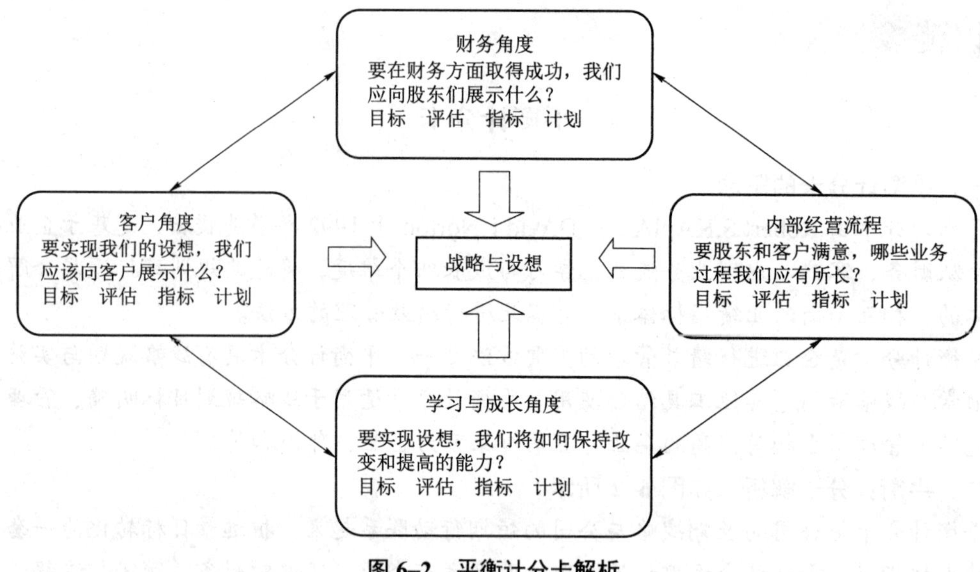

图 6–2　平衡计分卡解析

三、平衡计分卡的应用程序

平衡计分卡应用的一般程序包括制定战略地图、制定以平衡计分卡为核心的业绩计划、制定激励计划、制定战略性行动方案、执行业绩计划与激励计划、实施业绩评价与激励、编制业绩评价与激励管理报告。

企业首先应制定战略地图，即基于企业愿景与战略规划，将战略规划目标及其因果关系、价值创造路径以图示的形式直观、明确、清晰地呈现出来。战略地图的制定参照《管理会计应用指引第 101 号——战略地图》。战略地图制定后，应以平衡计分卡为核心编制业绩计划。业绩计划是企业开展业绩评价工作的行动方案，包括构建指标体系、分配指标权重、确定业绩目标值、选择计分方法和评价周期、签订业绩合同等一系列管理活动。制定业绩计划通常从企业级开始，层层分解到下级单位（部门），最终落实到具体岗位和员工。

平衡计分卡指标体系的构建应围绕战略地图，针对财务、客户、内部业务流程和学习与成长四个维度的战略规划目标，确定相应的评价指标。平衡计分卡指标体系构建时，应注重短期目标与长期目标的平衡、财务指标与非财务指标的平衡、结果性指标与动因性指标之间的平衡、企业内部利益与外部利益的平衡。平衡计分卡每个维度的指标通常为 4～7 个，总数量一般不超过 25 个。企业应以财务维度为核心，其他维度的指标都与核心维度的一个或多个指标相联系。通过梳理核心维度目标的实现过程，确定每个维度的关键驱动因素，结合战略主题，选取关键业绩指标。

业绩评价计分方法和周期的选择、业绩合同的签订、激励计划的制定，参照《管理会计应用指引第 600 号——绩效管理》。业绩计划与激励计划制定后，企业应在战略主题的基础上，制定战略性行动方案，实现短期行动计划与长期战略规划的协同。

平衡计分卡的实施是一项长期的管理改善工作，在实践中通常采用先试点后推广的方式，循序渐进，分步实施。

四、平衡计分卡的意义

1. 平衡计分卡对管理的最大贡献，是它弥补了传统管理体系的一个严重缺陷：即它们都是由财务评价指标构成，而财务指标只能反映企业过去行动所产生的结果，因此并不能把企业的长期战略和企业的短期行动联系起来。而平衡计分卡则首先把企业的远景和长期战略置于中心位置，然后再把战略转化为具体的、可以测评的目标和指标，所以，评价指标及企业采取的行动与战略之间，存在着很强的关联性。一个成功的平衡计分卡应能透过评价指标清楚看出企业的战略。

2. 平衡记分卡是一种确认组织对不同利害关系集团责任的工具，这些利害关系集团包括员工、供应商、顾客、伙伴、社区以及股东。通常，不同的利害关系人有不同的需求或愿望，对此，组织的管理人员必须加以平衡。

3. 将企业的过去（成绩与不足）与未来给予了充分的考虑；

4. 强调了学习与流程，适合于现代知识密集型企业。

五、平衡计分卡与传统考核方法的比较

平衡记分卡与传统考核方法相比，有许多优点：

1. 平衡计分卡打破了传统绩效考核方法财务指标一统天下的局面。

2. 平衡计分卡使得为增强竞争力的硬板事项中看似迥异的事项同时出现在一份管理报告中。

3. 平衡计分卡是一个基于战略的绩效考核体系，它表明了源与战略的一系列因果关系，发展和强化了战略管理系统。

4. 平衡计分卡是考核系统与控制系统的完美结合。不仅克服了传统考核体系的片面性、主观性；而且实现了考核体系与控制体系的协调统一。

5. 平衡计分卡防止了次优化行为。

项目训练

能力训练一 职业判断与选择

一、单项职业选择能力

1. 责任中心包括（ ）。

A. 成本中心、利润中心和边际收益中心
B. 成本中心、利润中心和投资中心
C. 成本中心、边际收益中心和投资中心
D. 成本中心、边际收益中心和投资中心

2. 成本中心考核的重点是（ ）。

A. 责任成本 B. 期间成本 C. 变动成本 D. 产品成本

3. 计算投资报酬率指标时，经营净利润是指（ ）。

A. 税后利润 B. 税前利润 C. 毛利 D. 贡献毛利

4. 变动制造费用的耗费差异=（ ）。

A. 标准工时×（实际分配率-标准分配率）
B. 实际工时×（实际分配率-标准分配率）
C. （实际工时-标准工时）×实际分配率

D.（实际工时–标准工时）×标准分配率

5. 剩余收益指标的主要优点是（ ）。

A. 能够反映投资中心的综合盈利能力

B. 具有横向可比性

C. 可以使企业业绩评价与企业的目标协调一致

D. 反映了投资中心运用资产并使资产增值的能力

6. 业绩考核是责任会计的重要环节，它通常以责任预算为依据，通过编制（ ）将实际完成情况与责任预算相比较，据以评价与考核各责任中心的工作成果。

A. 责任报告　　B. 差异分析表

C. 预算执行情况表　　D. 实际执行与预算比较表

7. 对于任何一个成本中心来说，其责任成本应等于该中心的（ ）。

A. 产品成本　　B. 固定成本之和

C. 可控成本之和　　D. 不可控成本之和

8. 从责任会计角度来说，汽车装配部门所安装的外购零件属于（ ）。

A. 可控成本　　B. 固定成本　　C. 变动成本　　D. 不可控成本

9. 产品在企业各责任中心之间销售，只能按照“内部转移价格”取得收入和利润中心的是（ ）。

A. 成本利润中心　　B. 人为利润中心

C. 自然利润中心　　D. 局部利润中心

10. 计算成本差异时，如果已知工资成本差异总额为–2 300 元，工资率差异为+300 元，则人工效率差异为（ ）。

A. –2 000 元　　B. –2 600 元　　C. +2 000 元　　D. +2 600 元

二、多项职业选择能力

1. 下列各项中，属于责任会计制度内容的有（ ）。

A. 设置责任中心　　B. 编制责任预算

C. 提交责任报告　　D. 反映财务状况

2. 考核投资中心投资效果的主要指标有（ ）。

A. 责任成本　　B. 营业收入　　C. 剩余收益　　D. 投资利润率

3. 下列各项中，属于揭示自然利润中心特征的表述包括（ ）。

A. 直接面对市场　　B. 具有部分经营权

C. 对投资效果负责　　D. 对外销售产品而取得收入

4. 投资利润率可分解为（ ）。

A. 边际贡献率　　B. 投资周转率　　C. 销售利润率　　D. 销售成本率

5. 投资中心考核对象（ ）。

A. 成本费用　　B. 利润　　C. 资金使用效果　　D. 收入

三、职业判断能力

1. 责任成本一定是责任中心的可控成本。（ ）

2. 利润中心实际发生的利润数大于预算数而形成的差异是不利差异。（ ）

3. 成本不属于利润中心负责的范围。（ ）

4. 只要制定出合理的内部转移价格，就可以将企业大多数生产的半成品或提供劳务的成本中心改造成自然利润中心。 （ ）

5. 销售利润率指标可用于评价投资中心工作成绩。 （ ）

6. 分权制使原本相互协作的企业内部单位，具有了一定的独立利益，从而可能导致片面追求局部利益，因此要求采用责任会计制度。 （ ）

7. 剩余收益指标的优点使使投资中心的业绩评价与企业目标协调一致。 （ ）

8. 利润中心必然是成本中心，投资中心必然是利润中心，所以投资中心首先是成本中心，但利润中心并不一定都是投资中心。 （ ）

9. 变化责任预算需要在责任报告上进行，责任报告是考核评价经营业绩的载体。 （ ）

10. 责任中心最大的优点是可以精确计算产品成本。 （ ）

能力训练二 实务操作

实训一：

东方机械厂加工甲产品，其中加工的标准工资率 4 元/工时，实际工资率为 4.5 元/工时，标准工时为 1 000 工时，实际工时为 1 050 个工时。

要求：

1. 计算加工甲产品的直接人工的工资率差异；

2. 计算加工甲产品的直接人工的效率差异。

实训二：

东方公司的经营资金 200 000 元，经营利润为 46 000 元。

要求：

1. 计算投资报酬率。

2. 如果预期最低报酬率为 10%，其剩余利润为多少？

3. 如果分别采用投资报酬率和剩余利润来衡量企业的经营业绩，预计对管理部门的行动将会分别产生什么影响？

实训三：

东方公司分为 A、B 两个利润中心，有关资料如表 6–7 所示：

表 6–7 资料表

单位：元

项　目	A	B
销售收入	140 000	180 000
变动成本	70 000	100 000
可控固定成本	14 000	20 000
不可控固定成本	12 000	17 000

假设：利润中心的不可控成本为整个公司的可控固定成本。

要求：

（1）分别计算 A、B 两利润中心的利润考核指标；

（2）计算公司利润考核指标。

实训四：

假定东方公司下属有一个电冰箱制造厂是投资中心，每年需要向外界某一厂商购进冷凝器 40 万只，其购进单价为 48 元（该项单价原为 50 元，由于大量采购可获得购货折扣 4%）。最近该公司收购了一家专业生产冷凝器的工厂，也作为该公司的另一个投资中心。这个工厂每年生产冷凝器 200 万只，除了可供应本公司电冰箱应用外，还可以向市场销售。冷凝器的成本资料如表 6–8 所示。

表 6–8 成本资料

单位：元

项　目	金　额
直接材料	18
直接人工	14
变动性制造费用	6
固定性制造费用（按产量 200 万只计算）	4
单位成本合计	42

现该公司在研究制定冷凝器的内部转移价格，列举以下五种转移价格供决策者进行选择：50；48；43；42；38。

试思考：

根据以上有关资料，对上述五种价格逐一进行分析，说明其是否适当。

附　录

附表一　复利终值系数表

期数	1%	2%	3%	4%	5%	6%	7%	8%	9%	10%
1	1.010 0	1.020 0	1.030 0	1.040 0	1.050 0	1.060 0	1.070 0	1.080 0	1.090 0	1.100 0
2	1.020 1	1.040 4	1.060 9	1.081 6	1.102 5	1.123 6	1.144 9	1.166 4	1.188 1	1.210 0
3	1.030 3	1.061 2	1.092 7	1.124 9	1.157 6	1.191 0	1.225 0	1.259 7	1.295 0	1.331 0
4	1.040 6	1.082 4	1.125 5	1.169 9	1.215 5	1.262 5	1.310 8	1.360 5	1.411 6	1.464 1
5	1.051 0	1.104 1	1.159 3	1.216 7	1.276 3	1.338 2	1.402 6	1.469 3	1.538 6	1.610 5
6	1.061 5	1.126 2	1.194 1	1.265 3	1.340 1	1.418 5	1.500 7	1.586 9	1.677 1	1.771 6
7	1.072 1	1.148 7	1.229 9	1.315 9	1.407 1	1.503 6	1.605 8	1.713 8	1.828 0	1.948 7
8	1.082 9	1.171 7	1.266 8	1.368 6	1.477 5	1.593 8	1.718 2	1.850 9	1.992 6	2.143 6
9	1.093 7	1.195 1	1.304 8	1.423 3	1.551 3	1.689 5	1.838 5	1.999 0	2.171 9	2.357 9
10	1.104 6	1.219 0	1.343 9	1.480 2	1.628 9	1.790 8	1.967 2	2.158 9	2.367 4	2.593 7
11	1.115 7	1.243 4	1.384 2	1.539 5	1.710 3	1.898 3	2.104 9	2.331 6	2.580 4	2.853 1
12	1.126 8	1.268 2	1.425 8	1.601 0	1.795 9	2.012 2	2.252 2	2.518 2	2.812 7	3.138 4
13	1.138 1	1.293 6	1.468 5	1.665 1	1.885 6	2.132 9	2.409 8	2.719 6	3.065 8	3.452 3
14	1.149 5	1.319 5	1.512 6	1.731 7	1.979 9	2.260 9	2.578 5	2.937 2	3.341 7	3.797 5
15	1.161 0	1.345 9	1.558 0	1.800 9	2.078 9	2.396 6	2.759 0	3.172 2	3.642 5	4.177 2
16	1.172 6	1.372 8	1.604 7	1.873 0	2.182 9	2.540 4	2.952 2	3.425 9	3.970 3	4.595 0
17	1.184 3	1.400 2	1.652 8	1.947 9	2.292 0	2.692 8	3.158 8	3.700 0	4.327 6	5.054 5
18	1.196 1	1.428 2	1.702 4	2.025 8	2.406 6	2.854 3	3.379 9	3.996 0	4.717 1	5.559 9
19	1.208 1	1.456 8	1.753 5	2.106 8	2.527 0	3.025 6	3.616 5	4.315 7	5.141 7	6.115 9
20	1.220 2	1.485 9	1.806 1	2.191 1	2.653 3	3.207 1	3.869 7	4.661 0	5.604 4	6.727 5
21	1.232 4	1.515 7	1.860 3	2.278 8	2.786 0	3.399 6	4.140 6	5.033 8	6.108 8	7.400 2
22	1.244 7	1.546 0	1.916 1	2.369 9	2.925 3	3.603 5	4.430 4	5.436 5	6.658 6	8.140 3
23	1.257 2	1.576 9	1.973 6	2.464 7	3.071 5	3.819 7	4.740 5	5.871 5	7.257 9	8.954 3
24	1.269 7	1.608 4	2.032 8	2.563 3	3.225 1	4.048 9	5.072 4	6.341 2	7.911 1	9.849 7
25	1.282 4	1.640 6	2.093 8	2.665 8	3.386 4	4.291 9	5.427 4	6.848 5	8.623 1	10.834 7
26	1.295 3	1.673 4	2.156 6	2.772 5	3.555 7	4.549 4	5.807 4	7.396 4	9.399 2	11.918 2
27	1.308 2	1.706 9	2.221 3	2.883 4	3.733 5	4.822 3	6.213 9	7.988 1	10.245 1	13.110 0
28	1.321 3	1.741 0	2.287 9	2.998 7	3.920 1	5.111 7	6.648 8	8.627 1	11.167 1	14.421 0
29	1.334 5	1.775 8	2.356 6	3.118 7	4.116 1	5.418 4	7.114 3	9.317 3	12.172 2	15.863 1
30	1.347 8	1.811 4	2.427 3	3.243 4	4.321 9	5.743 5	7.612 3	10.062 7	13.267 7	17.449 4

续表

期数	12%	14%	15%	16%	18%	20%	24%	28%	29%	30%
1	1.120 0	1.140 0	1.150 0	1.160 0	1.180 0	1.200 0	1.240 0	1.280 0	1.290 0	1.300 0
2	1.254 4	1.299 6	1.322 5	1.345 6	1.392 4	1.440 0	1.537 6	1.638 4	1.664 1	1.690 0
3	1.404 9	1.481 5	1.520 9	1.560 9	1.643 0	1.728 0	1.906 6	2.097 2	2.146 7	2.197 0
4	1.573 5	1.689 0	1.749 0	1.810 6	1.938 8	2.073 6	2.364 2	2.684 4	2.769 2	2.856 1
5	1.762 3	1.925 4	2.011 4	2.100 3	2.287 8	2.488 3	2.931 6	3.436 0	3.572 3	3.712 9
6	1.973 8	2.195 0	2.313 1	2.436 4	2.699 6	2.986 0	3.635 2	4.398 0	4.608 3	4.826 8
7	2.210 7	2.502 3	2.660 0	2.826 2	3.185 5	3.583 2	4.507 7	5.629 5	5.944 7	6.274 9
8	2.476 0	2.852 6	3.059 0	3.278 4	3.758 9	4.299 8	5.589 5	7.205 8	7.668 6	8.157 3
9	2.773 1	3.251 9	3.517 9	3.803 0	4.435 5	5.159 8	6.931 0	9.223 4	9.892 5	10.604 5
10	3.105 8	3.707 2	4.045 6	4.411 4	5.233 8	6.191 7	8.594 4	11.805 9	12.761 4	13.785 8
11	3.478 6	4.226 2	4.652 4	5.117 3	6.175 9	7.430 1	10.657 1	15.111 6	16.462 2	17.921 6
12	3.896 0	4.817 9	5.350 3	5.936 0	7.287 6	8.916 1	13.214 8	19.342 8	21.236 2	23.298 1
13	4.363 5	5.492 4	6.152 8	6.885 8	8.599 4	10.699 3	16.386 3	24.758 8	27.394 7	30.287 5
14	4.887 1	6.261 3	7.075 7	7.987 5	10.147 2	12.839 2	20.319 1	31.691 3	35.339 1	39.373 8
15	5.473 6	7.137 9	8.137 1	9.265 5	11.973 7	15.407 0	25.195 6	40.564 8	45.587 5	51.185 9
16	6.130 4	8.137 2	9.357 6	10.748 0	14.129 0	18.488 4	31.242 6	51.923 0	58.807 9	66.541 7
17	6.866 0	9.276 5	10.761 3	12.467 7	16.672 2	22.186 1	38.740 8	66.461 4	75.862 1	86.504 2
18	7.690 0	10.575 2	12.375 5	14.462 5	19.673 3	26.623 3	48.038 6	85.070 6	97.862 2	112.455 4
19	8.612 8	12.055 7	14.231 8	16.776 5	23.214 4	31.948 0	59.567 9	108.890 4	126.242 2	146.192 0
20	9.646 3	13.743 5	16.366 5	19.460 8	27.393 0	38.337 6	73.864 1	139.379 7	162.852 4	190.049 6
21	10.803 8	15.667 6	18.821 5	22.574 5	32.323 8	46.005 1	91.591 5	178.406 0	210.079 6	247.064 5
22	12.100 3	17.861 0	21.644 7	26.186 4	38.142 1	55.206 1	113.573 5	228.359 6	271.002 7	321.183 9
23	13.552 3	20.361 6	24.891 5	30.376 2	45.007 6	66.247 4	140.831 2	292.300 3	349.593 5	417.539 1
24	15.178 6	23.212 2	28.625 2	35.236 4	53.109 0	79.496 8	174.630 6	374.144 4	450.975 6	542.800 8
25	17.000 1	26.461 9	32.919 0	40.874 2	62.668 6	95.396 2	216.542 0	478.904 9	581.758 5	705.641 0
26	19.040 1	30.166 6	37.856 8	47.414 1	73.949 0	114.475 5	268.512 1	612.998 2	750.468 5	917.333 3
27	21.324 9	34.389 9	43.535 3	55.000 4	87.259 8	137.370 6	332.955 0	784.637 7	968.104 4	1 192.533 3
28	23.883 9	39.204 5	50.065 6	63.800 4	102.966 6	164.844 7	412.864 2	1 004.336 3	1 248.854 6	1 550.293 3
29	26.749 9	44.693 1	57.575 5	74.008 5	121.500 5	197.813 6	511.951 6	1 285.550 4	1 611.022 5	2 015.381 3
30	29.959 9	50.950 2	66.211 8	85.849 9	143.370 6	237.376 3	634.819 9	1 645.504 6	2 078.219 0	2 619.995 6

附表二 复利现值系数表

期数	1%	2%	3%	4%	5%	6%	7%	8%	9%	10%
1	0.990 1	0.980 4	0.970 9	0.961 5	0.952 4	0.943 4	0.934 6	0.925 9	0.917 4	0.909 1
2	0.980 3	0.961 2	0.942 6	0.924 6	0.907 0	0.890 0	0.873 4	0.857 3	0.841 7	0.826 4
3	0.970 6	0.942 3	0.915 1	0.889 0	0.863 8	0.839 6	0.816 3	0.793 8	0.772 2	0.751 3
4	0.961 0	0.923 8	0.888 5	0.854 8	0.822 7	0.792 1	0.762 9	0.735 0	0.708 4	0.683 0
5	0.951 5	0.905 7	0.862 6	0.821 9	0.783 5	0.747 3	0.713 0	0.680 6	0.649 9	0.620 9
6	0.942 0	0.888 0	0.837 5	0.790 3	0.746 2	0.705 0	0.666 3	0.630 2	0.596 3	0.564 5
7	0.932 7	0.870 6	0.813 1	0.759 9	0.710 7	0.665 1	0.622 7	0.583 5	0.547 0	0.513 2
8	0.923 5	0.853 5	0.789 4	0.730 7	0.676 8	0.627 4	0.582 0	0.540 3	0.501 9	0.466 5
9	0.914 3	0.836 8	0.766 4	0.702 6	0.644 6	0.591 9	0.543 9	0.500 2	0.460 4	0.424 1
10	0.905 3	0.820 3	0.744 1	0.675 6	0.613 9	0.558 4	0.508 3	0.463 2	0.422 4	0.385 5
11	0.896 3	0.804 3	0.722 4	0.649 6	0.584 7	0.526 8	0.475 1	0.428 9	0.387 5	0.350 5
12	0.887 4	0.788 5	0.701 4	0.624 6	0.556 8	0.497 0	0.444 0	0.397 1	0.355 5	0.318 6
13	0.878 7	0.773 0	0.681 0	0.600 6	0.530 3	0.468 8	0.415 0	0.367 7	0.326 2	0.289 7
14	0.870 0	0.757 9	0.661 1	0.577 5	0.505 1	0.442 3	0.387 8	0.340 5	0.299 2	0.263 3
15	0.861 3	0.743 0	0.641 9	0.555 3	0.481 0	0.417 3	0.362 4	0.315 2	0.274 5	0.239 4
16	0.852 8	0.728 4	0.623 2	0.533 9	0.458 1	0.393 6	0.338 7	0.291 9	0.251 9	0.217 6
17	0.844 4	0.714 2	0.605 0	0.513 4	0.436 3	0.371 4	0.316 6	0.270 3	0.231 1	0.197 8
18	0.836 0	0.700 2	0.587 4	0.493 6	0.415 5	0.350 3	0.295 9	0.250 2	0.212 0	0.179 9
19	0.827 7	0.686 4	0.570 3	0.474 6	0.395 7	0.330 5	0.276 5	0.231 7	0.194 5	0.163 5
20	0.819 5	0.673 0	0.553 7	0.456 4	0.376 9	0.311 8	0.258 4	0.214 5	0.178 4	0.148 6
21	0.811 4	0.659 8	0.537 5	0.438 8	0.358 9	0.294 2	0.241 5	0.198 7	0.163 7	0.135 1
22	0.803 4	0.646 8	0.521 9	0.422 0	0.341 8	0.277 5	0.225 7	0.183 9	0.150 2	0.122 8
23	0.795 4	0.634 2	0.506 7	0.405 7	0.325 6	0.261 8	0.210 9	0.170 3	0.137 8	0.111 7
24	0.787 6	0.621 7	0.491 9	0.390 1	0.310 1	0.247 0	0.197 1	0.157 7	0.126 4	0.101 5
25	0.779 8	0.609 5	0.477 6	0.375 1	0.295 3	0.233 0	0.184 2	0.146 0	0.116 0	0.092 3
26	0.772 0	0.597 6	0.463 7	0.360 7	0.281 2	0.219 8	0.172 2	0.135 2	0.106 4	0.083 9
27	0.764 4	0.585 9	0.450 2	0.346 8	0.267 8	0.207 4	0.160 9	0.125 2	0.097 6	0.076 3
28	0.756 8	0.574 4	0.437 1	0.333 5	0.255 1	0.195 6	0.150 4	0.115 9	0.089 5	0.069 3
29	0.749 3	0.563 1	0.424 3	0.320 7	0.242 9	0.184 6	0.140 6	0.107 3	0.082 2	0.063 0
30	0.741 9	0.552 1	0.412 0	0.308 3	0.231 4	0.174 1	0.131 4	0.099 4	0.075 4	0.057 3

续表

期数	12%	14%	15%	16%	18%	20%	24%	28%	29%	30%
1	0.892 9	0.877 2	0.869 6	0.862 1	0.847 5	0.833 3	0.806 5	0.781 3	0.775 2	0.769 2
2	0.797 2	0.769 5	0.756 1	0.743 2	0.718 2	0.694 4	0.650 4	0.610 4	0.600 9	0.591 7
3	0.711 8	0.675 0	0.657 5	0.640 7	0.608 6	0.578 7	0.524 5	0.476 8	0.465 8	0.455 2
4	0.635 5	0.592 1	0.571 8	0.552 3	0.515 8	0.482 3	0.423 0	0.372 5	0.361 1	0.350 1
5	0.567 4	0.519 4	0.497 2	0.476 1	0.437 1	0.401 9	0.341 1	0.291 0	0.279 9	0.269 3
6	0.506 6	0.455 6	0.432 3	0.410 4	0.370 4	0.334 9	0.275 1	0.227 4	0.217 0	0.207 2
7	0.452 3	0.399 6	0.375 9	0.353 8	0.313 9	0.279 1	0.221 8	0.177 6	0.168 2	0.159 4
8	0.403 9	0.350 6	0.326 9	0.305 0	0.266 0	0.232 6	0.178 9	0.138 8	0.130 4	0.122 6
9	0.360 6	0.307 5	0.284 3	0.263 0	0.225 5	0.193 8	0.144 3	0.108 4	0.101 1	0.094 3
10	0.322 0	0.269 7	0.247 2	0.226 7	0.191 1	0.161 5	0.116 4	0.084 7	0.078 4	0.072 5
11	0.287 5	0.236 6	0.214 9	0.195 4	0.161 9	0.134 6	0.093 8	0.066 2	0.060 7	0.055 8
12	0.256 7	0.207 6	0.186 9	0.168 5	0.137 2	0.112 2	0.075 7	0.051 7	0.047 1	0.042 9
13	0.229 2	0.182 1	0.162 5	0.145 2	0.116 3	0.093 5	0.061 0	0.040 4	0.036 5	0.033 0
14	0.204 6	0.159 7	0.141 3	0.125 2	0.098 5	0.077 9	0.049 2	0.031 6	0.028 3	0.025 4
15	0.182 7	0.140 1	0.122 9	0.107 9	0.083 5	0.064 9	0.039 7	0.024 7	0.021 9	0.019 5
16	0.163 1	0.122 9	0.106 9	0.093 0	0.070 8	0.054 1	0.032 0	0.019 3	0.017 0	0.015 0
17	0.145 6	0.107 8	0.092 9	0.080 2	0.060 0	0.045 1	0.025 8	0.015 0	0.013 2	0.011 6
18	0.130 0	0.094 6	0.080 8	0.069 1	0.050 8	0.037 6	0.020 8	0.011 8	0.010 2	0.008 9
19	0.116 1	0.082 9	0.070 3	0.059 6	0.043 1	0.031 3	0.016 8	0.009 2	0.007 9	0.006 8
20	0.103 7	0.072 8	0.061 1	0.051 4	0.036 5	0.026 1	0.013 5	0.007 2	0.006 1	0.005 3
21	0.092 6	0.063 8	0.053 1	0.044 3	0.030 9	0.021 7	0.010 9	0.005 6	0.004 8	0.004 0
22	0.082 6	0.056 0	0.046 2	0.038 2	0.026 2	0.018 1	0.008 8	0.004 4	0.003 7	0.003 1
23	0.073 8	0.049 1	0.040 2	0.032 9	0.022 2	0.015 1	0.007 1	0.003 4	0.002 9	0.002 4
24	0.065 9	0.043 1	0.034 9	0.028 4	0.018 8	0.012 6	0.005 7	0.002 7	0.002 2	0.001 8
25	0.058 8	0.037 8	0.030 4	0.024 5	0.016 0	0.010 5	0.004 6	0.002 1	0.001 7	0.001 4
26	0.052 5	0.033 1	0.026 4	0.021 1	0.013 5	0.008 7	0.003 7	0.001 6	0.001 3	0.001 1
27	0.046 9	0.029 1	0.023 0	0.018 2	0.011 5	0.007 3	0.003 0	0.001 3	0.001 0	0.000 8
28	0.041 9	0.025 5	0.020 0	0.015 7	0.009 7	0.006 1	0.002 4	0.001 0	0.000 8	0.000 6
29	0.037 4	0.022 4	0.017 4	0.013 5	0.008 2	0.005 1	0.002 0	0.000 8	0.000 6	0.000 5
30	0.033 4	0.019 6	0.015 1	0.011 6	0.007 0	0.004 2	0.001 6	0.000 6	0.000 5	0.000 4

附表三　年金终值系数表

期数	1%	2%	3%	4%	5%	6%	7%	8%	9%	10%
1	1.000 0	1.000 0	1.000 0	1.000 0	1.000 0	1.000 0	1.000 0	1.000 0	1.000 0	1.000 0
2	2.010 0	2.020 0	2.030 0	2.040 0	2.050 0	2.060 0	2.070 0	2.080 0	2.090 0	2.100 0
3	3.030 1	3.060 4	3.090 9	3.121 6	3.152 5	3.183 6	3.214 9	3.246 4	3.278 1	3.310 0
4	4.060 4	4.121 6	4.183 6	4.246 5	4.310 1	4.374 6	4.439 9	4.506 1	4.573 1	4.641 0
5	5.101 0	5.204 0	5.309 1	5.416 3	5.525 6	5.637 1	5.750 7	5.866 6	5.984 7	6.105 1
6	6.152 0	6.308 1	6.468 4	6.633 0	6.801 9	6.975 3	7.153 3	7.335 9	7.523 3	7.715 6
7	7.213 5	7.434 3	7.662 5	7.898 3	8.142 0	8.393 8	8.654 0	8.922 8	9.200 4	9.487 2
8	8.285 7	8.583 0	8.892 3	9.214 2	9.549 1	9.897 5	10.259 8	10.636 6	11.028 5	11.435 9
9	9.368 5	9.754 6	10.159 1	10.582 8	11.026 6	11.491 3	11.978 0	12.487 6	13.021 0	13.579 5
10	10.462 2	10.949 7	11.463 9	12.006 1	12.577 9	13.180 8	13.816 4	14.486 6	15.192 9	15.937 4
11	11.566 8	12.168 7	12.807 8	13.486 4	14.206 8	14.971 6	15.783 6	16.645 5	17.560 3	18.531 2
12	12.682 5	13.412 1	14.192 0	15.025 8	15.917 1	16.869 9	17.888 5	18.977 1	20.140 7	21.384 3
13	13.809 3	14.680 3	15.617 8	16.626 8	17.713 0	18.882 1	20.140 6	21.495 3	22.953 4	24.522 7
14	14.947 4	15.973 9	17.086 3	18.291 9	19.598 6	21.015 1	22.550 5	24.214 9	26.019 2	27.975 0
15	16.096 9	17.293 4	18.598 9	20.023 6	21.578 6	23.276 0	25.129 0	27.152 1	29.360 9	31.772 5
16	17.257 9	18.639 3	20.156 9	21.824 5	23.657 5	25.672 5	27.888 1	30.324 3	33.003 4	35.949 7
17	18.430 4	20.012 1	21.761 6	23.697 5	25.840 4	28.212 9	30.840 2	33.750 2	36.973 7	40.544 7
18	19.614 7	21.412 3	23.414 4	25.645 4	28.132 4	30.905 7	33.999 0	37.450 2	41.301 3	45.599 2
19	20.810 9	22.840 6	25.116 9	27.671 2	30.539 0	33.760 0	37.379 0	41.446 3	46.018 5	51.159 1
20	22.019 0	24.297 4	26.870 4	29.778 1	33.066 0	36.785 6	40.995 5	45.762 0	51.160 1	57.275 0
21	23.239 2	25.783 3	28.676 5	31.969 2	35.719 3	39.992 7	44.865 2	50.422 9	56.764 5	64.002 5
22	24.471 6	27.299 0	30.536 8	34.248 0	38.505 2	43.392 3	49.005 7	55.456 8	62.873 3	71.402 7
23	25.716 3	28.845 0	32.452 9	36.617 9	41.430 5	46.995 8	53.436 1	60.893 3	69.531 9	79.543 0
24	26.973 5	30.421 9	34.426 5	39.082 6	44.502 0	50.815 6	58.176 7	66.764 8	76.789 8	88.497 3
25	28.243 2	32.030 3	36.459 3	41.645 9	47.727 1	54.864 5	63.249 0	73.105 9	84.700 9	98.347 1
26	29.525 6	33.670 9	38.553 0	44.311 7	51.113 5	59.156 4	68.676 5	79.954 4	93.324 0	109.181 8
27	30.820 9	35.344 3	40.709 6	47.084 2	54.669 1	63.705 8	74.483 8	87.350 8	102.723 1	121.099 9
28	32.129 1	37.051 2	42.930 9	49.967 6	58.402 6	68.528 1	80.697 7	95.338 8	112.968 2	134.209 9
29	33.450 4	38.792 2	45.218 9	52.966 3	62.322 7	73.639 8	87.346 5	103.965 9	124.135 4	148.630 9
30	34.784 9	40.568 1	47.575 4	56.084 9	66.438 8	79.058 2	94.460 8	113.283 2	136.307 5	164.494 0

续表

期数	12%	14%	15%	16%	18%	20%	24%	28%	29%	30%
1	1.000 0	1.000 0	1.000 0	1.000 0	1.000 0	1.000 0	1.000 0	1.000 0	1.000 0	1.000 0
2	2.120 0	2.140 0	2.150 0	2.160 0	2.180 0	2.200 0	2.240 0	2.280 0	2.290 0	2.300 0
3	3.374 4	3.439 6	3.472 5	3.505 6	3.572 4	3.640 0	3.777 6	3.918 4	3.954 1	3.990 0
4	4.779 3	4.921 1	4.993 4	5.066 5	5.215 4	5.368 0	5.684 2	6.015 6	6.100 8	6.187 0
5	6.352 8	6.610 1	6.742 4	6.877 1	7.154 2	7.441 6	8.048 4	8.699 9	8.870 0	9.043 1
6	8.115 2	8.535 5	8.753 7	8.977 5	9.442 0	9.929 9	10.980 1	12.135 9	12.442 3	12.756 0
7	10.089 0	10.730 5	11.066 8	11.413 9	12.141 5	12.915 9	14.615 3	16.533 9	17.050 6	17.582 8
8	12.299 7	13.232 8	13.726 8	14.240 1	15.327 0	16.499 1	19.122 9	22.163 4	22.995 3	23.857 7
9	14.775 7	16.085 3	16.785 8	17.518 5	19.085 9	20.798 9	24.712 5	29.369 2	30.663 9	32.015 0
10	17.548 7	19.337 3	20.303 7	21.321 5	23.521 3	25.958 7	31.643 4	38.592 6	40.556 4	42.619 5
11	20.654 6	23.044 5	24.349 3	25.732 9	28.755 1	32.150 4	40.237 9	50.398 5	53.317 8	56.405 3
12	24.133 1	27.270 7	29.001 7	30.850 2	34.931 1	39.580 5	50.895 0	65.510 0	69.780 0	74.327 0
13	28.029 1	32.088 7	34.351 9	36.786 2	42.218 7	48.496 6	64.109 7	84.852 9	91.016 1	97.625 0
14	32.392 6	37.581 1	40.504 7	43.672 0	50.818 0	59.195 9	80.496 1	109.611 7	118.410 8	127.912 5
15	37.279 7	43.842 4	47.580 4	51.659 5	60.965 3	72.035 1	100.815 1	141.302 9	153.750 0	167.286 3
16	42.753 3	50.980 4	55.717 5	60.925 0	72.939 0	87.442 1	126.010 8	181.867 7	199.337 4	218.472 2
17	48.883 7	59.117 6	65.075 1	71.673 0	87.068 0	105.930 6	157.253 4	233.790 7	258.145 3	285.013 9
18	55.749 7	68.394 1	75.836 4	84.140 7	103.740 3	128.116 7	195.994 2	300.252 1	334.007 4	371.518 0
19	63.439 7	78.969 2	88.211 8	98.603 2	123.413 5	154.740 0	244.032 8	385.322 7	431.869 6	483.973 4
20	72.052 4	91.024 9	102.443 6	115.379 7	146.628 0	186.688 0	303.600 6	494.213 1	558.111 8	630.165 5
21	81.698 7	104.768 4	118.810 1	134.840 5	174.021 0	225.025 6	377.464 8	633.592 7	720.964 2	820.215 1
22	92.502 6	120.436 0	137.631 6	157.415 0	206.344 8	271.030 7	469.056 3	811.998 7	931.043 8	1 067.279 6
23	104.602 9	138.297 0	159.276 4	183.601 4	244.486 8	326.236 9	582.629 8	1 040.358 3	1 202.046 5	1 388.463 5
24	118.155 2	158.658 6	184.167 8	213.977 6	289.494 5	392.484 2	723.461 0	1 332.658 6	1 551.640 0	1 806.002 6
25	133.333 9	181.870 8	212.793 0	249.214 0	342.603 5	471.981 1	898.091 6	1 706.803 1	2 002.615 6	2 348.803 3
26	150.333 9	208.332 7	245.712 0	290.088 3	405.272 1	567.377 3	1 114.633 6	2 185.707 9	2 584.374 1	3 054.444 3
27	169.374 0	238.499 3	283.568 8	337.502 4	479.221 1	681.852 8	1 383.145 7	2 798.706 1	3 334.842 6	3 971.777 6
28	190.698 9	272.889 2	327.104 1	392.502 8	566.480 9	819.223 3	1 716.100 7	3 583.343 8	4 302.947 0	5 164.310 9
29	214.582 8	312.093 7	377.169 7	456.303 2	669.447 5	984.068 0	2 128.964 8	4 587.680 1	5 551.801 6	6 714.604 2
30	241.332 7	356.786 8	434.745 1	530.311 7	790.948 0	1 181.881 6	2 640.916 4	5 873.230 6	7 162.824 1	8 729.985 5

附表四　年金现值系数表

期数	1%	2%	3%	4%	5%	6%	7%	8%	9%	10%
1	0.990 1	0.980 4	0.970 9	0.961 5	0.952 4	0.943 4	0.934 6	0.925 9	0.917 4	0.909 1
2	1.970 4	1.941 6	1.913 5	1.886 1	1.859 4	1.833 4	1.808 0	1.783 3	1.759 1	1.735 5
3	2.941 0	2.883 9	2.828 6	2.775 1	2.723 2	2.673 0	2.624 3	2.577 1	2.531 3	2.486 9
4	3.902 0	3.807 7	3.717 1	3.629 9	3.546 0	3.465 1	3.387 2	3.312 1	3.239 7	3.169 9
5	4.853 4	4.713 5	4.579 7	4.451 8	4.329 5	4.212 4	4.100 2	3.992 7	3.889 7	3.790 8
6	5.795 5	5.601 4	5.417 2	5.242 1	5.075 7	4.917 3	4.766 5	4.622 9	4.485 9	4.355 3
7	6.728 2	6.472 0	6.230 3	6.002 1	5.786 4	5.582 4	5.389 3	5.206 4	5.033 0	4.868 4
8	7.651 7	7.325 5	7.019 7	6.732 7	6.463 2	6.209 8	5.971 3	5.746 6	5.534 8	5.334 9
9	8.566 0	8.162 2	7.786 1	7.435 3	7.107 8	6.801 7	6.515 2	6.246 9	5.995 2	5.759 0
10	9.471 3	8.982 6	8.530 2	8.110 9	7.721 7	7.360 1	7.023 6	6.710 1	6.417 7	6.144 6
11	10.367 6	9.786 8	9.252 6	8.760 5	8.306 4	7.886 9	7.498 7	7.139 0	6.805 2	6.495 1
12	11.255 1	10.575 3	9.954 0	9.385 1	8.863 3	8.383 8	7.942 7	7.536 1	7.160 7	6.813 7
13	12.133 7	11.348 4	10.635 0	9.985 6	9.393 6	8.852 7	8.357 7	7.903 8	7.486 9	7.103 4
14	13.003 7	12.106 2	11.296 1	10.563 1	9.898 6	9.295 0	8.745 5	8.244 2	7.786 2	7.366 7
15	13.865 1	12.849 3	11.937 9	11.118 4	10.379 7	9.712 2	9.107 9	8.559 5	8.060 7	7.606 1
16	14.717 9	13.577 7	12.561 1	11.652 3	10.837 8	10.105 9	9.446 6	8.851 4	8.312 6	7.823 7
17	15.562 3	14.291 9	13.166 1	12.165 7	11.274 1	10.477 3	9.763 2	9.121 6	8.543 6	8.021 6
18	16.398 3	14.992 0	13.753 5	12.659 3	11.689 6	10.827 6	10.059 1	9.371 9	8.755 6	8.201 4
19	17.226 0	15.678 5	14.323 8	13.133 9	12.085 3	11.158 1	10.335 6	9.603 6	8.950 1	8.364 9
20	18.045 6	16.351 4	14.877 5	13.590 3	12.462 2	11.469 9	10.594 0	9.818 1	9.128 5	8.513 6
21	18.857 0	17.011 2	15.415 0	14.029 2	12.821 2	11.764 1	10.835 5	10.016 8	9.292 2	8.648 7
22	19.660 4	17.658 0	15.936 9	14.451 1	13.163 0	12.041 6	11.061 2	10.200 7	9.442 4	8.771 5
23	20.455 8	18.292 2	16.443 6	14.856 8	13.488 6	12.303 4	11.272 2	10.371 1	9.580 2	8.883 2
24	21.243 4	18.913 9	16.935 5	15.247 0	13.798 6	12.550 4	11.469 3	10.528 8	9.706 6	8.984 7
25	22.023 2	19.523 5	17.413 1	15.622 1	14.093 9	12.783 4	11.653 6	10.674 8	9.822 6	9.077 0
26	22.795 2	20.121 0	17.876 8	15.982 8	14.375 2	13.003 2	11.825 8	10.810 0	9.929 0	9.160 9
27	23.559 6	20.706 9	18.327 0	16.329 6	14.643 0	13.210 5	11.986 7	10.935 2	10.026 6	9.237 2
28	24.316 4	21.281 3	18.764 1	16.663 1	14.898 1	13.406 2	12.137 1	11.051 1	10.116 1	9.306 6
29	25.065 8	21.844 4	19.188 5	16.983 7	15.141 1	13.590 7	12.277 7	11.158 4	10.198 3	9.369 6
30	25.807 7	22.396 5	19.600 4	17.292 0	15.372 5	13.764 8	12.409 0	11.257 8	10.273 7	9.426 9

续表

期数	12%	14%	15%	16%	18%	19%	20%	24%	28%	29%	30%
1	0.892 9	0.877 2	0.869 6	0.862 1	0.847 5	0.840 3	0.833 3	0.806 5	0.781 3	0.775 2	0.769 2
2	1.690 1	1.646 7	1.625 7	1.605 2	1.565 6	1.546 5	1.527 8	1.456 8	1.391 6	1.376 1	1.360 9
3	2.401 8	2.321 6	2.283 2	2.245 9	2.174 3	2.139 9	2.106 5	1.981 3	1.868 4	1.842 0	1.816 1
4	3.037 3	2.913 7	2.855 0	2.798 2	2.690 1	2.638 6	2.588 7	2.404 3	2.241 0	2.203 1	2.166 2
5	3.604 8	3.433 1	3.352 2	3.274 3	3.127 2	3.057 6	2.990 6	2.745 4	2.532 0	2.483 0	2.435 6
6	4.111 4	3.888 7	3.784 5	3.684 7	3.497 6	3.409 8	3.325 5	3.020 5	2.759 4	2.700 0	2.642 7
7	4.563 8	4.288 3	4.160 4	4.038 6	3.811 5	3.705 7	3.604 6	3.242 3	2.937 0	2.868 2	2.802 1
8	4.967 6	4.638 9	4.487 3	4.343 6	4.077 6	3.954 4	3.837 2	3.421 2	3.075 8	2.998 6	2.924 7
9	5.328 2	4.946 4	4.771 6	4.606 5	4.303 0	4.163 3	4.031 0	3.565 5	3.184 2	3.099 7	3.019 0
10	5.650 2	5.216 1	5.018 8	4.833 2	4.494 1	4.338 9	4.192 5	3.681 9	3.268 9	3.178 1	3.091 5
11	5.937 7	5.452 7	5.233 7	5.028 6	4.656 0	4.486 5	4.327 1	3.775 7	3.335 1	3.238 8	3.147 3
12	6.194 4	5.660 3	5.420 6	5.197 1	4.793 2	4.610 5	4.439 2	3.851 4	3.386 8	3.285 9	3.190 3
13	6.423 5	5.842 4	5.583 1	5.342 3	4.909 5	4.714 7	4.532 7	3.912 4	3.427 2	3.322 4	3.223 3
14	6.628 2	6.002 1	5.724 5	5.467 5	5.008 1	4.802 3	4.610 6	3.961 6	3.458 7	3.350 7	3.248 7
15	6.810 9	6.142 2	5.847 4	5.575 5	5.091 6	4.875 9	4.675 5	4.001 3	3.483 4	3.372 6	3.268 2
16	6.974 0	6.265 1	5.954 2	5.668 5	5.162 4	4.937 7	4.729 6	4.033 3	3.502 6	3.389 6	3.283 2
17	7.119 6	6.372 9	6.047 2	5.748 7	5.222 3	4.989 7	4.774 6	4.059 1	3.517 7	3.402 8	3.294 8
18	7.249 7	6.467 4	6.128 0	5.817 8	5.273 2	5.033 3	4.812 2	4.079 9	3.529 4	3.413 0	3.303 7
19	7.365 8	6.550 4	6.198 2	5.877 5	5.316 2	5.070 0	4.843 5	4.096 7	3.538 6	3.421 0	3.310 5
20	7.469 4	6.623 1	6.259 3	5.928 8	5.352 7	5.100 9	4.869 6	4.110 3	3.545 8	3.427 1	3.315 8
21	7.562 0	6.687 0	6.312 5	5.973 1	5.383 7	5.126 8	4.891 3	4.121 2	3.551 4	3.431 9	3.319 8
22	7.644 6	6.742 9	6.358 7	6.011 3	5.409 9	5.148 6	4.909 4	4.130 0	3.555 8	3.435 6	3.323 0
23	7.718 4	6.792 1	6.398 8	6.044 2	5.432 1	5.166 8	4.924 5	4.137 1	3.559 2	3.438 4	3.325 4
24	7.784 3	6.835 1	6.433 8	6.072 6	5.450 9	5.182 2	4.937 1	4.142 8	3.561 9	3.440 6	3.327 2
25	7.843 1	6.872 9	6.464 1	6.097 1	5.466 9	5.195 1	4.947 6	4.147 4	3.564 0	3.442 3	3.328 6
26	7.895 7	6.906 1	6.490 6	6.118 2	5.480 4	5.206 0	4.956 3	4.151 1	3.565 6	3.443 7	3.329 7
27	7.942 6	6.935 2	6.513 5	6.136 4	5.491 9	5.215 1	4.963 6	4.154 2	3.566 9	3.444 7	3.330 5
28	7.984 4	6.960 7	6.533 5	6.152 0	5.501 6	5.222 8	4.969 7	4.156 6	3.567 9	3.445 5	3.331 2
29	8.021 8	6.983 0	6.550 9	6.165 6	5.509 8	5.229 2	4.974 7	4.158 5	3.568 7	3.446 1	3.331 7
30	8.055 2	7.002 7	6.566 0	6.177 2	5.516 8	5.234 7	4.978 9	4.160 1	3.569 3	3.446 6	3.332 1